营运驾驶员职业素质提升培训教材

主　编　陈　强　李　文
副主编　张仕耀　周　萍　杨光伟

人民交通出版社股份有限公司
北　京

内 容 提 要

本书以增强营运驾驶员安全文明驾驶意识为理念,以提升营运驾驶员综合素质为目的,根据交通运输部、教育部、公安部、人力资源社会保障部、中华全国总工会印发的《道路运输从业人员素质提升工程方案的通知》(交印发〔2015〕195号)的文件精神编写而成。本书主要内容包括道路交通安全法律法规、道路运输驾驶员社会责任与职业道德、道路运输相关知识、道路运输驾驶员职业心理与生理健康、道路运输危险源辨识及不安全驾驶行为的规避、道路运输防御性驾驶、道路运输紧急情况临危处置、道路运输节能减排等。

本书可作为营运驾驶员职业技能提升培训教材,也可作为营运驾驶员继续教育培训用书和自学使用。

图书在版编目(CIP)数据

营运驾驶员职业素质提升培训教材/陈强,李文主编.—北京:人民交通出版社股份有限公司,2021.8
ISBN 978-7-114-17387-5

Ⅰ.①营… Ⅱ.①陈… ②李… Ⅲ.①营运汽车—驾驶员—职业道德—教育培训—教材 Ⅳ.①U471.3

中国版本图书馆 CIP 数据核字(2021)第 110661 号

Yingyun Jiashiyuan Zhiye Suzhi Tisheng Peixun Jiaocai

书　　名:	营运驾驶员职业素质提升培训教材
著 作 者:	陈 强 李 文
责任编辑:	郭 跃
责任校对:	赵媛媛
责任印制:	刘高彤
出版发行:	人民交通出版社股份有限公司
地　　址:	(100011)北京市朝阳区安定门外外馆斜街3号
网　　址:	http://www.ccpcl.com.cn
销售电话:	(010)59757973
总 经 销:	人民交通出版社股份有限公司发行部
经　　销:	各地新华书店
印　　刷:	北京虎彩文化传播有限公司
开　　本:	787×1092　1/16
印　　张:	13
字　　数:	300 千
版　　次:	2021年8月　第1版
印　　次:	2021年8月　第1次印刷
书　　号:	ISBN 978-7-114-17387-5
定　　价:	38.00元

(有印刷、装订质量问题的图书由本公司负责调换)

前言 PREFACE

　　道路运输业的快速发展,在保障经济和社会发展、满足城乡客货运输需求、方便人民群众出行等方面发挥了重要作用,但同时带来的交通事故也在危害着人民群众的生命财产安全。通过对大量交通事故成因的分析发现,道路运输驾驶员的职业素质和安全意识是道路运输行业安全生产水平高低的重要决定因素。

　　为进一步提升营运驾驶员队伍的综合素质,保障运输安全,本书根据交通运输部、教育部、公安部、人力资源社会保障部、中华全国总工会印发的《道路运输从业人员素质提升工程方案的通知》(交印发〔2015〕195号)、《道路乘客运输及客运站管理规定》(中华人民共和国交通运输部令2020年第17号)和交通运输部发布的《中华人民共和国道路客货运输驾驶员继续教育大纲》编写而成。本书以驾驶员为中心,以技能培养为重点,注重对营运驾驶员法规知识、职业道德、防御性驾驶、应急处置等能力的培养,旨在全面提升营运驾驶员职业素质,使广大营运驾驶员牢固树立遵章守法的安全行车意识,熟练掌握防御性驾驶专业技术。

　　本书由云南交通技师学院陈强、李文担任主编,张仕耀、周萍、杨光伟担任副主编;陈强负责设计体系、统稿并编写第三章第二节、第六章;张仕耀编写第一章;肖云方、孙建强编写第二章;保旭、李文编写第三章第一节、第三节;刘志杰编写第四章;龚彦、杨光伟编写第五章;段春燕、周萍编写第七章;侯双伟编写第八章。

　　本书在编写过程中引用了国内外出版的有关著作的部分内容,在此向原作者表示感谢!由于时间有限,书中难免有疏漏之处,敬请广大读者批评指正,以便改进。

编　者
2021年4月

目录 CONTENTS

第一章 道路交通安全法律法规 ·· 1
  第一节 案例研讨 ·· 1
  第二节 政策法规 ·· 24
  第三节 文明礼让 ·· 28
  第四节 标志标线 ·· 30

第二章 道路运输驾驶员社会责任与职业道德 ······················· 36
  第一节 道路运输驾驶员的职业道德 ·· 37
  第二节 驾驶员职业道德的特性 ·· 38
  第三节 道路运输驾驶员职业行为规范 ·· 39
  第四节 道路运输驾驶员的社会责任 ·· 47
  第五节 如何提高道路运输驾驶员的社会责任感 ···································· 50
  第六节 道路运输驾驶员的职业精神 ·· 51
  第七节 道路运输行业先进事迹 ·· 54

第三章 道路运输相关知识 ·· 59
  第一节 道路乘客运输 ·· 59
  第二节 道路货物运输 ·· 67
  第三节 道路危险货物运输 ·· 86

第四章 道路运输驾驶员职业心理与生理健康 ······················ 91
  第一节 驾驶员心理健康与安全行车 ·· 91
  第二节 道路运输驾驶员常见心理问题与调适方法 ································ 103
  第三节 驾驶员生理健康与安全行车 ·· 108

第五章 道路运输危险源辨识及不安全驾驶行为的规避 ········· 112
  第一节 危险源概述 ·· 112
  第二节 人的不安全因素 ·· 114
  第三节 车的不安全因素 ·· 117
  第四节 道路的不安全因素 ·· 119
  第五节 环境的不安全因素 ·· 122
  第六节 典型不安全驾驶行为及规避 ·· 124

第六章 道路运输防御性驾驶 ··· 133
  第一节 防御性驾驶简介 ·· 133

第二节　防御性驾驶基本知识 …………………………………… 134
　　第三节　防御性驾驶的基本要求 ………………………………… 136
　　第四节　九大防御驾驶技巧 ……………………………………… 143
第七章　道路运输紧急情况应急处置 ………………………………… 165
　　第一节　紧急情况的应急处置原则 ……………………………… 165
　　第二节　紧急情况应急处置方法 ………………………………… 166
　　第三节　交通事故现场应急处置与伤员救护知识 ……………… 185
第八章　道路运输节能减排 …………………………………………… 188
　　第一节　道路运输节能减排概述 ………………………………… 189
　　第二节　道路运输节能减排主要影响因素 ……………………… 190
　　第三节　道路运输车辆节能减排方法 …………………………… 193
参考文献 ………………………………………………………………… 200

第一章
道路交通安全法律法规

学习目标

学习交通安全法律法规,掌握道路通行规定、驾驶员行为要求、交通违法行为处罚,培养驾驶员良好的守法意识。

第一节 案例研讨

典型的违法行为诱发的交通事故总能给人以触动,分析典型的事故案例会使驾驶员学习道路交通安全法律时领悟更加深刻。本章节主要介绍驾驶员常见不规范驾驶行为诱发的交通事故,通过分析交通事故案例中驾驶员的违法行为,促使驾驶员反思自身的驾驶行为,从而掌握道路交通安全法律法规的内容,严格遵守道路交通安全法律法规。

一、违法占用应急车道

案例

2013年2月24日,在二广高速(山西段)1022km处发生一起两辆大型货车追尾事故,致使主线大量车辆发生拥堵。高速公路公安交警大队民警巡逻至该路段时发现了警情,迅速营救现场受伤人员,并疏导现场受堵车辆。在疏导受堵车辆的过程中,两辆小型轿车在事故现场趁民警不注意进入应急车道内行驶,致使后面救护车和清障车无法及时到达现场后。在疏通道路后,民警用警车将两名伤者送往120急救中心抢救,执勤的高速交警大队民警处置完事故现场后,将占用应急车道的驾驶员张某和吴某带到交警大队,依法对二人的违法行为做出了相应处罚。事故现场模拟情景如图1-1所示。

图1-1 事故现场模拟情景

驾驶员违反的法律法规：

驾驶员张某和吴某违反了《中华人民共和国道路交通安全法》（2011修正）（以下简称《道路交通安全法》）第四章道路通行第三十七条、第三十八条规定。第三十七条　道路划设专用车道的，在专用车道内，只准许规定的车辆通行，其他车辆不得进入专用车道内行驶。第三十八条　车辆、行人应当按照交通信号通行；遇有交通警察现场指挥时，应当按照交通警察的指挥通行；在没有交通信号的道路上，应当在确保安全、畅通的原则下通行。

同时驾驶员张某和吴某违反了《中华人民共和国道路交通安全法实施条例》（以下简称《道路交通安全法实施条例》）第八十二条第（四）项规定，机动车在高速公路上行驶时，不得有下列行为："非紧急情况时在应急车道行驶或者停车。"

以案说法

高速公路的应急车道是指与右侧行车道相临，包括硬路肩在内的宽度3m以上，有效长度大于或者等于30m，可以满足机动车停靠需要的路面部分。在紧急情况下，车辆可以在应急车道上行驶或者停车。遇有前方交通堵塞等情形时，禁止在紧急停车带内停靠、排队。

高速公路的应急车道作为高速公路发生交通事故、交通拥堵以及其他突发事件时供执行抢险、救援任务车辆通行的"生命救援通道"，一旦被违法占用，不仅可能导致高速公路拥堵加剧，还会对生命救援、清障疏导等工作造成严重影响，既违法又危险。

驾驶员在高速公路上通行要注意遵守行车秩序，非紧急情况下切勿占用应急车道行车。遇到交通拥堵时，要保持安全车速有序通行；遇到交通管制时，要服从现场交通民警的指挥和按交通指示牌通行。

如驾驶员驾驶车辆时确实遇到发生故障需停车排除的情况，应将车停在紧急停车带内，开启危险报警闪光灯，在来车方向150m外放置警告标志，车上人员撤离到安全区域等待援助。未立即开启危险报警闪光灯并将故障车辆移到不妨碍交通的地方停放的，以及车辆发生故障或者事故后难以移动时，未按规定使用灯光并设置警告标志的，可以对驾驶员处以200元罚款并记6分。

小知识

非紧急情况下在高速公路应急车道上行驶的，依据《道路交通安全法》第九十条规定对其进行处罚：机动车驾驶员违反道路交通安全法律、法规关于道路通行规定的，处警告或者20元以上200元以下罚款。

二、违法超车

案例

2020年10月16日,凤庆县境内一辆重型罐式货车在凤小公路一弯道处强行加速超车,迎头撞向正常行驶并急停避让的小型轻型客车,造成轻型客车上的人员受伤、路边防护墩损坏、两车不同程度受损的交通事故(图1-2)。事故现场货车车身占据了整个车道,车头上有明显两车相撞痕迹,路面上遗留了大片鲜血。经交警认定,重型罐式货车驾驶员因违法超车负事故全部责任。

图1-2 违法超车事故现场

驾驶员违反的法律法规:

重型罐式货车驾驶员违反了《道路交通安全法》第四章道路通行第三十五、第三十六、第四十五条规定:

第三十五条 机动车、非机动车实行右侧通行。

第三十六条 根据道路条件和通行需要,道路划分为机动车道、非机动车道和人行道的,机动车、非机动车、行人实行分道通行。没有划分机动车道、非机动车道和人行道的,机动车在道路中间通行,非机动车和行人在道路两侧通行。

第四十五条 机动车遇有前方车辆停车排队等候或者缓慢行驶时,不得借道超车或者占用对面车道,不得穿插等候的车辆。

在车道减少的路段、路口,或者在没有交通信号灯、交通标志、交通标线或者交通警察指挥的交叉路口遇到停车排队等候或者缓慢行驶时,机动车应当依次交替通行。

以案说法

该交通事故发生的起因是一辆客车占据了货车的车道,导致货车不得不出现违规占道,再加上雨天路滑,当发现对面来车时,已经无法做出制动的准备。交警在对现场进行仔细勘察后发现,此次事故主要由货车驾驶员的违规操作导致,因此本事故由货车驾驶员承担全部责任。

违法超车是指驾驶员在禁止超车的路段或者在没有安全超车条件的路段强行超车的驾驶行为。违法超车一般表现为强行超车、右侧超车等情形。强行超车时,由于不具备超车条件,驾驶员必须冒一定的风险,甚至要长时间占用车道超车。超车时横向间距小、车速快、操控稳定性下降等因素构成了安全事故隐患。

右侧超车是一种危险的违法驾驶行为,极易占用非机动车道、碾压松软路肩、没有条件与被超车辆保持足够的横向间距,且会与同向行驶的非机动车形成冲突。

> **警示**：有下列情形之一的严禁超车：
> (1) 前车正在超车的。
> (2) 前面路段是弯道，分道线是白实线或者黄实线的。
> (3) 前车为执行紧急任务的警车、消防车、救护车、工程救险车的。
> (4) 行经高速出口、立交、窄桥、陡坡、隧道、交通流量大的路段等没有超车条件的。
> (5) 超出高速公路限速标准行驶的。
> (6) 从右侧追上前车并超越后立即变回前车所在车道的。
> (7) 从左侧追上前车并超越后，没有预留足够的安全距离，立即变回前车所在车道的。

温馨提示

行经弯道或实线路段，要谨慎驾驶，遵守超车、会车规定，不得强超抢会！

三、违法会车

案例

重庆市永川区往永川城区方向的王家岩路段一弯道处，邓某和曾某分别驾驶重型货车行驶在路中间，"狭路相逢"，互不相让，结果造成两辆大货车在道路中间相撞，其中一辆货车车头严重变形，驾驶员邓某被卡在驾驶室内无法动弹。事故现场如图1-3所示。

图1-3 超车事故现场

驾驶员违反的法律法规：

该事故中的驾驶员违反了《道路交通安全法实施条例》第四十八条规定，在没有中心隔离设施或者没有中心线的道路上，机动车遇相对方向来车时应当遵守下列规定：

（一）减速靠右行驶，并与其他车辆、行人保持必要的安全距离；

（二）在有障碍的路段，无障碍的一方先行；但有障碍的一方已驶入障碍路段而无障碍的一方未驶入时，有障碍的一方先行；

（三）在狭窄的坡路，上坡的一方先行；但下坡的一方已行至中途而上坡的一方未上坡时，下坡的一方先行；

（四）在狭窄的山路，不靠山体的一方先行。

以案说法

事故发生在该路段的一急弯处，由于路面狭窄并处于急弯路段，道路视线受阻，两辆货车又载满货物，且两驾驶员随意占据对方部分车道行驶，遇到弯道也不减速，加之车速太快，距离太近，造成两车相撞事故。

民警勘查现场后发现两位驾驶员都构成"驾驶机动车不按规定会车"的违法行为，违反了《道路交通安全法实施条例》第四十八条规定，民警依据《道路交通安全法》第九十条规定，认定两位驾驶员转弯占道且车速较快，负事故的同等责任，分别处以200元罚款，事故造成的损失，也由双方平均承担。

农村道路弯多路窄，驾驶员不能只顾自己方便而占据中间车道行驶，一定要牢记"礼让慢行""靠右行""减速慢行"，且在弯道处按喇叭提醒对方。路无规不畅，狭路相逢"让"者胜，方能保证自己和他人的安全。

四、违法倒车

案例

杭金衢高速公路是连接杭州、金华、衢州的高速公路。2017年12月6日上午9时01分，G60杭金衢高速江西方向418km处，一辆浙K牌照大货车在应急车道上倒车，全然不顾后面急速驶来的其他车辆。依据监控画面，大货车倒车过程十分惊险，由于高速上车速都很快，好几次差点被后面的车辆撞上（图1-4）。

图1-4 违法倒车事故现场

驾驶员违反的法律法规：

该案例中的货车驾驶员违反了《道路交通安全法实施条例》第八十二条规定，机动车在高速公路上行驶，不得有下列行为：

(一)倒车、逆行、穿越中央分隔带掉头或者在车道内停车；

(二)在匝道、加速车道或者减速车道上超车；

(三)骑、轧车行道分界线或者在路肩上行驶；

(四)非紧急情况时在应急车道行驶或者停车。

以案说法

经民警调查，驾驶员尚某因接电话，手机导航自动断开，错过了匝道。尚某认为自己驶过匝道不到50m，抱着侥幸心理在高速上倒车。

高速交警告知尚某的违法行为及处罚结果，根据《道路交通安全法实施条例》，驾驶机动车在高速公路上倒车的，处200元罚款一次记12分并扣留机动车驾驶证，驾驶证将面临降级处理。经过民警严厉的批评教育后，尚某对自己的违法行为造成的严重后果有了深刻认识，并表示愿意接受处罚。

高速公路上行驶车辆较多，不时有车辆飞驰而过，驾驶员尚某的危险举动导致后方车辆纷纷紧急避让，险象环生，为了走捷径不惜冒险在高速公路上倒车，极易发生追尾事故。

温馨提示

高速公路上倒车十分危险，为了自己和他人的安全，不要抱有侥幸心理。如果发现错过了出口，应继续前行，在下一个出口驶出高速公路，切不可在高速公路上倒车，一旦发生交通事故，后果将不堪设想。

五、违法变道

案例

2020年10月3日上午，福建政永高速一处匝道口附近，一辆原本行驶在快车道上的白色小轿车，忽然越过车道分界线连续向右变道，右侧车道内正常行驶的大货车紧急避让，但因车速较快，事发突然，两车发生了追尾事故，造成车辆受损、车上人员轻微受伤(图1-5)。

经高速交警支队调查，这起交通事故的起因是白色小轿车在错过出口后强行变道，被后方大货车追尾。因小轿车违法变道影响后方车辆正常通行，故负事故全部责任。

第一章 道路交通安全法律法规

图1-5 事故现场

驾驶员违反的法律法规：

该事故中白色小轿车驾驶员违反了《道路交通安全法实施条例》第七十九条规定：

第七十九条 机动车从匝道驶入高速公路，应当开启左转向灯，在不妨碍已在高速公路内的机动车正常行驶的情况下驶入车道。机动车驶离高速公路时，应当开启右转向灯，驶入减速车道，降低车速后驶离。

以案说法

白色小轿车在高速公路快车道行驶，由于未提前规划行车路线，错过高速路出口。按照《道路交通安全法》的规定，应当继续向前行驶至下一出口驶出，但白色小轿车不顾其他车辆安全，冒险从快车道变道至慢车道，打算驶出高速公路，导致在慢车道上行驶的大货车避让不及，追尾白色小轿车。

温馨提示

违法变道，害人害己。驾驶员驶离高速公路时，应按照指路标牌提示，提前变更车道；如错过出口，不得强行变更车道、违法倒车，应继续行驶，在下一个出口驶出。

六、违法掉头

案例

2019年3月7日晚，在攀枝花倮果桥南路段，一辆货车压双黄线横跨6个车道掉头，造成小型轿车严重受损、小型轿车驾驶员周某及乘车人员受轻伤的交通事故（图1-6）。据警方介绍，秦某驾驶一辆川D牌照重型仓栅式货车，沿炳

图1-6 事故现场

草岗方向往金江方向行驶,当车辆行驶至倮果桥南路段时,压双黄线横跨6个车道掉头。此时,周某驾驶一辆小型轿车,由金江方向往炳草岗方向行驶,由于重型仓栅式货车所装载货物(供水管道)超出货箱近5m,小型轿车驾驶员未能观察到超出大货车货箱的管道,导致小型轿车撞到管道上,造成小型轿车严重受损、小型轿车驾驶员周某及乘车人员受轻伤的交通事故。

驾驶员违反的法律法规:

该事故中货车驾驶员违反了《道路交通安全法》第四章道路通行第四十八条第一款规定:

"机动车载物应当符合核定的载质量,严禁超载;载物的长、宽、高不得违反装载要求,不得遗洒、飘散载运物。"

同时该事故中货车驾驶员违反了《道路交通安全法实施条例》第四十九条、第五十四条规定。

第四十九条 机动车在有禁止掉头或者禁止左转弯标志、标线的地点以及在铁路道口、人行横道、桥梁、急弯、陡坡、隧道或者容易发生危险的路段,不得掉头。

机动车在没有禁止掉头或者没有禁止左转弯标志、标线的地点可以掉头,但不得妨碍正常行驶的其他车辆和行人的通行。

第五十四条 机动车载物不得超过机动车行驶证上核定的载质量,装载长度、宽度不得超出车厢,并应当遵守下列规定:

(一)重型、中型载货汽车,半挂车载物,高度从地面起不得超过4m,载运集装箱的车辆不得超过4.2m;

(二)其他载货的机动车载物,高度从地面起不得超过2.5m。

以案说法

机动车转弯、掉头时须提前在30m处开启转向灯,最高行驶速度不得超过30km/h。故该起事故中大货车驾驶员秦某负全部责任,承担事故经济损失。

违反禁止标线指示是指违反禁止标线通行。禁止标线包括地上的黄实线(道路中间分隔带禁止越过)和黄色网格线(代表禁止停车),压线行驶即违反禁止标线指示。例如实线变道、在不允许掉头的路段掉头、在禁止左转弯的路段左转弯等驾驶行为,都属于违反禁止标线指示。道路标线的设置施画,是政府相关职能部门严格按照道路基本情况、周边事故隐患等进行的科学规划,所以违反禁止标线指示不仅仅是严重的交通违法行为,更有可能造成交通事故。

机动车违法掉头,不仅给自身带来交通安全隐患,也会严重妨碍其他车辆正常通行,引发交通阻塞甚至交通事故。左转和掉头十分近似,都要借用对行车道。路口施画

"禁止左转"标线或安装"禁止左转"标志牌,就表示禁止掉头。不过在实际道路中,一些路口并非全天禁止左转。道路中心线如果是实线,无论是单黄线还是双黄线,都意味着"禁止掉头"。如果道路上标有"黄色虚实线",其中一条为实线,另一条为虚线,则表示实线一侧禁止越线、超车、掉头,而虚线一侧允许越线、超车、掉头。所以,当驾驶员驾车到不熟悉的地方时,一定要仔细观察路面标志标线,遵守交通安全法律法规,安全谨慎驾驶,勿拿生命当儿戏!

温馨提示

大货车运载能力强,发生撞击时产生的动能大,所以发生的事故往往相当严重;如果货车超长、超高、超载,事故后果将更加严重。 另外,切记高速公路上绝对禁止掉头。

七、违法停车

案例

2020年10月18日下午16时许,湖北交警大队指挥室通过路面监控对路面进行巡查的过程中,发现在沪渝高速往武汉方向处,一辆京N牌照的轿车因为爆胎停靠在应急车道内更换轮胎,该车驾驶员陈某尽管设置了警告标志牌但并不规范(距离过近)。路面巡逻民警抵达现场后,对其不规范设置警告标志牌的行为进行了教育和处罚,同时督促陈某转移到护栏外等候救援。在民警离开现场20分钟后,一辆鄂A牌照的重型半挂牵引车从后方驶来,由于驾驶员疲劳驾驶,该车在行驶过程中向右偏移,刚撞到停靠在应急车道内的故障车后翻下高速公路,两车均有不同程度的损伤(图1-7)。

图1-7 违法停车事故现场

驾驶员违反的法律法规:

该事故中轿车驾驶员违反了《道路交通安全法》第四章道路通行第五十二条、第六十八条和第一百一十四条规定。

第五十二条 机动车在道路上发生故障,需要停车排除故障时,驾驶员应当立即开启危险报警闪光灯,将机动车移至不妨碍交通的地方停放;难以移动的,应当持续开启危险报警闪光灯,并通过在来车方向设置警告标志等措施扩大示警距离,必要时迅速报警。

第六十八条 机动车在高速公路上发生故障时,应当依照本法第五十二条的有关规定办理;但是,警告标志应当设置在故障车来车方向一百五十米以外,车上人员应当迅速转移到右侧路肩上或者应急车道内,并且迅速报警。

机动车在高速公路上发生故障或者交通事故,无法正常行驶的,应当由救援车、清障车拖曳、牵引。

第一百一十四条 公安机关交通管理部门根据交通技术监控记录资料,可以对违法的机动车所有人或者管理人依法予以处罚,对能够确定驾驶员的,可以依照本法的规定依法予以处罚。

以案说法

由于轿车驾驶员陈某行车前未对车辆进行检查维护,导致行驶途中爆胎,在换胎时又未能选择安全的地点才引发了该事故。通过观察图1-7发现,如果陈某能提前20m停车,则可使用的道路横向间距更宽,在宽敞的道路上更换轮胎,安全性也就更高。此外,危险信号设置也不符合规定,应将反光三角警示牌放置到车后150m外,扩大警示范围。

半挂车驾驶员彭某事故发生前,精神状态不好,疲劳驾驶,没有提前观察到停靠在应急车道内的轿车,因此应在此次事故中承担全部责任。同时,轿车因警示标志设置不规范,距离过近,被处罚款200元,驾驶证记3分。事后故障车驾驶员陈某表示:"非常感谢交警让我站到护栏外,救了我一命!"

一般情况下,驾驶员在发现前方出现三角警示牌时需要经过一个采取制动措施减速、转向避让的过程,以100km/h行驶的汽车为例,至少需要10.8s的反应时间或者至少150m的距离。普通道路上,驾驶员应该在来车方向50~100m处设置警示牌,高速公路上应该在150m外设置警示牌。此外还需注意一些特殊情况,例如,下雨天或在拐弯处,一定要在150m外放置警示牌,以使后方车辆及早发现。在夜间车辆故障时,摆放警示牌尤为重要,正确的摆放可有效避免此类事故的发生。

温馨提示

高速公路行车十六字口诀
控制车速、保持车距、缓踩制动、慢打方向。

八、违法占道行驶

案例

2011年3月13日凌晨,岑溪市城西市场旁十字路口处发生一起大货车与小轿车相撞的重大交通事故,造成小轿车内3人当场死亡。事发后大货车驾驶员逃离现场。

事发现场,小轿车车身被逆向行驶的大货车和路旁的花圃夹住,车身已被夹扁,只有车头和车尾部分还露在外面(图1-8)。

图1-8　违法占道事故现场

驾驶员违反的法律法规：

该事故驾驶员违反了《道路交通安全法实施条例》第五十二条规定：机动车通过没有交通信号灯控制也没有交通警察指挥的交叉路口,除应当遵守第五十一条第(二)项、第(三)项的规定外,还应当遵守下列规定：

(一)有交通标志、标线控制的,让优先通行的一方先行；
(二)没有交通标志、标线控制的,在进入路口前停车瞭望,让右方道路的来车先行；
(三)转弯的机动车让直行的车辆先行；
(四)相对方向行驶的右转弯的机动车让左转弯的车辆先行。

以案说法

经交警部门对现场的初步勘察和了解,现场有长达10多米的大货车制动痕迹,而且事发时该货车正在逆向行驶,撞到小轿车后还在继续前行,直至撞上路旁的花圃和大树才停下来。该事故初步判定为大货车没有按照靠右通行的原则,行驶中偏离行驶路线,违法左侧占道行驶所致。此外,大货车驾驶员已经逃离现场,副驾驶已被警方控制。

根据我国《道路交通安全法》的规定,当事人逃逸或者故意破坏、伪造现场、毁灭证据,使交通事故责任无法认定的,应当负全部责任。在交通事故中,肇事驾驶员可能无责任或只有部分责任,但如果逃逸,导致交通事故责任无法认定,驾驶员就要负交通事故的全部责任；同时还将面临吊销机动车驾驶证,且终生不得重新取得机动车驾驶证的处罚。

另外,根据《中华人民共和国民法总则》《中华人民共和国侵权责任法》及《最高人民法院关于审理人身损害赔偿案件适用法律若干问题的解释》可知,如肇事车辆投保了第三者责任险,发生交通事故后,赔偿时,保险公司有先予支付的义务。但如果肇事车辆逃逸,按《保险合同》约定,保险公司就不再承担保险责任,车主要承担全部的赔偿费用。

根据《中华人民共和国刑法》(以下简称《刑法》)第一百三十三条及有关司法解释的规定,肇事后逃逸的,属法定的加重情节,伤者因抢救不及时而死亡的可判7年以上有期徒刑。如果伤者没有死亡,机动车驾驶员为了逃避法律追究,将撞伤者带离事故现场后隐藏或者遗弃,致使伤者无法得到救助而死亡或严重残废的,则构成了故意杀人罪或故意伤害罪,按《刑法》规定,将会受到更加严厉的处罚。

现在道路上行驶的大货车、集装箱车很多,有时车主仗着自己车大,横冲直撞,根本不把小车放在眼里,小车与它发生碰撞肯定要吃大亏。这也给我们以启示,在事故面前,永远铭记:安全驾驶才是第一位。珍爱生命,远离大货车!

九、未按规定让行

案例

2019年7月2日9时45分许,刘某(男,41岁)驾驶混凝土运输车沿河西大街由西向东行驶至庐山路路口,在右转通过路口过程中并未减速让行,将由西向东绿灯直行通过路口的骑电动自行车的金某撞倒并碾压,造成金某当场死亡的道路交通事故(图1-9)。货车驾驶员刘某因未按规定让行负事故全部责任。

图1-9 事故现场

驾驶员违反的法律法规:

该事故驾驶员违反了《道路交通安全法实施条例》第五十一条、第五十二条规定。

第五十一条 机动车通过有交通信号灯控制的交叉路口,应当按照下列规定通行:

(一)在划有导向车道的路口,按所需行进方向驶入导向车道;

(二)准备进入环形路口的让已在路口内的机动车先行;

(三)向左转弯时,靠路口中心点左侧转弯。转弯时开启转向灯,夜间行驶开启近光灯;

(四)遇放行信号时,依次通过;

(五)遇停止信号时,依次停在停止线以外。没有停止线的,停在路口以外;

(六)向右转弯遇有同车道前车正在等候放行信号时,依次停车等候;

(七)在没有方向指示信号灯的交叉路口,转弯的机动车让直行的车辆、行人先行。相对方向行驶的右转弯机动车让左转弯车辆先行。

第五十二条 机动车通过没有交通信号灯控制也没有交通警察指挥的交叉路口,除应当遵守第五十一条第(二)项、第(三)项的规定外,还应当遵守下列规定:

(一)有交通标志、标线控制的,让优先通行的一方先行;

(二)没有交通标志、标线控制的,在进入路口前停车瞭望,让右方道路的来车先行;

(三)转弯的机动车让直行的车辆先行;

(四)相对方向行驶的右转弯的机动车让左转弯的车辆先行。

以案说法

"不按规定让行"是指根据国家法律法规要求,机动车驾驶员在驾车行驶时,没有对一些执行任务的特殊车辆、特殊人群或没有对正常合规通行的车辆、行人等进行及时避让或礼让,导致出现不必要的人身、财产损失的违法现象。

从事故原因分析来看,未按规定让行的交通事故通常存在四种情形,分别是转弯未让直行、无信号灯控制路口未让右侧车辆先行、右转弯车辆未让对向左转弯车辆及人行横道上的行人先行。在未按规定让行的交通事故中,致人重伤、死亡的交通事故绝大多数发生在机动车右转弯过程中。

从事故交通工具分析来看,肇事车辆以大货车、大客车等大型车辆为主。车辆体积越大,转弯过程中相应的盲区和内轮差也就越大。受害人以电动自行车驾驶员为主,电动自行车车速相对较快、制动性能差,不少电动自行车缺乏后视镜等安全配置,让驾驶员难以发现"危险"正在靠近。而行人通行速度相对较慢且遇到危险时更加灵活,因而此类事故的受害人中,行人反而较少。

从事故地点分析来看,大部分未按规定让行事故发生在车流量相对适中的平交路口。这类路口通常为圆盘信号灯,不对右转弯车辆进行单独控制。因此在当绿灯放行时,右侧直行非机动车与右转弯机动车存在一定冲突。右转弯车辆若疏于观察,未停车让行可能就会导致惨剧的发生。

经调查,此次事故中刘某驾驶车辆在信号灯控制路口未让行,违反了《道路交通安全法实施条例》第五十一条、第五十二条的规定,是事故发生的根本原因,应承担事故的全部责任,当事人金某无责任。

十、未保持安全车距

案例

图1-10 事故现场

2011年7月4日凌晨3时50分左右,湖北随岳高速湖北省仙桃市毛嘴段发生一起货车追尾大客车的交通事故。事故原因是一辆大客车[搭载52名乘客(其中有5名儿童)]在事发路段的应急车道内违法停车下客,被后面一辆满载冬瓜的半挂式货车追尾相撞,导致两车翻出高速公路护栏,客车尾部发生爆炸并起火燃烧,货车驾驶员当场死亡(图1-10)。由于大火和高温,此次事故共造成26人死亡,3人重伤,31人轻伤,属特大交通事故。

驾驶员违反的法律法规:

该事故驾驶员违反了《道路交通安全法实施条例》第四十七条、第八十一条相关规定。

第四十七条 机动车超车时,应当提前开启左转向灯、变换使用远、近光灯或者鸣喇叭。在没有道路中心线或者同方向只有1条机动车道的道路上,前车遇后车发出超车信号时,在条件许可的情况下,应当降低速度、靠右让路。后车应当在确认有充足的安全距离后,从前车的左侧超越,在与被超车辆拉开必要的安全距离后,开启右转向灯,驶回原车道。

第八十一条 机动车在高速公路上行驶,遇有雾、雨、雪、沙尘、冰雹等低能见度气象条件时,应当遵守下列规定:

(一)能见度小于200米时,开启雾灯、近光灯、示廓灯和前后位灯,车速不得超过每小时60公里,与同车道前车保持100米以上的距离;

(二)能见度小于100米时,开启雾灯、近光灯、示廓灯、前后位灯和危险报警闪光灯,车速不得超过每小时40公里,与同车道前车保持50米以上的距离;

(三)能见度小于50米时,开启雾灯、近光灯、示廓灯、前后位灯和危险报警闪光灯,车速不得超过每小时20公里,并从最近的出口尽快驶离高速公路。

遇有前款规定情形时,高速公路管理部门应当通过显示屏等方式发布速度限制、保持车距等提示信息。

以案说法

事故发生时,该客车乘坐52人(其中有5名儿童),大客车驾驶员梁某在高速公路紧急停车带内违法停车下客,且车身左侧占用部分行车道(约0.5m),是造成事故的主要原因;半挂式货车撞到客车尾部,导致两车翻至护栏外并起火,经调查,大货车驾驶员赵某长时间连续驾驶,严重疲劳,加之凌晨时分精神困乏,未能及时发现并避让前方停着的大客车,也是造成事故的重要原因。

我们在平时行车时应注意随着外界环境的改变来调整安全距离,比如天气变化、上下坡、弯道、视野不清的路口、路边的停车等。任何时候一旦觉得有潜在危险,脚应立即收在制动踏板上。这个简单的动作意义重大,驾车有没有防御性观念从这个简单的动作就能判断出来。

行车时,保持4s安全距离,即驾驶员反应时间1s,前车制动与本车制动前后时间差1s,处理紧急情况、突发意外情况2s;如下雨天还要再加上1s,冰雪路面更要加长时间。留意彼此间的安全距离,并根据情况做出适当调整,有利于驾驶员更好地观察、判断路况,从而减轻驾驶员在心理上的压迫和危机感,缓和思想上的紧张状态,使其拥有一个宽松安全的行车环境。

交通安全关系到每个人的生命,也关系到每一个家庭的幸福。在此提醒每一位交通参与者,遵守交通法规、践行文明交通,为自己的生命之墙砌上一块安全砖。

警示: 高速公路上违法停车、违法上下乘客引起交通事故乃至恶性事故的例子不胜枚举,疲劳驾驶引起的交通事故更是数不胜数。这样的违法行为不仅是对他人生命的漠视,更是对自己生命和财产安全极不负责任的表现。

小知识

一般事故:指一次造成重伤1至2人,或者轻伤3人以上,或者财产损失不足3万元的事故。

重大事故:指一次造成死亡1至2人,或者重伤3人以上10人以下,或者财产损失3万元以上不足6万元的事故。

特大事故:指一次造成死亡3人以上;或者重伤11人以上;或者死亡1人,同时重伤8人以上;或者死亡2人,同时重伤5人以上;或者财产损失6万元以上的事故。

十一、超速行驶

案例

2012年8月26日凌晨2时40分左右,一辆双层卧铺客车行驶在包茂高速公路上,从内蒙古呼和浩特开往陕西西安,车上39人大多睡得很熟,不知道死神正在向他们靠近。"嘭"一声,客车追尾了,撞上了一辆大型罐车,罐车装有35t甲醇。车上仅有两位乘客逃生,36人死亡。大型罐车的两个驾驶员没有受伤,已被警方控制(图1-11)。在事故现场,客车在地上留下的制

图1-11 事故现场

动痕迹有10m左右,车头完全变形,并嵌入罐车2m左右。可以想象当时客车的速度非常快。客车残骸只见框架。客车座椅、行李甚至被褥都已烧成灰烬,轮胎成了缕缕细铁丝,一侧警示牌烧得面目全非,排水渠侧面的白色水泥已被高温烤成红色。

驾驶员违反的法律法规:

该事故驾驶员违反了《道路交通安全法》第四十二条、《道路交通安全法实施条例》第四十五条、第七十八条相关规定。

《道路交通安全法》第四十二条 机动车上道路行驶,不得超过限速标志标明的最高时速。在没有限速标志的路段,应当保持安全车速。

夜间行驶或者在容易发生危险的路段行驶,以及遇有沙尘、冰雹、雨、雪、雾、结冰等气象条件时,应当降低行驶速度。

《道路交通安全法实施条例》第四十五条 机动车在道路上行驶不得超过限速标志、标线标明的速度。在没有限速标志、标线的道路上,机动车不得超过下列最高行驶速度:

(一)没有道路中心线的道路,城市道路为每小时30公里,公路为每小时40公里;

(二)同方向只有1条机动车道的道路,城市道路为每小时50公里,公路为每小时70公里。

第七十八条 高速公路应当标明车道的行驶速度,最高车速不得超过每小时120公里,最低车速不得低于每小时60公里。

在高速公路上行驶的小型载客汽车最高车速不得超过每小时120公里,其他机动车不得超过每小时100公里,摩托车不得超过每小时80公里。

同方向有2条车道的,左侧车道的最低车速为每小时100公里;同方向有3条以上车道的,最左侧车道的最低车速为每小时110公里,中间车道的最低车速为每小时90公里。道路限速标志标明的车速与上述车道行驶车速的规定不一致的,按照道路限速标志标明的车速行驶。

▶▶▶ 以案说法

据通报,货车为河南省孟州市第一汽车运输有限公司解放牌新大威货车,客车为呼和浩特市运输集团公司的宇通牌大客车。中国人民保险股份有限公司内蒙古分公司按照承运人责任险分别给每位乘客20万元保额的赔付。

经调查发现,发生事故的车辆年检合格,两名驾驶员资质也没有问题,并按要求安装了逃生锤。事发客车在呼和浩特市没有违章记录,但延安高速交警支队的官方网站显示,2011年1月11日至2012年5月30日,近20个月内该客车在延安境内高速路上至少有7条超速违章记录,基本都是在包茂高速延安段600多公里处被发现。违章记录显示,这辆车多次在高速公路"超速不足50%"。

十次事故九次快,超速行驶更是危险。超速行驶会使车辆长时间处于高负荷状态,加剧了机件的磨损和损毁。特别是对车轮更为不利,不仅提高了摩擦温度,轮胎极易老化和变形,还会引发爆胎的风险!超速行驶时驾驶员注意力高度集中,容易产生疲劳,反应能力下降,遇到紧急情况时,制动距离会变长,没有足够的时间判断和采取紧急措施及时有效避让。

警示:古人云"常在河边走哪有不湿鞋",事故车驾驶员经常性超速行驶,发生事故的概率也会成几何倍数增长,因此交通部门应采取措施对驾驶员加强管理。

(1)加强对驾驶员的管理,提高驾驶员安全行车意识和驾驶技术水平。

(2)制定有针对性和切实可行的行车措施及事故防范措施,严格执行。

(3)按规定做好车辆的维修保养及出车前的车况检查工作,严禁开"带病车"。对出车前的车况检查情况要有记录,相关责任人员在记录上签字。

(4)认真分析行驶路线的危险点,提前采取相应安全措施,如进入危险弯道前必须严格限速、鸣号、靠右行驶。

(5)下大雨,视线不清时,应找安全地点停车,待雨停能见度好转再行车。

(6)杜绝开疲劳车、情绪车,严禁酒后驾车。

十二、超载行驶

案例

2020年8月16日7时19分许,常某某驾驶中型普通客车沿省道318线由东向西超载行驶至格尔木市西出口交警检查站时被查获。经查,此中型普通客车核载19人,实载32人,超员13人,超载率达68%(图1-12)。

图1-12 当事车辆乘客情况

驾驶员违反的法律法规

该事故驾驶员违反了《道路交通安全法》第四十九条、第九十二条相关规定。

第四十九条 机动车载人不得超过核定的人数,客运机动车不得违反规定载货。

第九十二条 公路客运车辆载客超过额定乘员的,处二百元以上五百元以下罚款;超过额定乘员百分之二十或者违反规定载货的,处五百元以上二千元以下罚款。

货运机动车超过核定载质量的,处二百元以上五百元以下罚款;超过核定载质量百分之三十或者违反规定载客的,处五百元以上二千元以下罚款。

有前两款行为的,由公安机关交通管理部门扣留机动车至违法状态消除。

运输单位的车辆有本条第一款、第二款规定的情形,经处罚不改的,对直接负责的主管人员处二千元以上五千元以下罚款。

以案说法

《刑法》第一百三十三条规定"从事校车业务或者乘客运输,严重超过额定乘员载客的",以危险驾驶罪论处,同时机动车所有人、管理人负有直接责任的,依照危险驾驶罪处罚。

该案例中的四名被告人分别为车辆管理人及驾驶员,所驾驶的客车超过额定乘员50%以上,其行为涉嫌危险驾驶罪。法院经审理后,依照《刑法》规定以危险驾驶罪对四名被告人定罪处罚,分别判处2个月至3个月不等的拘役,并处罚金5000元。

超载驾驶是一种违反交通管理规定的、容易引致车祸的行为。《刑法修正案(十一)》中将"从事校车业务或者乘客运输,严重超过额定乘员载客,或者严重超过规定时速行驶"的行为纳入危险驾驶的犯罪圈,由行政处罚上升为刑事处罚。由于超载型危险驾驶情况较为复杂,不同情形的超载型危险驾驶所反映出的行为人主观恶性、社会危害性均有不同,加之目前尚未有明确的法律法规、司法解释对超载型危险驾驶犯罪案件定罪量刑进行细化解释,所以法院在审理超载型危险驾驶案件时,应该全面考量案情,遵循主客观相一致的原则,结合被告人的客观行为、主观恶性、认罪态度、行为危险性等情节,在定罪量刑时综合判断,做到定罪准确,量刑适当。

"严重超过额定乘员载客"是超载型危险驾驶的关键入罪因素。刑法意义上的"严重超过额定乘员载客"标准目前尚未确定,在行政执法领域,超载20%为一个界点,超过20%属于严重情况。尽管刑法意义上的"严重超过额定乘员载客"标准尚未明确,但结合超载由行政处罚上升为刑事处罚的立法缘由及现实意义,法院审理该类案件时可以考虑参考行政违法标准对被告人的行为严重程度进行评价。

在此,提醒广大车辆驾驶员,超员会影响车辆的稳定性,增加行车危险;同时因轮胎负荷过重容易引起爆胎、制动失灵;发生交通事故时,超员会给乘客逃生、抢救带来困难;同时会使驾驶员及车主受到刑法的严厉惩处。因此为了自身和他人的安全,请遵守交通法规,杜绝超员超载。

十三、酒后驾驶

案例

2020年10月16日凌晨1时46分,陈某驾驶小型普通客车行驶至眉山市环湖东路交叉路口时与吴某驾驶的出租车相撞。相撞后,陈某驾驶小型普通客车向前滑行的过程中又与停驶在路口西南角由何某驾驶的无号牌二轮电动车和胡某驾驶的二轮电动车相撞,造成何某当场死亡,吴某、胡某受伤,四车不同程度受损的道路交通事故。事发后,陈某弃车逃逸。

当日早上7时许,陈某前往眉山市公安局交警支队直属二大队投案自首,民警对陈某进行了毒品测试和呼气式酒精测试,毒品检测结果为阴性,排除毒驾;陈某涉嫌酒后驾驶机动车。

驾驶员违反的法律法规:

该事故驾驶员违反了《道路交通安全法》第九十一条规定。

第九十一条 饮酒后驾驶机动车的,处暂扣六个月机动车驾驶证,并处一千元以上二千元以下罚款。因饮酒后驾驶机动车被处罚,再次饮酒后驾驶机动车的,处十日以下拘留,并处一千元以上二千元以下罚款,吊销机动车驾驶证。

醉酒驾驶机动车的,由公安机关交通管理部门约束至酒醒,吊销机动车驾驶证,依法追究刑事责任;五年内不得重新取得机动车驾驶证。

饮酒后驾驶营运机动车的,处十五日拘留,并处五千元罚款,吊销机动车驾驶证,五年内不得重新取得机动车驾驶证。

醉酒驾驶营运机动车的,由公安机关交通管理部门约束至酒醒,吊销机动车驾驶证,依法追究刑事责任;十年内不得重新取得机动车驾驶证,重新取得机动车驾驶证后,不得驾驶营运机动车。

饮酒后或者醉酒驾驶机动车发生重大交通事故,构成犯罪的,依法追究刑事责任,并由公安机关交通管理部门吊销机动车驾驶证,终生不得重新取得机动车驾驶证。

以案说法

机动车驾驶员有饮酒、醉酒、服用国家管制的精神药品或者麻醉药品嫌疑的,应当接受测试、检验。陈某饮酒后驾驶机动车时,未及时控制安全车速、路况观察不清、操作不当,承担此次事故主要责任。

2008年世界卫生组织事故调查显示,50%~60%的交通事故与酒后驾驶有关,酒后驾驶已经被列为车祸致死的主要原因。在中国,每年由酒后驾车引发的交通事故达数万起,而造成死亡的事故中50%以上都与酒后驾车有关,酒后驾车的危害触目惊心,已经成为交通事故的第一大"杀手"。

2010年8月,十一届全国人大常委会第十六次会议首次审议刑法修正案(八)草案,醉酒驾驶或被判刑。

国家质量监督检验检疫总局、国家标准化管理委员会批准的强制性国家标准《车辆驾驶人员血液、呼气酒精含量阈值与检验》(GB 19522—2010)中规定,饮酒驾车是指车辆驾驶人员血液中的酒精含量大于或者等于20mg/100mL,小于80mg/100mL的驾驶行为。醉酒驾车是指车辆驾驶人员血液中的酒精含量大于或者等于80mg/100mL的驾驶行为。

喝酒时酒精的刺激使人兴奋,在不知不觉中就会喝多,当酒精在人体血液内达到一定浓度时,人对外界的反应能力及控制能力就会下降,处理紧急情况的能力也随之下降。对于酒后驾车者而言,其血液中酒精含量越高,发生交通事故的概率越大。当驾驶者血液中酒精含量达80mg/100mL时,发生交通事故的概率是血液中不含酒精时的2.5倍;达到100mg/100mL时,发生交通事故的概率是血液中不含酒精时的4.7倍。即使在少量饮酒的状态下,交通事故的危险程度也可达到未饮酒状态的2倍左右。

酒驾心理

一是自以为没有醉。半斤不脸红,一斤不心跳,二斤倒不了!酒驾者都有超乎寻常的"自信",觉得自己就是喝了酒,也能把车开到目的地;就是喝了酒,在遇上突发事件时,也能从容应对和处理。他们显然已经忘记了酒精会使人神经麻痹、迟钝的亘古不变的真理。等真出了车祸,悔之晚矣。

二是自以为经验老到,车技高超。数据表明:1年以下驾龄的驾驶员很少酒后驾车,大量的酒驾行为出现在驾龄5~20年的驾驶员身上。殊不知,酒精入体之后,并不在乎你有几年驾龄,而事故却恰好因为驾龄高、自恃驾驶经验丰富,从而重视度低、防范心理差而多发。

三是侥幸心理作祟。有些驾驶员酒驾,总以为"不会那么巧被交警撞上",或者在节日之前,觉得"交警也要过节",认为过节相关检查就会少,于是借着酒劲儿开车上路。这种心理其实忽略了一个最起码的前提:检查酒驾、罚款甚至追究刑事责任,其实并不是目的,禁止酒驾的目的是保护他人和驾驶员本人的生命安全,维护交通秩序、社会秩序。驾驶员要做到酒后不驾车,就算没有交警检查,不酒驾也应该是一个最起码的职业道德和尊重生命的主动意识。

温馨提示

隔夜开车也有可能酒驾

每个人的酒精耐受性不同,法律只能规定以血液内酒精含量标准作为酒驾或醉驾标准。驾驶行为人因前一天晚上过量饮酒,第二天"酒醒"后驾车如被检测酒精含量达到标准,仍将被判定为酒驾或醉驾。

请牢记,酒驾是对自己和对家人、对社会的极端不负责任的行为。

十四、疲劳驾车

案例

2020年7月18日凌晨4时10分,在银昆高速公路宜宾段(宜宾往自贡方向），一辆轻型仓栅式货车追尾一辆低速行驶的危化品运输车，造成货车上一名乘客受伤入院，两车不同程度受损，如图1-13、图1-14所示。

图1-13　肇事货车

图1-14　被追尾的危化品运输车

民警在事故现场了解到，轻型仓栅式货车驾驶员自称"眯了一眼"就发生了追尾事故，涉嫌疲劳驾驶。民警通过观看该车行车记录仪发现，该轻型仓栅式货车从云南驶入四川境内后，多次呈"S"形行驶，多次险些撞到高速公路护栏，最终追尾了前方行驶的危化品运输车。而通过调取被追尾的危化品运输车GPS数据和行车记录仪发现，该危化品运输车从宜宾东服务区驶入高速公路主线后一直低速行驶，后来被轻型仓栅式货车追尾，未造成人员重大伤亡，唯一伤者系轻型仓栅式货车驾驶员的母亲。

最终，四川高速公路交警对该交通事故进行了责任认定：轻型仓栅式货车驾驶员杨某在过度疲劳的情况下仍驾驶机动车，是造成此事故的主要原因，危化品运输车驾驶员周某驾驶机动车在高速公路上正常情况下低速行驶，是造成该事故的次要原因。高速交警依法对双方驾驶员的违法行为进行了顶格处罚：轻型货车驾驶员疲劳驾驶罚款200元，危化品运输车高速路低速行驶罚款200元，记3分。

驾驶员违反的法律法规：

该事故驾驶员违反了**《道路交通安全法实施条例》第六十二条**规定，驾驶机动车不得有下列行为：

（一）在车门、车厢没有关好时行车；

（二）在机动车驾驶室的前后窗范围内悬挂、放置妨碍驾驶人视线的物品；

（三）拨打接听手持电话、观看电视等妨碍安全驾驶的行为；

（四）下陡坡时熄火或者空挡滑行；

（五）向道路上抛撒物品；

（六）驾驶摩托车手离车把或者在车把上悬挂物品；

（七）连续驾驶机动车超过4小时未停车休息或者停车休息时间少于20分钟；

（八）在禁止鸣喇叭的区域或者路段鸣喇叭。

> **以案说法**
>
> （1）驾驶车辆时，随着速度的提高或持续高速行车，驾驶员会出现不同程度的驾驶疲劳。驾驶车辆高速行驶时，驾驶员的注意力十分集中，始终处于精神高度紧张的状态，而随着速度的不断提高和驾驶时间的延长，驾驶员会逐渐出现疲劳感觉。在高速公路上行驶，道路环境单一，交通干扰少，速度稳定，行车中的噪声和振动频率小，易使驾驶员产生单调感而困倦瞌睡，出现"高速公路催眠现象"。由此可见，驾驶车辆高速行驶，容易导致驾驶疲劳。
>
> （2）驾驶员疲劳时判断能力下降、反应迟钝和操作失误增加。驾驶员处于轻微疲劳时，会出现转向、制动不及时、不准确；驾驶员处于中度疲劳时，操作动作呆滞，有时甚至会忘记操作；驾驶员处于重度疲劳时，往往会下意识操作或出现短时间睡眠现象，严重时会失去对车辆的控制能力。驾驶员疲劳驾车，会出现视线模糊、腰酸背疼、动作呆板、手脚发胀或精力不集中、反应迟钝、思考不周全、精神涣散、焦虑、急躁等现象，如果仍勉强驾驶车辆，则可能导致交通事故的发生。
>
> 高速公路行车切忌疲劳驾驶，一般高速公路每隔70km就有服务区，驾驶员最好能每隔2~3h停车休息一段时间，确保不疲劳驾驶。还有些驾驶员在高速公路驾驶时吸烟、吃东西、接听手机，这些行为都是不允许的，会严重分散驾驶员的精力，在遇到紧急情况时无法做到快速处理；如果确实要通话，让乘客代为执行，而吃东西、吸烟只能在服务区进行。驾驶员出行前一定要保持良好睡眠，确保精神状态良好；如果在行车途中感觉疲劳，应尽快进入服务区或驶离高速公路进行休整。

十五、肇事逃逸

案例

2020年11月6日22时许，威海交警三大队接指挥中心警情：在威海市岭西村口西南方向山路上有一名女子躺在道路中间，疑似已经死亡，肇事车辆逃逸。

交警三大队随即启动道路交通事故逃逸案件查缉预案，大队领导带领增援警力到达现场，展开现场勘查及逃逸车辆查缉。民警在事发周边搜寻相关证据时，发现现场附近道路有一条油液带一直延伸到山顶方向，疑似肇事车辆所遗留，民警顺着该线索在距事故地点约800m处找到了一处大门紧锁的农家院，院内一辆黑色本田SUV有重大肇事嫌疑。民警组成抓捕小组，进入该农家院，经过搜索排查，最终在一处卧室内抓获嫌疑人许某，许某被抓获时仍处于醉酒状态（图1-15）。

图1-15 抓获肇事驾驶员

驾驶员违反的法律法规：

该事故驾驶员违反了《道路交通安全法》第七十一条、第七十二条及《道路交通安全法实施条例》第九十二条相关规定。

《道路交通安全法》第七十一条　车辆发生交通事故后逃逸的,事故现场目击人员和其他知情人员应当向公安机关交通管理部门或者交通警察举报。举报属实的,公安机关交通管理部门应当给予奖励。

第七十二条　公安机关交通管理部门接到交通事故报警后,应当立即派交通警察赶赴现场,先组织抢救受伤人员,并采取措施,尽快恢复交通。

交通警察应当对交通事故现场进行勘验、检查,收集证据;因收集证据的需要,可以扣留事故车辆,但是应当妥善保管,以备核查。

对当事人的生理、精神状况等专业性较强的检验,公安机关交通管理部门应当委托专门机构进行鉴定。鉴定结论应当由鉴定人签名。

《道路交通安全法实施条例》第九十二条　发生交通事故后当事人逃逸的,逃逸的当事人承担全部责任。但是,有证据证明对方当事人也有过错的,可以减轻责任。

当事人故意破坏、伪造现场、毁灭证据的,承担全部责任。

> **以案说法**
>
> 交通事故,是指车辆在道路上因过错或者意外造成人身伤亡或者财产损失的事件。
>
> 发生交通事故后,要第一时间保护现场、救助伤员并报警等待,不能抱有侥幸心理驾车逃逸,一旦逃逸将会面临更严厉的处罚。
>
> 现实中总有肇事者,或因内心恐慌,或因心存侥幸,一跑了之,可无论躲到哪里,都逃不出交警的火眼金睛! 交通事故逃逸性质恶劣、后果严重,将受到法律的严惩,肇事逃逸要付出更高的法律成本,能让逃逸者后悔终生。

十六、驾驶过程中不系安全带

案例

2020年2月14日14时许,驾驶员王某驾驶一辆苏A牌照的重型载货专项作业车,沿南京绕城公路由南向北行驶至华电北路段时,因雨天驾驶车辆采取措施不当,致使所驾车辆失控向左侧滑,撞到路中隔离护栏后发生侧翻。在此过程中,驾驶员王某因未系安全带被抛出车外,经抢救无效死亡(图1-16)。

图1-16　事故现场

驾驶员违反的法律法规：

该事故驾驶员违反了《道路交通安全法》第五十一条、第九十条相关规定。

第五十一条 机动车行驶时，驾驶员、乘坐人员应当按规定使用安全带，摩托车驾驶员及乘坐人员应当按规定戴安全头盔。

第九十条 机动车驾驶员违反道路交通安全法律、法规关于道路通行规定的，处警告或者二十元以上二百元以下罚款。本法另有规定的，依照规定处罚。

以案说法

公安部交管局调查研究显示，不系安全带已成为道路交通事故致死的第三大原因，仅次于超速行驶和酒后驾驶，其中以国道、省道、高速公路为甚，因未系安全带在交通事故中死亡的案例时有发生。

后排乘客不系安全带也属于违法行为。近年来，随着机动车安全性能日趋完善，前排安全带警示已成为标配，大部分驾驶员和副驾驶乘坐人员也都养成了上车先系安全带的良好习惯，但后排乘坐人往往会忽视系安全带的重要性，殊不知当车辆发生交通事故时，后排乘坐人如未系安全带，因没有安全气囊的缓冲和保护，可能会撞击到前排座椅、前风窗玻璃、仪表台，甚至被直接甩出车外，严重威胁自身和前排驾乘人的生命安全。

交警提醒，后排乘客也属于乘车人，未按规定使用安全带也属于违法行为。为进一步提升汽车驾乘人员安全防护水平，有效减轻交通事故后果，根据公安部交管局"一盔一带"工作统一部署，交警部门在全国范围内开展安全守护行动，严查汽车驾乘人员不系安全带等违法行为，后排乘客不系安全带也将被处罚。

相关数据表明，机动车驾乘人员未系安全带发生交通事故时的死亡率是系安全带的37.7倍，在发生交通事故时，从车内甩出的驾驶员及乘客，75%会因伤势过重而死亡，而系上安全带将大大提高安全保护作用。

要想发挥安全带的保护作用，还需驾乘人员正确使用且养成良好乘车习惯。目前，市面上机动车安全带多数为"三点式"安全带。驾乘人员应该根据自己身高对安全带高度进行调节，在肩部、胯部调节合适后固定。

交管部门在大力查处不系安全带等违法行为的同时联合公交、长途客运、出租、网约车、物流运输、渣土车等客货运企业，加大重点群体的安全宣传。一方面重点教育引导驾驶员树立规范使用安全带的安全意识，提醒乘车人员系好安全带；另一方面加强车辆安全带设施设备的日常检查，避免缺少安全带锁扣导致安全带不能正常使用等情况。

第二节 政策法规

一、《道路交通安全法》节选

第三条 道路交通安全工作，应当遵循依法管理、方便群众的原则，保障道路交通有序、安全、畅通。

第十一条 驾驶机动车上道路行驶,应当悬挂机动车号牌,放置检验合格标志、保险标志,并随车携带机动车行驶证。

机动车号牌应当按照规定悬挂并保持清晰、完整,不得故意遮挡、污损。

任何单位和个人不得收缴、扣留机动车号牌。

第十六条 任何单位或者个人不得有下列行为:

(一)拼装机动车或者擅自改变机动车已登记的结构、构造或者特征;

(二)改变机动车型号、发动机号、车架号或者车辆识别代号;

(三)伪造、变造或者使用伪造、变造的机动车登记证书、号牌、行驶证、检验合格标志、保险标志;

(四)使用其他机动车的登记证书、号牌、行驶证、检验合格标志、保险标志。

第十七条 国家实行机动车第三者责任强制保险制度,设立道路交通事故社会救助基金。具体办法由国务院规定。

第二十四条 公安机关交通管理部门对机动车驾驶员违反道路交通安全法律、法规的行为,除依法给予行政处罚外,实行累积记分制度。公安机关交通管理部门对累积记分达到规定分值的机动车驾驶员,扣留机动车驾驶证,对其进行道路交通安全法律、法规教育,重新考试;考试合格的,发还其机动车驾驶证。

对遵守道路交通安全法律、法规,在一年内无累积记分的机动车驾驶员,可以延长机动车驾驶证的审验期。具体办法由国务院公安部门规定。

第四十三条 同车道行驶的机动车,后车应当与前车保持足以采取紧急制动措施的安全距离。有下列情形之一的,不得超车:

(一)前车正在左转弯、掉头、超车的;

(二)与对面来车有会车可能的;

(三)前车为执行紧急任务的警车、消防车、救护车、工程救险车的;

(四)行经铁路道口、交叉路口、窄桥、弯道、陡坡、隧道、人行横道、市区交通流量大的路段等没有超车条件的。

第七十条 在道路上发生交通事故,车辆驾驶员应当立即停车,保护现场;造成人身伤亡的,车辆驾驶员应当立即抢救受伤人员,并迅速报告执勤的交通警察或者公安机关交通管理部门。因抢救受伤人员变动现场的,应当标明位置。乘车人、过往车辆驾驶员、过往行人应当予以协助。

在道路上发生交通事故,未造成人身伤亡,当事人对事实及成因无争议的,可以即行撤离现场,恢复交通,自行协商处理损害赔偿事宜;不即行撤离现场的,应当迅速报告执勤的交通警察或者公安机关交通管理部门。

在道路上发生交通事故,仅造成轻微财产损失,并且基本事实清楚的,当事人应当先撤离现场再进行协商处理。

第九十九条 有下列行为之一的,由公安机关交通管理部门处二百元以上二千元以下罚款:

(一)未取得机动车驾驶证、机动车驾驶证被吊销或者机动车驾驶证被暂扣期间驾驶机动车的;

(二)将机动车交由未取得机动车驾驶证或者机动车驾驶证被吊销、暂扣的人驾驶的;

(三)造成交通事故后逃逸,尚不构成犯罪的;

(四)机动车行驶超过规定时速百分之五十的;

(五)强迫机动车驾驶员违反道路交通安全法律、法规和机动车安全驾驶要求驾驶机动车,造成交通事故,尚不构成犯罪的;

(六)违反交通管制的规定强行通行,不听劝阻的;

(七)故意损毁、移动、涂改交通设施,造成危害后果,尚不构成犯罪的;

(八)非法拦截、扣留机动车辆,不听劝阻,造成交通严重阻塞或者较大财产损失的。

行为人有前款第二项、第四项情形之一的,可以并处吊销机动车驾驶证;有第一项、第三项、第五项至第八项情形之一的,可以并处十五日以下拘留。

第一百零一条 违反道路交通安全法律、法规的规定,发生重大交通事故,构成犯罪的,依法追究刑事责任,并由公安机关交通管理部门吊销机动车驾驶证。

造成交通事故后逃逸的,由公安机关交通管理部门吊销机动车驾驶证,且终生不得重新取得机动车驾驶证。

第一百零八条 当事人应当自收到罚款的行政处罚决定书之日起十五日内,到指定的银行缴纳罚款。

对行人、乘车人和非机动车驾驶员的罚款,当事人无异议的,可以当场予以收缴罚款。

罚款应当开具省、自治区、直辖市财政部门统一制发的罚款收据;不出具财政部门统一制发的罚款收据的,当事人有权拒绝缴纳罚款。

第一百零九条 当事人逾期不履行行政处罚决定的,作出行政处罚决定的行政机关可以采取下列措施:

(一)到期不缴纳罚款的,每日按罚款数额的百分之三加处罚款;

(二)申请人民法院强制执行。

二、近期新政(按公安部新发布便民措施)

(一)车辆检审

1. 扩大私家车免检范围,优化年检周期(新规自 2020 年 11 月 20 日起实施)

在实行 6 年以内的 6 座以下非营运小微型客车免检基础上,6 年以内的 7 至 9 座非营运小微型客车纳入免检范围。对非营运小微型客车超过 6 年不满 10 年的,由每年检验 1 次调整为每两年检验 1 次。

注意有以下两种特殊情况:

一是轻型客车在实际使用中非法改装、客货混装等问题较多,由此引发的群死群伤事故时有发生,此次暂不纳入免检范围。

二是免检车辆如果发生造成人员伤亡的交通事故或者非法改装被依法处罚的,对车辆安全性能影响较大,仍需按原规定进行周期检验。

另外,自出厂之日起超过 4 年未办理登记注册手续的车辆,不享受 6 年内免检政策。

举例说明:假设你的车 10 月份年检到期,那么由于这次新规是 11 月 20 日开始执行,所以你就无法享受这次新规带来的第一次便利；如果你的车已满6年且今年已经年检，那下次年检的时间就是第8年了；当然如果你的车今年是第7年且已经年检，那明年按新规（第8年）也要进行年检。

2. 年检标志电子化

年检标志贴在车的风窗玻璃上不仅影响车辆美观，还会遮挡驾驶员的视线，为避免安全隐患，对尚在有效期内的机动车检验合格后，交管部门将通过信息系统自动生成、自动推送检验标志电子凭证，在办理机动车登记、核发检验标志业务时，检验机构发放检验标志纸质凭证须提示机动车所有人可网上查看、下载检验标志电子凭证。机动车所有人可登录互联网交通安全综合服务管理平台或者"交管12123"手机App，直接查看、下载，如果需要领取纸质凭证，可选择邮寄送达或到车管所自取。

如果检验标志纸质凭证丢失或损毁，无须办理补领检验标志业务，同样可直接在网上下载使用。另外，属于6年内的免检车辆，可以直接在网上申领检验标志电子凭证，减少纸质证明标志，免去粘贴麻烦，同时驾驶员视线也不受阻碍，行车安全得到了保障。

> **温馨提示**
>
> 检验标志电子凭证与纸质凭证具有同等效力，已领取检验标志电子凭证的车辆，不需要再粘贴纸质标志，交管部门不会以机动车未放置（粘贴）检验标志为由进行处罚。

（二）限速调整

国家交通运输部2020年6月底发布了《公路限速标志设计规范》（JTG/T 3381-02-2020），详细规定了公路限速路段划分、限速值论证、限速方式选取等内容，自2020年11月1日起施行。《公路限速标志设计规范》（JTG/T 3381-02-2020）明确了公路限速标志设计的原则、限速值的确定方法、限速标志及相关设施设置要求等主要技术内容。具体包括以下两点。

1. 限速值

高速公路限速值不得超过120km/h；限速值应为10km/h的整数倍；相邻两个限速路段的限速值之差不应大于20km/h；学校区域限速标志宜设置在距学校区域起点前100～150m处等。

2. 统一、规范全国限速标志

限速标志作为传递特定信息的载体，对驾驶员安全行车起到重要指引作用。但在现实中，却存在着标志过多、混乱、不清晰、不醒目等不规范情况，从而影响驾驶。如今的限速问题主要体现在"断崖式降速""忽高忽低式限速"等。全国高速限速值设定应综合考虑道路所处环境、地形、车流量等各种因素，即使是同一条高速公路，在不同的路段也会因各种理由有不同的设定。

面对此类高速限速问题，交通运输部公路局应对高速公路限速标志的设置进行改进，重点解决限速值过低，限速值变化过于频繁等问题。

（1）清理全省路面不合规限速标志，限速值与前后差值超过20km/h的，应提前预告或逐级限速。

(2)对公路上超速不足10%的违法行为,予以警告,不罚款、不记分。

(3)对公路设计时速低于60km/h的公路上超速不足50%的违法行为,予以警告,不罚款、不记分;

(4)高速公路上车速100km/h以下的和桥梁、隧道、施工路段车速80km/h以下的超速违法行为,未造成道路交通事故的,不予处罚。

(三)推进便民利民措施

公安部推行互联网交通安全综合服务管理平台和"交管12123"手机App等系统,形成集网页、短信、手机App、语音为一体的交管信息化服务体系,提供网上办牌办证、事故快处、学习教育等服务,进一步创新"互联网+交管"服务机制,充分运用交管大数据服务民生、赋能经济、保障安全。

一是推行道路运输企业信息查询提示服务。

公安交管部门通过互联网交通安全综合服务管理平台,向道路运输企业推送交通安全风险预警提示,提供查询本企业机动车和驾驶员交通违法、事故等信息服务,方便企业强化源头安全管理、加强驾驶员安全教育、预防和降低企业运行风险。

二是推行驾驶员交通安全记录网上查询。

驾驶员可以通过"交管12123"App查询、下载近三年交通责任事故、准驾车型变化、交通违法和记满分等记录,方便其在申请道路运输从业资格证件、工作应聘等生产生活中出示、使用交通安全记录电子凭证,助推稳就业保民生,提升驾驶员诚信守法意识。

三是试点开展机动车交强险信息在线核查。

推进公安交管部门与银保监部门信息共享,在试点地区办理机动车登记、核发检验合格标志时,车辆管理所网上核查机动车交强险信息,申请人无须再提交纸质凭证,进一步减手续、减环节,优化营商环境。

第三节 文明礼让

一、礼让行人

《道路交通安全法》第四十七条规定:机动车行经人行横道时,应当减速行驶;遇行人正在通过人行横道,应当停车让行。机动车行经没有交通信号的道路时,遇行人横过道路,应当避让(图1-17)。

温馨提示

开车经过斑马线要提前减速,随时做好停车让行的准备。行人刚踏入斑马线,第②③车道车辆必须让行,行人往前走,所在车道和下一车道车辆必须让行。

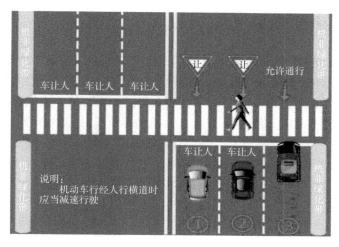

图 1-17 通行要求

二、礼让特种车辆

在拥挤的车阵中,两条车道上的车同时向相反方向斜向避让45°,就可以让出一条通道,即"45°让路法"。用"45°让路法"可以给救护车上等待救援的人,打开生命的绿色通道。

驾驶员懂得如何礼让,是确保救护车能够畅行的前提,很多时候,只要有一名驾驶员不懂礼让,救护车也会被其堵在身后无法前行。并且,礼让的方式越统一越好,假如方式不统一,一部分车辆向左靠,另一部分车辆向右靠,或者有的是45°让路(图1-18),有的以车身保持垂直来让路,礼让效果就会大打折扣。正因为如此,一些西方国家不仅要求其他车辆及时礼让救护车,而且对于如何礼让,还有明确的规定或约定俗成的做法。

懂得如何让行是一回事,是否愿意让行则是另一回事,光有让行的技巧,却没有让行的自觉性,也会对救护车形成人为阻挡。因此"懂让"和"愿让",

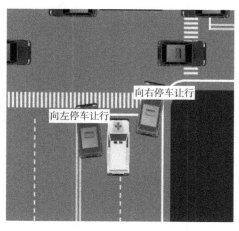

图 1-18 正确让行方式

两者缺一不可。45°让行的知识普及,有利于通过知识传授与严格执法,使"懂让"和"愿让"相结合,保持生命通道通畅就会具备更加坚实的基础。驾驶员自身应主动学习"45°让路法",遇到特殊车辆时主动让路,积极践行自身的社会责任。

交警部门释疑,"45°让路法"让行时若轧到实线,不会扣分。广大驾驶员在驾驶车辆过程中,因避让执行紧急任务的消防车、救护车、工程抢险车、警车等车辆,或救助危难造成交通违法的,交警在后台对监控拍摄的执法证据审核时发现属于以上情形的,将不予以处罚;已被录入交通违法系统的,当事人可到各大队违法处理室或支队窗口反映,交警经核实后将对相关记录予以撤销。

三、车辆让行相关规定

《道路交通安全法》第四十四条　机动车通过交叉路口,应当按照交通信号灯、交通标志、交通标线或者交通警察的指挥通过;通过没有交通信号灯、交通标志、交通标线或者交通警察指挥的交叉路口时,应当减速慢行,并让行人和优先通行的车辆先行。

《道路交通安全法实施条例》第四十七条　机动车超车时,应当提前开启左转向灯、变换使用远、近光灯或者鸣喇叭。在没有道路中心线或者同方向只有1条机动车道的道路上,前车遇后车发出超车信号时,在条件许可的情况下,应当降低速度、靠右让路。后车应当在确认有充足的安全距离后,从前车的左侧超越,在与被超车辆拉开必要的安全距离后,开启右转向灯,驶回原车道。

第四十八条　在没有中心隔离设施或者没有中心线的道路上,机动车遇相对方向来车时应当遵守下列规定:

(一)减速靠右行驶,并与其他车辆、行人保持必要的安全距离;

(二)在有障碍的路段,无障碍的一方先行;但有障碍的一方已驶入障碍路段而无障碍的一方未驶入时,有障碍的一方先行;

(三)在狭窄的坡路,上坡的一方先行;但下坡的一方已行至中途而上坡的一方未上坡时,下坡的一方先行;

(四)在狭窄的山路,不靠山体的一方先行;

(五)夜间会车应当在距相对方向来车150米以外改用近光灯,在窄路、窄桥与非机动车会车时应当使用近光灯。

第四节　标志标线

一、线形诱导标志

线形诱导标志(图1-19)一般设在道路中央隔离设施的端部,提示驾驶员可以沿隔离设施两侧的道路通行。目前主城许多道路中间的隔离设施、路口渠化岛都安设有这样的诱导标志。这种标志是竖着安设的,车辆经过时不易碰到;红白相间更醒目,提醒驾驶员合理规划行驶路线,不要大意开车撞上隔离设施。

二、路面导流线

路面导流线(图1-20)表示不得压线或越线行驶。用在一些道路过宽、不规则、行驶条件比较复杂的交叉路口。车辆要根据导流线施划的车道和路线行驶,如果碾压或越过导流线,被电子警察拍到或者被民警现场发现,是会被处罚记分的。

图 1-19　线形诱导标志

图 1-20　路面导流线

三、可变车道标线

可变车道标线(图 1-21)是锯齿状的,与道路上方导向车道提示牌配合使用,包括可变车道在内的所有路口都是实线,严禁随意变道。如违规,不但有可能被罚款记分,还有酿成剐蹭等交通事故的危险。

可变车道标线主要出现在交叉路口,可依据不同时段车辆流量流向的特点,对流向进行灵活调控,变换车道的行驶方向,缓解交通压力。看到这种车道的同时驾驶员也会看到 LED 可变车道的指示牌,根据指示行驶即可。

四、倒三角形白色记号

倒三角形白色记号(图 1-22)为让路标线,经常出现在路口,在它前面还有两条白色虚线,用于提醒驾驶员前方有干道应减速慢行或停车让干道车先行。如果在此路段支线车辆与主干道车辆发生了交通事故,支线车辆负全责。

图 1-21　可变车道标线

图 1-22　倒三角形白色记号

五、菱形标线

菱形标线(图 1-23)是斑马线预告标线,表示前方有人行横道线,提醒车辆要注意开始减速,若驾驶员驾车过了菱形标志还没有减速,一旦发生交通事故就要负相应的责任。和其他路段发生交通事故相比,无论是定责还是事故赔偿,其结果都大不相同!

六、横向减速标线

横向减速标线(图 1-24),即通常我们所说的减速带,是一组平行的白色虚线,用于提醒驾驶员注意减速。通过减速带时,汽车会发生振动摇晃并伴有轮胎与标线接触发出的呼啸声,从而提高驾驶员的注意力,提醒驾驶员减速慢行。

图1-23　菱形标线

七、纵向减速标线

车行道纵向减速标线为一组平行于车行道分界线的菱形虚线(图1-25),设置于弯路、坡路、隧道洞口前、长下坡路段及其他需要减速的路段前或路段中的机动车行车道内,给驾驶员车道变窄的视觉压迫,从而提醒驾驶员减速慢行。

图1-24　横向减速标线　　　　图1-25　纵向减速标线

八、高速公路车距确认标线

高速公路车距确认标线为白色长方形(图1-26),需要注意的是,白色长方形不是斑马线!高速公路车距确认标线与车距确认标志配合使用,常出现在超车、易肇事或其他有需要路段。

九、彩色禁止超车错觉标线

彩色禁止超车错觉标线(图1-27)在我国并不多见,设有这种标线的路段都比较复杂,超车很容易发生交通事故,设置此标线用来提醒驾驶员禁止超车。

图1-26 高速公路车距确认标线

图1-27 彩色禁止超车错觉标线

十、错视觉标线

错视觉标线(图1-28)是一种特种的减速标线,沿行车方向看车道呈现由宽变窄及下凹的错视觉效果,能让驾驶员产生空间压缩的感觉,使得驾驶员在进入急转弯或隧道前提前减速,起到一定的安全防范辅助作用。

错视觉标线通常设置在急转弯、隧道外及隧道内一定区域,作用是提醒驾驶员在进、出隧道口时,一定要放慢速度。

十一、3D人行横道

设立3D人行横道(图1-29)的目的是让驾驶员误以为马路上有东西,进而减速慢行,但也会给驾驶员带来不适,反而不注意路况。3D人行横道时间久了,如果不做维护,其效果会变差很多。

图1-28 错视觉标线

图1-29 3D人行横道

行人走在3D人行横道上,感觉步子都迈不对,容易使人产生错觉;如果驾驶员正在行驶途中突然看到前方有"障碍物",可能会紧急制动,这样容易造成追尾等交通事故。

十二、公交专用3+合乘车道

目前公交专用道已启用公交专用3+合乘车道(图1-30)。启用时段内,允许乘员数为3人及3人以上的车辆、执行任务的军用号牌车辆、警用号牌车辆、救护车、工程抢险车借用公交专用道通行。除公交车可在站点停靠外,其他车辆禁止在专用道内停靠及上下客,不得影响公交车通行。对不符合条件进入专用车道的车辆将处以100元罚款,不记分。2018年3月29日,大连正式在18个路段启用此类车道。

图1-30 公交专用3+合乘车道

十三、"单排等候、多排通行"交通标志

在施画有此类标志的路口,左转车辆按照交通信号灯指示排队等候放行,当左转信号指示灯亮起时,等候车辆依次按照地面数字1、2的方向沿导向线快速通过十字路口(图1-31)。

第一辆车按地面标识数字"1"线路,第二辆车按"2"指示的线路,第三辆车排队继续按"1"的线路,第四辆车按"2"指示线路……在临近路口处,中央双黄线变为虚实线,排队车辆可按标线指示,在确保安全的原则下,按照线路"2"指示,快速左转。

交警特别提醒:"单排等候、多排通行"与"左转待转区"不同,其左转车辆必须在停止线后等候,左转指示灯亮起,才能进入十字路口,快速通过;而"左转待转区"左转车在直行车辆通行时是可以进入左转待转区等候的。

图1-31 "单排等候、多排通行"交通标志

十四、禁停网格线

禁停网格线(图1-32)通常施画于易因临时停车而堵塞的交叉路口、重要单位出入口及其他需要设置的路口等。任何车辆在禁停网格线上停车(包括停车等候交通信号灯),都属于违法行为。

十五、右转弯盲区警示

大型车辆右转视线盲区是指半挂车、大型客车、水泥混凝土运输车等大型车辆在右转时,由于右侧前后轮行驶轨迹不一致,存在"内轮差"盲区,使驾驶员无法正确判断路侧行人与非机动车辆的状态信息的区域。在大型车辆右转时,非机动车或行人进入该区域是十分危险的。

为最大限度防控此类交通事故的发生,交通管理部门在科学分析研判近年来大型车辆右转视线盲区引发的交通事故成因的基础上,综合考虑了大型车辆视线盲区、驾驶员与行人的安全意识缺乏以及道路交叉口的设计存在不足等方面的原因,陆续在具备条件的路口施画红颜色的大型车辆"右转弯盲区警示带",如图1-33所示。

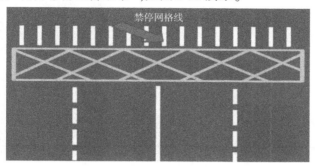

图1-32　禁停网格线

图1-33　右转弯盲区警示

第二章
道路运输驾驶员社会责任与职业道德

 学习目标

通过学习道路运输驾驶员社会责任与职业道德,培养驾驶员职业道德自觉性,使其严守交通法规和规章制度,具备职业责任感、荣辱感、信誉感和服务观,以实现安全文明驾驶。

案例

"最美司机"吴斌(图2-1):用生命履行职责

2012年5月29日中午11时10分,吴斌驾驶杭州长运浙A19115大型客车从无锡返回杭州,车上载有24名乘客。11时40分左右,行驶至锡宜高速公路宜兴方向130km阳山路段时(江苏境内),突然一块铁块从对向车道迎面飞来,击碎风窗玻璃之后,砸向吴斌的腹部和手臂,导致其肝脏破裂、肋骨多处骨折,肺、肠严重挫伤。

监控画面记录下了当时突发的一幕,时间共1分16秒:被击中的一瞬间,在巨大的疼痛面前,吴斌本能地用右手捂了一下腹部,看上去很痛苦,但他没有紧急制动或猛打转向盘,而是

图2-1 吴斌

紧紧握住转向盘,缓缓踩下制动踏板,稳稳地停下车,拉好驻车制动器,打起危险报警闪光灯,以一名职业驾驶员的高度敬业精神完成了一系列安全停车措施。最后他解开安全带,以惊人的毅力从驾驶室挣扎着站起来,还回头对受到惊吓的乘客说:"别乱跑,注意安全。"然后打开车门,安全疏散乘客。耗尽最后一丝力气的吴斌,倒在了座位上。在生命的最后时刻,他用顽强的意志和崇高的职业精神,保住了车上24名乘客的生命。

吴斌在身受致命伤的情况下,能有这样的英勇行为,与他平时加强品德修养和职业素养是密不可分的。他一直视手中的转向盘为"生命线",始终把乘客的安危放在首位。他积极参加公司的各项技术培训和安全教育,刻苦钻研驾驶技术和保养知识,熟练掌握各种应急技能,并认真做好每次出车前的准备工作,养成良好的职业素养。

第一节　道路运输驾驶员的职业道德

一、职业的概念

职业是指人们按照社会分工从事相对稳定、合法、有报酬的社会劳动。从国民经济活动所需要的人力资源角度来看,职业是指不同性质、不同内容、不同形式、不同操作的专门劳动岗位,是一个人社会地位的一般性表现,也是一个人的权利、义务和职责。例如,教师、警察、驾驶员、清洁工、工程师、网络营销师等都是职业的名称。

职业具有经济性,即从中取得报酬;职业具有技术性,即可发挥人的才能和专长;职业具有社会性,即人与人的相互关联、相互服务;职业具有时代性,即符合社会需求,为社会提供有用的服务;职业具有稳定性,即人们所从事的劳动相对稳定,是非中断性的;职业具有规范性,即其活动必须合乎法律规定,遵守相应的执业规范。

二、道德的概念

道德源于社会生活,也被用于社会生活。社会生活的繁复性决定了仅仅依靠法律及武力不能保证社会秩序的稳定运行,还需道德的加持。道德依靠教育、社会舆论、文化习俗和人们的内心信念来维持,是我们社会生活中最常见的社会标准,存在于工作、家庭和生活中。

从某种意义上说,道德就是在人类活动中"应该"怎样和"不应该"怎样的一种行为约束,往往代表着社会的正面价值取向,起判断行为正当与否的作用;且其并非永恒不变,会随着社会经济的发展而不断变化。例如,说破坏公共卫生的人"不讲道德",说欺负社会弱势群体的人"缺德",说不讲信用的人"不道德",等等。人人皆与道德有关,因为在社会生活中,人与自然、与他人、与社会环境等都不可避免地产生各种各样的矛盾,都需要道德的调节,所以它是人们共同生活及其行为的准则与规范。

三、职业道德的概念

职业道德是道德这个庞大体系中的一个重要组成部分,其内涵丰富、种类繁多,在不同的社会、不同的时代会受到政治思想、社会制度、不同阶级的道德原则的影响,是社会分工发展到一定阶段的产物。职业道德是指从事该职业的工作者在职业活动中应遵循的行为规范的总和,是人们在长期的职业活动中所形成的、适合本职业需要的、体现职业特点的在本职业中通行的道德。

驾驶员的职业道德是指驾驶员在从事服务性工作中应当遵循的基本要求,其与职业技能一样是驾驶员谋生的手段。概括来说,就是道路运输驾驶员要有职业荣誉感及职业责任,树立遵纪守法、爱岗敬业及为民服务的观念。驾驶员按照职业道德规范,正确处理与顾客、与同事之间的职业关系，规范自己的行为，完成岗位职责，一方面可获取相应的劳动报酬及就业机会，另一方面可不断提高自我修养，使自身得到全面发展。

第二节　驾驶员职业道德的特性

一、约束性

不同行业的职业道德贯穿着各自行业占统治地位的道德原则，并且随着职业道德的不断发展，其不再局限于依靠传统习俗、信仰及社会舆论，而是与制度、管理和纪律等相结合，成为约束行业内部人员的强制性规定，如有违反，还要受到一定的行政纪律处分与经济制裁，这就是职业道德约束性的具体体现。道路运输行业职业道德也有着较强的约束性，主要表现在严格的规章制度及严格管理上。如驾驶员从业资格的考核、晋升，运输过程，装卸过程，道路通行，应急处理等，都有严格的法律、规定、制度和规程。驾驶员的违规行为将受到严格的监控和处罚。

二、自律性

驾驶员职业道德本身有着较强的自律性特点。即使专业运输企业，驾驶员所驾车辆也未必都为同一辆车，且运输时长、路线及任务也不一定相同。这种经常性长时间地单独执行运输任务，操作独立性强，活动自由度大，缺乏有效监督环境，因而需要驾驶员具有更多的职业道德自觉性。驾驶员的职业道德除了依靠单位培养，社会教育，法律、制度的制约外，更重要的是靠本人自觉以及自律。

三、专业性

对于驾驶员来说，由于运输的货物具有特殊性、危险性、复杂性，运输工具具有多样性的特点，且平时对车辆的保养和维护，驾驶过程中对交通法规的遵守，车辆使用中对油耗、物耗的控制等都具有很强的专业性，其职业操守直接关系着社会及他人生命财产安全，因此驾驶员职业道德有较强的专业性特征。

四、服务性

驾驶员所从事的行业承担着拉动经济发展、为人们日常生活服务的任务，服务对象特殊，稍有不慎，便会造成人员伤亡、财产损失及环境污染等无法估量的损失。而且服务过程复杂多变，要求严格，要确保货物质量、运输过程、数量的安全。这些都体现了这一行业的职业道德有高质量的服务要求。随着当前社会经济的进步，汽车行业的高速发展，对汽车驾驶员职业道德与安全行车要求标准也相应有所提高。

五、稳定性

尽管在每一个社会发展阶段,随着生产关系的改变,人们的职业道德规范也在不断发生变化,但由于职业生活具有连续性,因此从事相同职业的人们,都拥有特定范围的活动对象、共同的任务范围、特定的活动方式及共同的职业教育训练等,这就使人们在长期的职业活动中所形成的职业习惯、职业心理、职业传统、职业道德的评价标准及要求大致相似或相同。例如,古往今来,教师的职业道德始终是传道、授业、解惑,而医生的职业道德始终是解除病痛、救死扶伤。无论任何国家和地区,同样的职业或行业职业道德规范要求都大体保持一致,这就是职业道德的稳定性。但这并不表明职业道德能够脱离社会道德而存在,它仍反映着社会道德的发展状况,受到社会发展水平的制约,因此职业道德的稳定性是相对而言的。

第三节 道路运输驾驶员职业行为规范

一、道路运输驾驶员职业行为规范的具体内容

1. 遵章守法

所谓"无规矩不成方圆",遵守道路交通安全管理法律法规是实现安全行车的必要前提。遵章守法,要求驾驶员做到以下几点:

(1)认真学习国家的有关法律、法规和政策,熟知《道路交通安全法》《道路交通安全法实施条例》等道路运输和道路交通安全的法律、法规,自觉遵守各项规章制度和安全操作规程,充分认识遵章守法的重要性,做到学法、守法、知法、用法。

(2)牢固树立法律意识,将其内化于心,外化于行。在严格守法的同时能够用法律、法规来解决纠纷,保障自己的合法权益,并以自己的行动影响和带动他人。遵守相关法律法规和各种规章,是驾驶员职业活动正常开展的前提和重要保障,更是实现安全行车的必要前提。驾驶员要自觉用《道路交通安全法》来约束自己的行为,接受交通管理部门的管理。

(3)始终把人民群众的生命财产安全放在首位,树立"安全就是效益"的思想,不断提高安全驾驶操作技能,努力探索安全行车规律。

2. 爱岗敬业

爱岗敬业指的是忠于职守的事业精神,这是职业道德的基础,也是人类社会最为普遍的奉献精神。其看似平凡,实则伟大。爱岗敬业,要求驾驶员做到以下几点:

(1)岗位因人类社会发展需要而存在,因此,爱岗敬业既是个人生存需要,也是社会存在的发展需要。爱岗敬业展现新时期道路运输驾驶员精益求精的职业精神,勇于担当的奉献精神,以及开拓创新的创新精神。

(2)爱岗敬业是人们对工作态度的一种普遍要求,对驾驶员而言就是要认真对待自己的岗位,牢记安全驾驶这一工作宗旨,始终保持安全驾驶的行驶记录。无论在任何时候都要尊

重自己的岗位职责,在自己的岗位上勤奋有加,把乘客当作自己的亲人来对待,把货物当作自己的财物来爱护,用奉献谱写人生篇章,为保障人民群众便捷、安全出行而努力。

3. 诚实信用

诚实信用即忠诚地履行自己承担的义务,这是每一个现代公民应有的职业品质,也是经济交往中最可贵的理念。这就要求驾驶员对乘客和托运人始终保持忠诚、信用的原则,做到以下几点:

(1) 树立诚信意识,在执行运输任务中努力提高服务品质及运输质量,时刻为乘客、货主的利益着想,信守承诺,按要求进行运输。

(2) 运输过程中,必须履行岗位职责,认真遵守客、货运输的各项法律法规的规定,确保安全、及时、完好地将乘客和货物送达。

(3) 坚决杜绝投机取巧、欺瞒客户、弄虚作假、变相敛财,保证客户的正当权益。

4. 公平竞争

公平竞争原则是指竞争者们在同一市场条件下接受优胜劣汰作用与评判,并独立承担竞争的结果。它既是竞争群体利益的要求,也是国家管控竞争环境的指导思想。这就要求驾驶员按照统一要求从事道路运输活动,采取正当公平的手段参与市场竞争,并做到以下几点:

(1) 不断改善服务并提高服务水平。要想抓住客户的心,就应为其提供优质的服务。因此文明、公正、公开地参与竞争,才能确保道路运输市场的规范、健康发展。

(2) 在合法合理的前提下增强竞争意识,在运输活动中要敢为人先,完善自我,增强市场竞争力。

(3) 树立正确的价值观念,融入、适应并占有市场,做到"童叟无欺,一视同仁,诚信经营,礼貌服务"。

(4) 遵纪守法、照章办事;不唯利是图,不蛮横无理,不刁难客户,坚决杜绝市场垄断及地方保护主义事件的发生。

5. 优质服务

优质服务是指在符合行业标准或部门规章的前提下提供的服务,能够满足所服务对象的期待值,达到一定的满意度。一般来说,人们通常用服务体验感以及合乎法规与准则要求的办理结果,来进行服务质量是否优质的判断。驾驶员的工作从本质上来说也是一种服务性的工作,在运输乘客及货物的整个过程中,只有牢固树立服务意识,从细节入手、凡事精益求精才能为客户提供优质的服务。优质服务,要求驾驶员做到以下几点:

(1) 树立良好的服务意识,细致入微、换位思考,以保证客户利益为首要任务,将"质量第一,顾客至上"作为服务宗旨。

(2) 运输过程中,认真遵守客、货运输的各项规定,遵纪守法、礼貌待客,确保安全、完好、及时地完成运输任务。

(3) 做到"敬贤礼士、不矜不伐、宽容大度",按照道路运输驾驶员的社会责任与职业道德要求,规范服务标准,文明使用礼貌用语,确保车容整洁、车况良好,车内服务设施齐全、有效。

6. 规范操作

千里之行 慎于足下。作为机动车驾驶员,安全行车至关重要。它关系到运输任务的完

成、社会的安定和谐,也关系到所有交通参与者的安全。规范操作,要求驾驶员做到以下几点:

(1)必须牢固树立安全意识及防护意识,做到事前检查,谨慎驾驶,时时刻刻注意安全,不辜负家庭、单位和社会的期望。

(2)切实做好日常维护,进行出车前、行车中、收车后的车辆检查,防患于未然,将隐患扼杀在萌芽状态,避免行车中发生事故。

(3)灵活掌控,按照不同的车况、道路交通情况、气象条件来选择行驶方式,根据具体情况不断对行驶路线和行驶速度进行调整。做到集中注意力、仔细观察、提前预防,以此实现不主动发生事故、不间接引发事故、不被动卷入事故的驾驶目标。

7. 文明行车

培养良好的驾驶作风和职业习惯,加强自身修养和良好个性心理的养成,不开"英雄车""违章车""斗气车";做到"文明行车,礼让三先""有理也让",保障道路安全畅通,为维护交通安全秩序不断努力。

二、违反职业道德规范的主要表现

驾驶员在驾驶车辆过程中,必须遵守职业道德行为规范及道路交通安全法律法规的规定。在驾驶过程中,要自觉杜绝违反职业道德规范的行为,甚至违法行为。以下是驾驶员在驾驶车辆过程中常常出现的违反职业道德规范的行为,驾驶员要引以为戒。

(一)肇事逃逸

肇事逃逸是指极少数驾驶员在驾驶车辆的过程中发生交通事故后,置之不理、逃避责任的行为。特别是在夜间或人烟稀少的地方发生人员伤亡交通事故时,肇事者不是立即停车,视伤者情况拨打120急救电话积极抢救伤者,保护现场,及时报案,而是心存侥幸心理,置伤亡者于不顾,驾车或弃车逃跑。更有甚者无视法律,不负责任地肇事逃逸,为了掩盖罪证,将伤者带离事故现场隐藏或抛弃,致使受伤者因延误抢救时机而死亡或者伤势加重。这是一种极不道德的、犯罪的行为,等待肇事者的将会是法律的严惩及终身禁驾。

案例

2019年9月10日早上6时35分牟定交警大队接110指令,路人报警称:"其驾车行至蟠猫乡朵苴村路口往蟠猫乡集镇路段时,看见有一个人躺在路上,情况不明,请出警处理。"接到报警后,交警大队和蟠猫派出所值班人员火速赶往现场,同时与120取得联系。现场有一老人躺在路边,因伤势过重经120抢救无效死亡,值班人员迅速向带班领导汇报。经过细致勘查,值班人员在现场提取了车辆遗留碎片和散落物。该案因发案地位于元楚公路(原元双公路)路段,车流量大,不确定因素多,情况复杂,加之发案时间在夜晚,给侦破增加了难度。

交警大队领导高度重视,整合大队警力,立即成立了专案组,分组开展现场勘查、走访调查、可疑车辆排查工作。经过4个小时的奋战,最终在牟定县城牲畜交易市场锁定肇事逃逸车辆及肇事驾驶员(图2-2)。肇事驾驶员王某某被刑事拘留,等待他的将是法律的严惩。

图2-2　肇事逃逸驾驶员及车辆

发生交通事故后,驾驶员本应立即报警、抢救伤员,可现实中总有一些肇事者心存侥幸,选择驾车逃逸以身试法。肇事逃逸,必将受到法律的严惩!发生交通事故后正确的做法是立即报警,及时抢救伤员,将损失减少到最低程度,争取宽大处理。

(二)超速行驶

超速行驶是指驾驶员在驾车过程中,以超过法律、法规规定的速度行驶的行为。超速既是违法行为,也是违背职业道德的行为。车辆超速行驶有以下危害:

超速行驶时,超车、会车的机会也随之增加,跟车距离缩短,车外情况应接不暇。这种频繁转移注意力的情况会使驾驶员更易感到疲劳,无法集中注意力,时间长了还会导致瞌睡,极易引发交通事故。在超越前车时易低估对向来车的速度和距离,同时低估要超越前车的相持距离,发现情况往往采取措施过迟,易发生相撞或刮擦事故。人类的生理局限注定其在思考问题时除根据感知材料外,还需借助经验分析、判断。因此驾驶员在变速行驶时一旦出现意外,即使当机立断也需要时间考虑,有些事故就是在做出决定的这一瞬间发生的。

(三)闯红灯、抢黄灯

红灯作为一种禁止信号灯,起到禁止作用;而黄灯是一种过渡信号灯,起到警示作用,提示驾驶员信号灯即将变换,目的是清空已经进入路口的车辆。但是,很多驾驶员为了不等待红灯,见黄灯闪烁反而快速抢行,而垂直方向通行的驾驶员见到黄灯转绿灯时也想快速通过,此时极易发生交通事故。现在很多信号灯都与人行横道紧邻,机动车抢行黄灯还有可能危及过马路的行人的安全。因此闯红灯、抢黄灯都是不可行的。

(四)开英雄车、开斗气车

驾驶车辆时,要遵守道路交通法律法规、文明礼让、安全驾驶,这是每位驾驶员都应该铭刻于心的。但是,有的驾驶员却常有开英雄车、开斗气车、盲目自信、欺负新手、强行加塞、故意别车等行为,甚至有的驾驶员心情不好就以疯狂飙车来发泄。这些行为既不道德,也非常危险。作为高素质的驾驶员,在开车时,应自觉遵守交通法规,谨慎驾驶。要有一颗宽容之心,千万不要用他人的错误来惩罚自己,也不能因出车前的不良情绪而影响正常驾驶。

案例

行车抢道起冲突，石头对阵灭火器

在云南昆明一辆公交驾驶员和小轿车驾驶员因为在行驶中抢道发生冲突，直接在马路中央上演了一场格斗。监控显示：事发当时，公交车外2名男子用手敲打公交车，公交驾驶员急忙报警。随后双方在右侧打开的车窗处起了争执。这时外面一名男子朝绿化带跑去，公交驾驶员拿起了车内的灭火器往车窗外喷，车外的人也不甘示弱，将在绿化带中捡到的石头扔进了车内。事情的起因是公交车在行驶中遇到了一辆想要右拐直行的小轿车，由于公交车未让路，导致双方险些发生交通事故。

事故教训：开车上路难免会发生一些意外，很多驾驶员在受到"挑衅"之后，总是条件反射地迁怒对方"会不会开车"，却很少反省自己"有没有好好开车"，因此，要想避免"路怒症"带来的恶果，应做到以下几点：第一，别为"路怒"找借口，不要让堵车、他车随意变道、加塞等理由成为自己违法甚至犯罪的借口；第二，要树立安全和守法意识，始终把安全摆在第一位，带着规则开车上路。交通法规不是一纸空文，它是保证行车安全、保证生命安全的铜墙铁壁。因此每一位驾驶员都应有安全意识和守法意识，这样一来"路上之怒"也就会日渐消弭了。

（五）开故障车

有些驾驶员缺乏安全责任感，平时忽视对车辆的例行保养，不能保持车况良好，在明知喇叭、转向、灯光、制动等安全装置存在严重故障的情况下，不及时修理，还开车上路。开着这样的"病"车上路，对自己、对其他车辆或行人的安全会造成严重威胁，甚至会酿成车毁人亡的惨祸。有些驾驶员缺乏安全责任感，在出车前、行驶中及收车后不对所驾驶车辆进行检查，心存侥幸，殊不知驾驶这样的车辆上路易导致各种故障发生，直接影响行车安全，诱发交通事故。

案例

山东淄博"12·31"较大道路交通事故

2012年12月31日，重庆市开县驾驶员庹某某驾驶小客车（核载5人，实载13人）沿淄博市张店区张博路由北向南行驶至南外环路交叉路口处时，与山东省高青县驾驶员孙某某驾驶的无牌重型半挂车侧面相撞，造成7人当场死亡、1人经抢救无效死亡、4人受伤。经查，肇事半挂车为非法拼装车。

（六）酒后驾车

酒后驾车是指驾驶员在饮酒或醉酒状态下驾驶机动车的违法行为。酒后驾车是道路交通事故发生的主要原因之一，对安全行车危害极大。每位驾驶员都知道酒后不准驾驶车辆，可是有些驾驶员却明知故犯:有的驾驶员酒后兴奋异常且无法控制,极易冒险超速行驶,见缝插针,横冲直撞;有的驾驶员酒后易怒,稍有不顺就产生报复心理,互不相让,故意挤逼其他车辆和行人;有的驾驶员酒后在酒精的麻痹作用下意识不清楚,应变能力下降,无法正常驾驶。如此种种,难免会发生事故。

> **小知识**
>
> 我国对饮酒、醉酒驾驶机动车辆的认定标准较其他国家放得过宽。我国《车辆驾驶人员血液、呼气酒精含量阈值与检验》(GB 19522—2010)中对酒后驾车和醉酒驾车做出了相应规定。
>
> 饮酒驾车:车辆驾驶员血液中的酒精含量大于或者等于20mg/100mL,小于80mg/100mL的驾驶行为。
>
> 醉酒驾车:车辆驾驶人员血液中的酒精含量大于或者等于80mg/100mL的驾驶行为。
>
> 从该标准可以看出,我国认定酒后驾车标准的起点是0.2%(在驾驶员的血液中每100mL的酒精含量为20mg),瑞典为0.02%,德国为0.03%,日本为0.05%,美国为0.08%。由此可见,我国标准是瑞典的10倍,是美国的2.5倍。欧洲理事会日前批准了一项有关道路安全的法规,要求从2022年5月起,欧盟境内生产的所有汽车都必须配有安装酒精测试仪的连接口,新车驾驶人员必须安装酒精测试仪。在汽车起动前,驾驶员需要先接受酒精含量测试,一旦超标,发动机将保持关闭,无法起动。这种酒精测试仪名为"酒精点火互锁装置",将安装在转向盘前面的仪表板旁,并与发动机打火系统相连。当驾驶员体内酒精含量超标时,该装置将向发动机发出指令,自动锁定发动机点火系统。只有当驾驶员体内酒精含量降到允许范围内,发动机才会"同意"起动。如果车辆内部没有安装这种设备,或者车主将设备与发动机连接系统拆除,车辆内置的芯片会向警察局报警。

(七) 疲劳驾车

疲劳驾驶是指驾驶员在长时间连续驾车行驶后,产生生理和心理机能的变化,出现反应能力变弱、驾驶技能下降的现象。引起疲劳驾车的原因有很多:有的是为了赶时间、多赚钱而不分昼夜,长时间连续驾车;有的是朋友相约,打麻将、打扑克、KTV唱歌,一夜不眠;有的是因个人或家庭原因导致睡眠不足、过度疲劳;等等。驾驶员疲劳驾车,萎靡不振,反应滞后,甚至边开车边打瞌睡,严重危及他人和自身的安全。

(八) 严重超载

机动车装载质量不准超过行驶证上核定的载质量,这是每个驾驶员都知道并且应该严格遵守的,但有些驾驶员在经济利益的诱惑下,心存侥幸心理,有的货车超重1倍甚至2倍,有的客运大客车装载100多人。这种严重超载的行为不但影响车辆的使用寿命,降低制动效能,还会损坏路面,威胁交通参与者的生命安全。一旦发生事故,就会造成群死群伤的特大事故,后果非常严重。

(九)长时间占用超车道

超车道是高速公路上为方便车速达到要求及有超车需求的车辆提供的行驶道路,但有些驾驶员贪图自己方便,超车完毕不返回行车道,长时间占用超车道(图2-3),迫使他人只能从车速相对较低的行车道超车,极易造成交通事故。为确保超车安全,机动车超车完成后应立即驶回行车道。

图2-3 长时间占用超车道情景

案例

包茂高速"8·26"特别重大交通事故

2012年8月26日,内蒙古包头市驾驶员陈某驾驶宇通牌卧铺大客车沿包茂高速公路由北向南行驶至484km+95m处,遇河南省孟州市驾驶员闪某驾驶的重型罐式半挂汽车从匝道违法驶入高速公路且低速行驶(时速21km,明显低于高速公路最低车速60km/h的要求),导致大客车与半挂汽车追尾碰撞,罐式半挂车内甲醇泄漏并起火,造成大客车内36人当场死亡、3人受伤。事故发生的主要原因是重型罐式半挂汽车驾驶员长时间占用超车道,不按规定车道及车速行驶。

(十)夜间行车、会车不关闭远光灯

夜间行车使用灯光有明文规定:在没有中心隔离设施或者没有中心线的道路会车时,必须距对向来车150m外才能使用远光灯;机动车在夜间照明不良或者遇有特殊气候条件、低能见度情况下近距离行驶时,不能使用远光灯;在通过坡路、拱桥、急弯、人行横道或者不设交通信号灯的路口,应交替使用远近光灯。而有很多驾驶员夜间会车不关闭远光灯,使对向来车的驾驶员在车辆发生交会时无法看清前方道路情况,难以判断交会双方车辆所处的位置,从而导致交通事故的发生。

案例

2019年7月9日晚,邵阳市双清区建设南路某楼盘路段,男子胡某夜间驾车与对向开远光灯的小车会车时视线受阻,未能及时减速避让过街行人,将一名男子当场撞死,酿成惨案。

事故成因:对向来车的远光灯对驾驶员的视线干扰极大,驾驶员胡某会车时因相向车辆远光灯照射引起视觉障碍,未能及时判明前方情况而降低车速安全行驶,是此次事故发生的主要原因。

事故教训：夜间会车时远光灯会使对向驾驶员视觉上瞬间致盲2s以上，对周围行人及前后来车的观察能力大大下降，易引发交通事故。依照相关法律规定，驾驶员夜间行车不按规定使用灯光的，将被处以100元罚款，驾驶证记扣1分。

(十一) 违法超车、会车

超车、会车是驾驶员在车辆行驶过程中的常态，但有的驾驶员在车辆行驶过程中横冲直撞、任意妄为、强行变道、弯道冒险等，交会时不注意礼让。这些不良行为不但影响自己的安全，也严重威胁着其他车辆的安全。强超抢会是大客车、大货车交通肇事的主要原因，后果都十分严重（图2-4）。这也充分说明了一些驾驶人员的道德素养有待提高。作为道路运输的使者，应时刻牢记不要随意超车，不要抢时间，安全才是最重要的。

图2-4 违法超车、会车事故现场

案例

会泽县"12·17"较大道路交通事故

2018年12月17日，童某驾驶重型半挂牵引车牵引某挂车由乐业镇沿兰磨线往者海镇方向行驶。凌晨0时2分许，行驶至会泽县境内时，在超车时与对向李某某驾驶的小型普通客车（核载7人，实载8人）相撞，造成小型普通客车驾驶员李某某和两名乘客死亡、5人受伤，重型半挂牵引车及牵引的挂车不同程度受损。

事故成因：经有关调查及检验、鉴定确认，童某驾驶机动车超车是造成此次事故的主要原因；李某某驾驶机动车未遵守道路交通安全法律、法规的规定，未按照操作规范安全驾驶，且载人超过核定人数是造成此次事故的次要原因。

事故教训：超车痛快一时狠，酿成车祸终悔恨。

(十二) 其他不文明行为

驾驶员要自觉以《道路交通安全法》约束自己的行为，接受交通管理部门的管理，这是每个驾驶员都应该做到的。但是，有的驾驶员认为在驾驶车辆的过程中只要不违反交通法规就可以，忽略了自身素质及道德意识的培养，因此在行车中往往会有各种不文明行为的发生。不文明行为主要有以下几类：一是驾驶员在驾车过程中违法接打电话；二是驾驶员雨天驾车过漫水路面遇行人不减速；三是驾驶员遇到违法乱纪行为视若无睹；四是驾驶员朝车窗外吐痰、乱扔杂物（图2-5）；五是驾驶员遇人行横道不主动礼让行人；六是驾驶员不配合交警的正常检查，甚至暴力抗法；七是驾驶员穿拖鞋或穿高跟鞋驾车；等等。

图 2-5 窗外抛物

案例

机动车不礼让在人行横道内通行的行人

2020年4月21日17时36分,李某驾驶小型普通客车,沿水仙街由东向西行驶至纪念街交叉路口左转弯时,将在人行横道内由东向西横过纪念街的行人潘某撞倒致其受伤。

李某驾驶机动车在通过人行横道时未停车让行,将潘某撞倒致伤,违反了《道路交通安全法》第四十七条第一款规定:"机动车行经人行横道时,应当减速行驶;遇行人正在通过人行横道,应当停车让行。"李某在驾驶机动车时未礼让正在通过人行横道的潘某是造成此事故的根本原因,被认定承担此次事故的全部责任。

第四节 道路运输驾驶员的社会责任

一、道路运输驾驶员社会责任概述

每一种职业都承担着各自不同的社会分工,有其独特的社会属性,也就是说每一种职业都有它相应的社会责任。道路运输驾驶员是道路交通的重要参与者,其责任心与职业道德直接影响着道路交通安全,关系着社会的安定与和谐,且直接影响到道路运输行业的兴衰。

作为职业驾驶人员,不应只将驾驶工作作为一种谋生的手段,更重要的是从社会发展和进步的长远利益出发,保障道路运输安全,提高公共服务水平,减少环境污染等,为个人和运输企业创造更好的社会声誉和经济效益,真正体现出个人的社会价值。提高道路运输驾驶员的整体素质,关键是要培养其社会责任感及职业道德,使其牢记行为准则,确保运营安全和提供优质服务。

二、道路运输驾驶员社会责任的具体表现

（一）保障乘客生命财产安全的责任

道路乘客运输驾驶员的工作不仅仅是开车，还包含更多的责任。从驾驶员接到乘客运输任务开始，乘客就把个人的生命财产安全托付给了驾驶员，这种责任不仅是一种社会责任，也是一种法律义务。如果驾驶员因一时疏忽，引发交通事故，就极有可能危及乘客生命财产安全，甚至还会威胁到其他交通参与者的生命财产安全，使得多个家庭支离破碎。作为一名合格的道路乘客运输驾驶员，必须肩负起保障乘客生命财产安全的责任，谨慎驾驶，文明礼让，把乘客安全、准时地送达目的地。

（二）保障货物完好、及时送达的责任

从货物装载完毕那一刻起，货主就将财产交托给了驾驶员。道路货物运输驾驶员肩负着保障货物完好、及时送达的责任。作为驾驶员，在驾驶过程中不可避免地会受到地理条件、气候、路况等因素影响，这就要求驾驶员必须具备良好的驾驶技能。

保证货物完好、及时送达也是道路货物运输驾驶员的法定义务。道路货物运输驾驶员安全、及时、完好地把货物送达目的地，不仅会得到顾客信赖，有利于个人职业生涯的长远发展，而且还会为企业赢得良好的形象，有利于企业盈利及发展壮大。

案例

图2-6 事故驾驶员

一辆满载西瓜从海南出发前往北京的河北邯郸籍大货车，途经京港澳高速公路咸宁段时，因雨天路滑、操作不当导致车辆侧翻在高速公路上。在民警送其到医院检查无碍后，驾驶员魏某坚持要跟民警一起到事故现场去（图2-6）。虽然自己身体没事，但担心车上的货物能否及时送到，于是想去现场看看。为了守住货物，他一直守在现场不肯离开。

（三）避免其他交通参与者生命财产损失的责任

道路运输车辆在道路交通环境中处于"强势"地位，行人、骑车人、小型机动车等其他交通参与者相对而言处于"弱势"地位。车辆与其他交通参与者一旦发生交通事故，必然会威胁其他交通参与者的生命财产安全。驾驶员在驾驶道路运输车辆时，在保护乘客和货物安全的同时，也应避免其他交通参与者的生命财产损失，树立牢固的法治观念，不断提高道德修养，保持冷静的心态，做到宽容、大度、礼让。

案例

一辆货车开到金寨路加油站内加油时，车厢突然冒出滚滚浓烟，但不清楚是货物还是油箱起火。站内10多名工作人员见状迅速切断所有电源，报警的同时拿起站内所有的灭火器去灭火。可是火借风势，越烧越旺。眼见控制不了局势，试图灭火的众人纷纷远离起火货车。消防队员赶到时发现，如果不及时阻止火势向油箱蔓延，很可能会引起油箱爆炸。经过不懈努力，大火被完全扑灭，但货车和货物已经全被烧毁。货车驾驶员（图2-7）说看到货车起火后第一反应就是这批货物可能保不住了，但是货车在加油站燃烧甚至爆炸，损失的可就不仅仅是自己的货车和货物了。

图2-7　事故车辆驾驶员

（四）为顾客提供优质服务的责任

随着道路运输市场竞争的日益激烈，很多运输企业都受到不同程度的影响，形势非常严峻。道路运输虽然具有门到门运输的先天性优势，但服务质量不高仍是软肋，只有不断提高自身服务水平，才能在市场站稳脚跟，保住行业地位。在道路运输中，驾驶员不仅仅是一名"司机"，从其工作性质来说驾驶员还是一名服务人员，因此应肩负起为顾客提供高效、优质、安全服务的重要责任，既可提高顾客满意度，使自己获得尊重和自信，增强工作及生活的动力，也可促进社会和谐与文明，使人们有一个美好的生活环境。

（五）促进道路运输作业和社会经济发展的责任

近年来，随着国民经济的快速发展，道路运输在经济发展中发挥着越来越重要的作用，逐渐成为国民经济发展中不可或缺的重要部分，关系着整个国家的整体经济及综合实力的健康发展。驾驶员作为我国道路交通安全的主要源头，长期工作在我国六通四达的道路上，是我国发展道路运输的生力军。因此，驾驶员应肩负起道路运输行业和社会经济发展的重任，不断提高安全行车意识和驾驶技能，有效提高运输效率，减少交通事故，促进道路运输行业和社会经济健康、可持续发展。

案例

雪线邮路的幸福使者——"天路"邮运人

把邮件送到天边的邮政人——这样形容杨全忠（图2-8）最合适不过。作为高原邮路上的一名普通邮车驾驶员，杨全忠将最美的年华"播撒"在了西宁至玉树这条邮路上，用青春拉近了内地和藏区深处的距离。平均海拔在4000m以上，有时气温低至-30℃，沿途高山河流纵横、地质条件复杂、气候恶劣多变，杨全忠跑的这条邮路是一条名副其实的"天路"。

艰辛、疲劳和孤独三大困难始终伴随着玉树邮路的驾驶员们。杨全忠在这条千里邮路上默默坚守,度过了一个又一个春夏秋冬。他对这条邮路已经熟悉到令人难以想象的程度。车辆行驶到什么地方该加速、什么地方该换挡、什么地方有个沟坎,他都一清二楚。23年的坚守,年近半百的杨全忠依旧奔波在这条千里邮路上。千万邮政人肩负着邮政服务的重任,把一封封信件、一件件包裹送至千家万户。

图 2-8　驾驶员杨全忠

（六）节能减排、保护环境的责任

道路运输业是能源消耗大户,所消耗的成品油占全国成品油消耗总量的30%左右。在道路运输过程中,采用节能减排技术及节能驾驶操作方法,既可以保护环境,又可以节约成本,从而增加企业经济效益,这也是驾驶员履行社会责任的重要体现。在低碳交通运输体系建设中,驾驶员应承担起节能减排、环境保护的重任;在道路运输生产过程中,从根源上提高自我意识、努力学习节能减排知识,为建设低碳运输社会做出贡献。

第五节　如何提高道路运输驾驶员的社会责任感

一、加强道路运输驾驶员职业道德及社会责任感的重要性

道路运输,作为最快捷的陆上运输方式,与铁路、水路网相比较,具有密度大、分布广的优势,已能够实现"无处不到、无时不有"的服务,能够在短时间内对车辆进行调度、装运等,尤其对客、货运量的多少具有很强的适应性,是我国最重要的经济命脉。道路运输不仅关系到百姓的出行活动,还关系到国家各种政策的制定及各行各业的发展。

道路运输从业人员在道路运输环节中起着纽带作用。例如,养护道路、制定相关政策、驾驶机动车、维护乘客生命财产安全等,都离不开道路运输从业人员的工作。因此,驾驶员的职业道德素质将对整个道路运输行业的发展起到至关重要的作用。无论何种工作都离不开职业操守,尤其社会的发展离不开坚定的政治素养、高尚的职业道德,以及坚守岗位、无私奉献的精神与使命感。因此,除了进一步提升道路运输驾驶员业务水平外,我们更要重视进一步加强道路运输驾驶员的职业道德及社会责任感。

二、提高道路运输驾驶员职业道德及社会责任感的主要途径

（一）不断加强道路运输驾驶员的思想教育，提高道路运输驾驶员政治素养和奉献精神

目前，我国道路运输驾驶员在个人综合素质及学历方面仍然有所欠缺，存在着职业道德及社会责任感不足等问题。我们要加强道路运输驾驶员思想政治教育和引导，并要求其转变思想，从自身找原因，不断提高其职业道德及社会责任感的水平。例如，针对客运驾驶员来说，应当从思想层面入手，培养驾驶员规范、文明驾驶，自觉养成良好的驾驶行为习惯。同时在教育方式上也应做出改变，不能一味地遵循传统宣教方式，而是采用个别座谈与集中辅导相配合，传统方法与现代方法相配合的方式进行。还应当因材施教，针对不同性格、性别、年龄、学历的驾驶员采取不同的教育方式，帮助道路运输驾驶员树立"安全第一"的驾驶理念。

（二）加强对道路运输驾驶员职业道德和社会责任的引导

现阶段，在国外"享乐主义""颓废主义""拜金主义"等不良思想的诱导下，很多道路运输驾驶员的思想受到不同程度的影响，造成其人生观、价值观扭曲等问题。若不对其进行正确引导及纠正，必将严重影响他们的职业道德和社会责任感的培养。古话有云："夫以铜为镜，可以正衣冠；以史为镜，可以知兴替；以人为镜，可以明得失。"长篇大论的教育远不如一个个鲜活的案例来得生动、有效，且更能激发内心深处的责任与担当。在道路运输行业涌现出一大批拥有崇高职业道德和高度社会责任感的驾驶员，如"雪线邮路的幸福使者"其美多吉、"最美驾驶员"吴斌、"人肉导航"雷映涛等，他们的故事虽谈不上感天动地，却影响了一代人。若能充分利用这些榜样的力量，形成模范、带动效应，必然可有效地促进道路运输驾驶员的思想道德建设。

（三）完善道路运输驾驶员管理体制，构建完善的道德责任监控体系

对于道路运输驾驶人员来说，利益与职业道德及社会责任之间必然会产生矛盾，并且这种矛盾时常存在。因此驾驶人员坚守职业道德，履行社会责任就显得尤为重要。但是部分职业驾驶人员由于心存侥幸心理，将个人利益看得过重，而忽视了职业道德及社会责任。这种心理的存在将直接影响到乘客生命安全及相关委托运输人员的利益，甚至影响正常的道路运输秩序。为此，道路运输管理部门应当立足群众，一切以人民群众利益为出发点，以服务群众、奉献社会的高度责任感和使命感为重心，加强行业管理，整顿道路运输市场秩序，认真排查潜在安全隐患，确保道路运输行业稳定健康发展。构建完善的道德责任监控体系，严监管，防风险，使道路运输驾驶工作的每一个环节有法可依、有章可循。这样就可以在很大程度上明确道路运输驾驶员该做什么、不该做什么的问题，进而促进驾驶员职业道德和社会责任感的形成。

第六节　道路运输驾驶员的职业精神

一、道路运输驾驶员的职业特点

（一）流动分散作业，自觉性、责任感要求高

道路客货运输建立起了城市与农村、城市与城市以及农村与农村之间的联系，这就决定

了道路客货运输具有点多、面广、线长和流动分散作业的特点。而道路客货运输驾驶员不可避免地需要长时间、独立、分散完成运输任务,这就要求其具备高度的自觉性与责任感,以约束自我,保证行车的安全和道路的畅通。

(二)意外因素多,安全意识要求高

车辆在行驶途中需要面对其他驾驶员、车辆、行人、不良气候或路况等诸多因素以及复杂情况而引发的危险。为了应对复杂多变的驾驶环境,要求驾驶员严格遵守交通规则,不断提高驾驶技能,采取必要、合理、有效的措施来预防事故的发生,谨慎驾驶,保证行车安全。

(三)工作强度大,心理、生理素质要求高

道路运输由于跨地域且不分昼夜,往往受长时间驾驶、车辆颠簸、寂寞及环境噪声的影响。这种恶劣、逼仄的作业环境容易引发驾驶员的生理或心理疾病。面对如此复杂的道路环境,驾驶员必须随时全神贯注、高度紧张,才能够迅速、准确地对外界信息进行比较分析,并迅速、果断、沉着、冷静地进行处理,避免事故的发生。

(四)危险因素随时存在,主动应对能力要求高

车辆行驶中,道路交通危险因素随时存在,驾驶员操作不规范或者一时疏忽,都可能会引发交通事故,给交通参与者生命财产造成损失,给自己和他人带来痛苦,也给社会带来巨大的危害。因此驾驶员在驾驶车辆过程中,必须提高警惕,洞察四周,有备无患,防止紧急情况的出现。

(五)服务对象层次多样,综合素质要求高

道路运输行业具有开放性,驾驶员在为乘客或者托运人提供运输服务的同时,还应保证将所运乘客或货物安全、准时送达目的地。随着国家经济的不断发展,地域之间的联系也更加紧密,人们对出行及物流运输的需求也在不断加大。这也就决定了驾驶员会与大量的乘客、货主接触,会产生语言、思想、感情等方面的联系,构成道路运输过程中错综复杂的社会关系。

二、职业精神概述

职业精神与职业活动密不可分,且具有自身职业特征,也可以称其为一种职业操守,即从事该职业应该具有的精神、能力和自觉遵守的规范等。例如,教师要有教师职业精神——无悔奉献、爱岗敬业、与时俱进、实干精神、为人师表、立足岗位、诚实守信等,公务员要有公务员职业精神——遵纪守法、依法行政、恪尽职守、甘于奉献、求真务实等。

社会主义职业精神模式严谨,其实践内涵体现在敬业、勤业、创业、立业四个方面。

在全面建成小康社会,不断推进新时代中国特色社会主义伟大事业,实现中华民族伟大复兴中国梦的征程中,奋战在任何工作岗位上的人们都应当努力发扬社会主义职业精神,爱岗敬业,无私奉献。

社会发展的进程表明,人类的职业生活是一个历史范畴。人们在一定的职业生活中能动地表现自己,就形成了一定的职业精神。职业作为社会关系的一个重要方面,将会严重影响社会成员的精神生活和精神传统。首先,由于人们所从事的职业及分工的不同,对社会所

承担的责任也不同,影响着人们对生活目标的确立和对人生道路的选择,以至很大程度上影响着人们的人生观、价值观和职业观。其次,人们的职业活动方式及对职业利益和义务的认识,对职业精神的形成有着决定性作用。从事特定职业的人们,就直接承担着一定的职业责任,并同他的职业利益紧密地联系在一起。他对一定职业的整体利益的认识,促进其对于具体社会义务的文化自觉。这种文化自觉,可以逐步形成职业道德,并进而升华为职业精神。最后,职业活动的环境、内容和方式,以及职业内部的相互作用,强烈影响着人们的情趣、爱好以及性格和作风,其中包含着特定的精神涵养和情操,反映着从业者在职业品质和境界上的特殊性。由此可见,所谓职业精神,就是与人们的职业活动紧密联系、具有自身职业特征的精神,反映出一个人的职业素质。

三、职业精神的特征

职业精神总是鲜明地表达职业根本利益,以及职业责任、职业行为上的精神要求。也就是说,职业精神不是一般地反映社会精神的要求,而是着重反映一定职业的特殊利益和要求。它不是在普遍的社会实践中产生的,而是在特定的职业实践基础上形成的,鲜明地表现为某一职业特有的精神传统和从业者特定的心理和素质。职业精神往往世代相传。在表达形式方面,职业精神比较具体、灵活、多样。各种不同职业对从业者的精神要求总是从本职业的活动及其交往的内容和方式出发,适应于本职业活动的客观环境和具体条件。因而,它不仅有原则性的要求,而且往往很具体、有可操作性。在调节范围上,职业精神主要调整两方面的关系:一是同一职业内部的关系,二是同一职业内部的人同其所接触的对象之间的关系。从历史上来看,各种职业集团为了维护自己的利益,为了维护自己的职业信誉和职业尊严,不但要设法制定和巩固体现职业精神的规范,以调整本职业集团内部的相互关系,而且注意满足社会各个方面对该职业的要求,调整该职业同社会各方面的关系。在功效上,职业精神一方面使社会的精神原则"职业化",另一方面又使个人精神"成熟化"。职业精神与社会精神之间的关系,是特殊与一般、个性与共性的关系。任何形式的职业精神都不同程度地体现着社会精神。同样,社会精神在很大程度上又是通过具体的职业精神表现出来的。社会精神寓于职业精神之中,职业精神体现或包含着社会精神。职业精神与职业生活相结合,具有较强的稳定性和连续性,形成具有导向性的职业心理和职业习惯,以至在很大程度上改善着从业者在社会和家庭生活中所形成的品行,影响着主体的精神风貌。

社会主义职业精神不同于其他社会制度下的职业精神,它具有以下三个重要特征:第一,它是社会主义精神体系的重要组成部分。人们的社会生活分为三大领域,即家庭生活、职业生活和公共生活。社会主义职业精神就是职业领域内社会主义精神的特殊要求。第二,它的本质是为人民服务。社会主义社会消除了人与人之间剥削与被剥削的关系,从根本上使职业利益同社会利益、同广大人民群众的根本利益相一致。各种职业都成为社会主义事业的有机组成部分。因此,各行各业可以形成共同的精神追求,即为人民服务,并使之在调整人与人之间的关系上发挥前所未有的重要作用。第三,它的形成和发展具有"灌输性"。社会主义社会的职业精神是在以公有制经济为主体的基础上形成的。它的主体内容不像旧的职业精神那样,可以自发产生,而是在马克思主义的教育下,通过有觉悟的职业成员的努力建立起来。因此,加强对从业者的马克思主义教育、社会主义教育,使之认清社会主义职业的性质和特点,了解本职业在社会主义社会中的地位,是十分必要的。

第七节　道路运输行业先进事迹

一、行业标兵

2020年,迎接我们的是一个不平凡的春节。一场来势汹汹的疫情,改变了很多人的生活。疫情的蔓延不仅威胁着全国民众的生命安全与身心健康,而且深刻影响着各行业的生产与发展、各岗位人们的工作与生活。在这人人"闻风丧胆",对疫区唯恐避之不及的时候,毅然逆行而上的除了身披白色"铠甲"的医护人员之外,还有怀揣一颗赤诚之心的货车驾驶员们。他们放弃与家人团聚共度春节的机会,无惧被感染的风险,紧急驰援疫区。果断逆行、无畏奔赴的背后是钢铁般的信念和坚如磐石的初心。他们不计报酬,不畏生死,不讲条件,成为打赢这场"没有硝烟的战争"的后勤补给运输保障人员。

然而英勇无畏的背后却是生活的重压。货车驾驶员群体工作艰苦、生活不易,在疫情防控期间更是面临着生命健康与生活压力的双重威胁。日夜奔波在484万km的路网上,从全国各地向疫区运输医疗和生活物资,$2m^2$的汽车后座是他们流动的家。他们的人生故事各不相同,但都夜以继日疾驰,助力熟悉的日常生活越来越快地回归,用不懈的努力践行着驾驶员的职业道德。从一个人能看到一群人,从一群人可以看到一段历史。

何嘉:不畏生死,勇往直前

何嘉今年20岁,湖北黄冈人,在武汉市的顺丰公司开车。

2020年1月22日,农历腊月二十八,何嘉(图2-9)跑完最后一趟运输,同往年一样准备开开心心回家过年。此时公司里的外地车辆已经都开走了,只剩下他和另外一位驾驶员正在准备行囊。

当天夜里,公司接到通知,1月23日起武汉封城,按照政府统一要求,除必要的物资保障车辆之外,所有的车都进不来,也出不去了。

震惊、诧异,随后还有着些许恐慌。可来不及做太多的反应,何嘉便接到了公司的通知,由于疫情影响,加之又是春节假期,大批量的医疗物资缺少运力,亟须货车驾驶员快速顶上。责任自然而然地落在了他和另一位没离开的驾驶员身上。

何嘉开着货车在武汉城区里穿梭,一定会焦急、担心,但他没有选择退缩,也没想过要为这次疫情做多大贡献,只觉得这个时候做点力所能及的事情才是正理儿,做好防护后毅然出发了。作为最早一批投入疫情防控的货运力量,他每天早上从公司

图2-9　驾驶员何嘉

准时发车到达黄冈的一家口罩厂。因为疫情影响且遇上春节放假,口罩供不应求,只能排着队在厂子里等候,出来一批装一批,车辆一满立刻出发,但往往一等就是十几个小时。

为了更好地保护自己和他人,在整个运输过程中,何嘉不敢回家,全天候在车上待着,基本不出驾驶室。吃饭一般是一天两餐或者一餐,有时候顺丰快递的同事会从家里带饭过来,但大部分时候是以泡面、面包等食品充饥。

不用跑医院的时候,何嘉就只戴手套和口罩,把防护服尽量省下来,留给更需要的人。

面对灾难,何嘉并没有躲,而是迎难而上,贡献着一个95后的年轻力量。"小时候你保护我,长大后我来保护你们",这一描述90后有担当的词句说的不只是疫情下的白衣天使,也有车辆驾驶人员。1999年出生的何嘉偏偏选择了在这个时候与这座城市同进退,长相守。

杨荣荣:跑武汉我随叫随到

雪过天晴,杨荣荣带着3箱矿泉水、2箱方便面和家人做的大饼,开着货车从宁夏西吉县出发,到甘肃静宁拉上20多吨苹果,驶向湖北武汉。

今年41岁的杨荣荣已经开了20年货车,驾车在路上行驶是常态。2月本是运输旺季,如果没有这次疫情,杨荣荣此时应该在温暖的云南,卸下从家乡运来的土豆,回程满载热带水果。然而,疫情打乱了他的所有计划。

2月初,自称"读书不多"的杨荣荣找人帮忙写了"请战书",交到村里的疫情防控小组,希望参加当地第一批驰援湖北物资的运送工作,但遗憾的是没能安排上。下定决心的他决定随时待命,报答曾经帮助过家人的白衣天使们。

这次情况特殊,杨荣荣不敢找其他驾驶员,宁愿自己辛苦一些,就自备物资开启了南下之路。1000多千米的路途,杨荣荣的车爆了两次胎。经过40多个小时的连续奔波,他带着20多吨苹果终于到达武汉大学人民医院。回家后他在车上自行隔离14天。对货车驾驶员来说,这14天不能找货接单,意味着没有收入。他却说:"这个没事。虽然在车上隔离,但自由着呢。"

云歌:第三届佳通杯"寻找中国好司机"总决赛冠军

云歌(图2-10)是10位参赛选手中唯一一名女性,这名拥有着10年驾龄的90后美女显得格外引人注目,而她也通过卡车走进了公众的视野。

实际上,云歌在比赛前一天还和自己的东风天锦困在贵州。在得到卡友的帮助解围后,她马不停蹄地赶赴本次活动现场。云歌的故事相信大家并不陌生,由于厌倦了文职工作,不想按部就班的朝九晚五,她选择了卡车驾驶员这份工作,新生活也随即开启。正所谓读万卷书不如行万里路,行万里路不如阅人无数。一路上,云歌目睹了真情温暖,也领略到了人间的疾苦,她看到了太多卡友的心酸,吃不上饭,疲劳驾驶。碰到四五十岁的卡车驾

图2-10 驾驶员云歌

驶员被20多岁的工作人员训斥,而自己也需要在下雨的时候为货物披上将近200斤的雨披。虽然很苦很累,但是云歌坚持了下来。

不仅如此,她还想组建自己的云歌驿站。一方面希望以驿站的形式为卡友提供免费停车餐饮等服务,另一方面想积极引进车辆维修服务等相关业务,以行业最低价惠利卡友,让卡友避免在外因车辆故障而无奈"挨宰"。

云歌说:"我渴望以云歌驿站的形式让所有卡友的心聚在一起。"

云歌火了。从她在卡车挂上"我开卡车养你,你给我爱情就好"以后,开始坚持在快手上直播自己与卡车的故事,目前拥有快手粉丝150万。

二、忠于职守

他们的身上,深刻积淀了行业职工的优秀品质,充分凝聚了行业发展的正能量;他们的经历,集中体现了道路运输从业人员立足岗位、服务人民、奉献社会的时代风尚,表现出强烈的责任意识、严谨的工作作风、精湛的专业技能;他们的行动,生动阐释了艰苦奋斗、勇于创新、不畏艰难、默默奉献的交通精神,为全行业竖起了一座座丰碑;他们的存在,生动诠释了社会主义核心价值所在,不断激励着我们朝着共同的目标矢志不渝、持续奋斗。他们就是危急时刻心系乘客的最美客车驾驶员们。

赵双:肋骨断了也要保证乘客安全

云南昭通交通运输集团有限责任公司驾驶员赵双像往常一样驾驶着云C30625号客车平稳地行驶在昭通至母享的路上。突然,一块直径30多厘米的滚石从靠山一侧飞驰而下,砸穿了驾驶室的风窗玻璃,直接砸向赵双的胸口,击中赵双前胸后,反弹至车门上,又砸到赵双的后颈(图2-11)。整个事件过程只有4秒,根本来不及反应。又由于该路段无法停车,赵双被砸中后忍着剧痛,没有慌乱,冷静减速,坚持继续驾驶10分钟,将车辆驶进龙坪加油站。待车停稳后,他趴在了转向盘上,后颈的血已浸湿衣背。后面的乘客被这飞来的横祸吓到,纷纷发出惊呼,直到车辆停稳,才赶紧上前查看他的伤情。妥善安置乘客后,赵双被送进医院。检查后发现,他的胸部右侧4根肋骨骨折,右肺挫伤,头皮挫裂,肺部感染,全身多处皮肤组织挫伤。他说:"事发突然,当时脑中只有一个念头,就是把车安全停好。这可能也是

图2-11 驾驶员赵双

出于一个客车司机的本能反应吧,握住这把方向盘,就要对车上的乘客负责。"

交警也对赵双临危不乱、稳妥处置的行为十分赞赏,认为正是他强忍伤痛将大客车行驶至安全地带靠边停稳,才避免了更大事故的发生,也保证了车上所有乘客的安全。

陈振刚:巨款难撼他心

陈振刚,现年43岁,中共党员,河津市新万通长途客车驾驶员。在23年的客运生涯中,他直接或间接为乘客挽回损失近百万元,同时也收获了各种荣誉:2017年6月荣获2017年

度"山西好人";2016年6月荣获2016年度"运城好人";2016年12月荣获第四届"运城诚实守信道德模范"称号;2016年12月荣获"运城市优秀志愿者"。

2016年3月7日,陈振刚在驾驶河津至侯马客运线上的长途客车回程时,意外发现车内不知哪位乘客落了一个装有20万现金的纸箱,于是主动与各方联系,打听失主。联系上失主后,失主贾卖爱立即赶往客运站服务台等待。当贾卖爱看到失而复得的"纸箱",瞬间热泪盈眶,激动得说不出话。陈振刚确认其身份后将"纸箱"交还给她。贾卖爱紧紧地握着陈振刚的手,不停地感谢,说:"这可是我给儿子买婚房的钱……世上还是好人多啊!"贾卖爱多次要拿出钱财酬谢陈振刚,陈振刚只说了一句:"强求的财不占,强吃的糖不甜,这都是我们应该做的!"

这件事经媒体报道后,在社会上引起了巨大反响,成了街谈巷议的焦点、茶余饭后的热议。陈振刚一时不仅成了河津的名人,还成了微信朋友圈不断被刷屏的热点。在党的教育、熏陶以及父母的影响下,他将诚实守信的道德品质深深地刻在了骨子里。

在工作中,陈振刚曾多次把乘客落下的东西设法归还乘客。20多年的"跑车"生涯,他早已练就了根据相貌、特征判断各车驾驶员,根据发车时间判断行车位置的本事,帮助乘客挽回近百万元的损失。

三、见义勇为

这些见义勇为的驾驶员中有的在特大自然灾害中挽救了多人生命,却失去了自己的亲人;有的在国家利益和人民生命财产安全受到危害时挺身而出,与违法犯罪行为和灾害事故作英勇斗争,用鲜血和生命谱写出一曲曲正气歌。见义勇为不仅代表着民族精神和社会主流,而且是时代精神和人生价值的崇高体现。见义勇为驾驶员,是和平时期真正的英雄,是保障和谐平安的中流砥柱,更是社会主义精神文明建设的楷模。他们见义勇为的高尚品德和浩然正气,集中展现了新时期中国社会的良好风尚。他们是社会风尚的引领者,是人民的英雄、社会的楷模、民族的骄傲。

曹广臣:自驾千里送口罩

38岁的曹广臣是土生土长的北京人,因为有"非典"的经历,所以对这次武汉疫情格外敏感。最初得到消息,他便预感事态严重,准备捐赠,但快递告知一周才能到达。于是他瞒着父母,在第一时间冒着被感染的风险,自驾1200千米,风餐露宿,自掏腰包筹集5000个口罩、200套防护服等急需物资,亲自送往武汉。车中露宿一晚后,他于2020年1月30日返回北京,自我隔离。其实这个故事并没有多么曲折传奇,也不算多么伟大,但曹先生的行为从实际层面无异于雪中送炭,从精神层面让我们看到一位普通公民的社会责任感和知行合一的精神。正是这样真实又平凡的人物,给我们带来温暖,让我们看到希望。

孙玄:路见不平一声吼

2004年8月12日23时左右,孙玄驾车经过天津市河北区中山北路与中环线交口处,突然听到"救命"的呼喊声,看到一个姑娘跌跌撞撞地从昏暗的小路跑出来。他立即停车,把姑娘拉上来。姑娘惊魂未定,一个劲儿地哭。他边开车边询问。原来,姑娘刚被一个持刀男子抢走了手机和挎包,她不肯松手,腿上挨了一刀……

孙玄让姑娘指路,追了过去,在一家服装厂门前追上了歹徒,开始了与歹徒的殊死搏斗。丧心病狂的歹徒举枪射击,直到"子弹"打光。几经搏斗,孙玄终于将歹徒死死按在地上。这时,接到报警的民警迅速赶来,将歹徒抓获。

经公安机关鉴定,犯罪嫌疑人所持的是一支仿"六四式"高压气手枪,"子弹"为钢珠,极具杀伤力,可致人死亡。歹徒向孙玄射击十几枪,造成其额头、前胸、双臂等5处负伤,其中一粒钢珠打入孙玄的右臂虎头肌位置,后经手术取出。凌晨4点半才回到家的他一声没吭,家里人对此全然不知。转天,的哥勇斗歹徒的事迹就见报了。亲朋好友、街坊四邻纷纷祝贺。双方父母及家人都为他感到骄傲,却也少不了一番嘱咐。

谈海云:该出手时就出手

谈海云,1969年3月出生,党员,汉族,云南世博出租汽车有限公司的一名普通出租车驾驶员。他说:"当别人需要帮助的时候,就要尽力帮助,作为一名公民,作为一名出租车驾驶员,只要我看到,在保证自身安全的情况下,绝不让犯罪分子得逞。"

2013年8月17日12时40分,谈海云载客途经昆明市国贸中心与春城路口时,听到一女子呼喊:"帮帮我,抢钱了,抢钱了!"谈师傅看到一嫌疑人抢夺一名女子的挎包后,迅速骑一辆无牌照的红色摩托车以80km/h的速度逃逸。在征得乘客同意后,谈师傅立即驾驶出租车追赶嫌疑人,同时请乘客协助拨打了110报警电话。追出4000多米后,追到昆石高速石虎关加油站附近时,谈师傅将抢劫嫌疑人所驾摩托车逼停,并下车与嫌疑人搏斗,最终追回财物。

谈海云协助春城路派出所民警将缴获的隆鑫150红色摩托车、头盔及一个价值7000元的挎包带到派出所,并协助民警开展了相关调查工作。由于谈海云师傅对抢劫嫌疑人的外貌特征表述较清楚,加之春城派出所通过嫌疑人留下的摩托车顺藤摸瓜,很快就将其捉拿归案。

乔西安:好"的哥"夜追四劫匪

2006年11月30日凌晨1点左右,乔西安驾驶出租车营运至西安市西二环土门附近时,遇到一女子求救,说4个青年男子抢了她的包和手机,还打了她……乔西安把女子拉上车,驱车追赶4名劫匪。追到团结一路时,发现4人进了一小区。乔西安与警方取得联系。土门派出所两辆警车及时赶到,与乔西安一起向4人合围上去。靠近嫌疑人后,乔西安迅速从车上跳下来,抓住一个身穿红夹克的劫匪的衣领,一下子将其扑倒。对方几次欲抽出凶器,都被乔西安死死地摁在地上。最后,"红夹克"身上被搜出一把半米长的砍刀。

在将抓获的歹徒交给民警时,乔西安才感觉到右脚有股钻心的疼痛。后到医院检查,发现右脚第一跖骨骨折。乔西安为此在家里休息了三个多月才康复。

第三章
道路运输相关知识

 学习目标

本章介绍道路运输相关知识,包括驾驶员安全与服务规范、运输过程中乘客、货物的组织方式及相关规定。

第一节 道路乘客运输

一、道路乘客运输的分类与特点

(一)道路乘客运输的分类

乘客运输是指使用客车运送乘客、为社会公众提供服务、具有商业性质的道路客运活动,包括班车(加班车)客运、包车客运、旅游客运。

1. 班车客运

班车客运是指营运客车在城乡道路上按照固定的线路、时间、站点、班次运行的一种客运方式,包括直达班车客运和普通班车客运。加班车客运是班车客运的一种补充形式,是在客运班车不能满足需要或者无法正常营运时,临时增加或者调配客车按客运班车的线路、站点运行的方式。

班车客运的线路根据经营区域和营运线路长度分为以下四种类型:

一类客运班线:地区所在地与地区所在地之间的客运班线或者营运线路长度在 800km 以上的客运班线。

二类客运班线:地区所在地与县之间的客运班线。

三类客运班线:非毗邻县之间的客运班线。

四类客运班线:毗邻县之间的客运班线或者县境内的客运班线。

2. 包车客运

包车客运是指以运送团体乘客为目的,将客车包租给用户安排使用,提供驾驶劳务,按照约定的起始地、目的地和路线行驶,按行驶里程或者包用时间计费并统一支付费用的一种客运方式。

3. 旅游客运

旅游客运是指以运送旅游观光的乘客为目的,在旅游景区内运营或者其线路至少有一端在旅游景区(点)的一种客运方式。旅游客运按照营运方式分为定线旅游客运(按班车客运管理)和非定线旅游客运(按包车客运管理)两类。

(二)道路乘客运输的特点

道路乘客运输与其他客运方式相比,具有以下特点。

1. 运输区域广

道路乘客运输是沟通城市与乡村,连接内地和边疆,线网分布最广,运输网络最密集的运输方式,可直接服务到社会生产、生活的各个角落。

2. 运输形式多样

道路乘客运输可以满足多种形式的客运需要,如长途、超长途、旅游、包车、出租等客运服务。

3. 道路条件适应性强

道路乘客运输以汽车为主要运输工具,对道路条件、气候环境的适应性强,既可在高速公路上行驶,又可在偏远山区和乡村的道路上运行,能够深入山区、林区、牧区等其他运输方式触及不到的区域。

4. 运输便捷灵活

道路乘客运输具有机动、灵活、方便、就近上下客等特点,可以实现"门到门"的直达运输,在运输规模上既可组织较多车辆完成一定规模的大批量运输任务,也可单车作业,上门接送乘客,完成小批量的乘客运输任务;在运输过程中既可独立承担客运任务,又可与铁路、水路、航空等其他运输方式联合运输。

同时,基于道路客运线路纵横交错、干支相连,线路和站点已形成网络的优势,在运输过程中易于根据情况调整,方便乘客乘车,能较好地满足乘客的出行需要。

5. 投资少,资金周转快

道路乘客运输与铁路、水路、航空等运输方式相比,所需的固定设备简单,车辆购置费用一般也比较低,因此投资少、资金回收快、车辆更新容易,能适应国民经济的发展和人民物质文化水平提高的需要。据有关资料表明,在正常经营情况下,道路乘客运输投资每年可周转 1~3 次。

6. 运输量小,单人次运输费用高

由于客车载客量小,行驶阻力比铁路大 9~14 倍,所消耗的燃料(汽油或柴油)价格较高,因此,相比铁路运输,道路乘客运输单人次成本较高。

二、营运客车类型

营运客车是用于经营性道路乘客运输的汽车,包括客车和乘用车。客舱是供乘员使用的区域,即驾驶区和乘客区的总称。客车按车长分为特大型、大型、中型和小型四种,见表3-1。乘用车不分类型。

类型划分 　　　　　表3-1

类型	特大型	大型	中型	小型
车长L	12 < L ≤ 13.7	9 < L ≤ 12	6 < L ≤ 9	L ≤ 6
三轴客车				

客车、乘用车等级划分见表3-2。

等级划分　　　　　　　　　表3-2

类型	客车														乘用车	
	特大型					大型					中型				小型		
等级	高三级	高二级	高一级	中级	普通级	高三级	高二级	高一级	中级	普通级	高二级	高一级	中级	普通级	高二级	高一级	中级	普通级	高级	中级

三、道路乘客运输的基本环节

乘客完成购票、行包托运手续到达客运站后对车票加剪表示乘客旅行的开始，此刻运输企业即承担起乘客的旅行和安全责任。驾驶员检票是检查乘客有无误乘、漏乘的必要手续。

乘客上车就座后，驾驶员应在发车前向乘客讲解乘车注意事项，讲解的内容包括本次班车的终点、中途停靠站、途中膳宿地点、正点发车时间、到达时间及行车中的安全注意事项等。驾驶员在道路乘客运输过程中，应按流程做好以下工作。

1. 出车准备

驾驶员应提前确认次日的运输任务，包括行车线路、发车时间、起讫站点、途经站及停靠站等信息，提前了解行驶路线的道路状况、天气状况、风险控制点等信息。因病、因事请求变更工作班次的，驾驶员应提前办理有关手续，不得私自换班、调班。

驾驶员上岗前，应确认自己处于安全状态，情绪稳定，无疲劳、饮酒等影响行车安全的因素；保持个人清洁，着职业服装，衣着干净整洁，头发梳理整齐，修饰得体，身上无汗味或异味。

驾驶员应按照要求做好出车前的车辆技术状况检查，包括车辆轮胎、制动、转向、灯光、应急出口及车内安全带、安全锤、灭火器、车载监控终端、危险警告标志、三角垫木等安全设施设备的检查。不得使用报废、拼装、擅自改装、检测不合格和其他不符合国家规定的车辆从事道路乘客运输经营。

驾驶员应随车携带机动车驾驶证、车辆行驶证、从业资格证、道路运输证等有关证件；包车客运驾驶员还应随车携带包车票或者包车合同。

2. 客车进站与报班

班车客运车辆在报班前，要严格执行客车安全例行检查制度，提前做好客车安全例行检查，取得《安全例检合格通知单》。

3. 出车前安全告知与安全承诺

班车客运和旅游客运驾驶员在发车前，应口头或者通过播放宣传片对乘客进行安全告知。安全告知的主要内容包括：

（1）客运公司名称、客车号牌、驾驶员及乘务员姓名和监督举报电话。

（2）客运车辆核定载客人数、行驶线路、经批准的停靠站点、中途休息站点。

（3）相关法律法规规定事项，如禁止乘客携带或客运车辆装运危险品，禁止超载、超速、疲劳驾驶，连续驾驶时间不超过4h；禁止在高速公路上和未经批准的站点上下客；禁止改变线路行驶；禁止关闭、屏蔽卫星定位信号；禁止22时至凌晨6时途经三级以下山区公路达不到夜间安全通行条件的路段；卧铺客车凌晨2时至5时停车休息等。

安全承诺的主要内容包括：
（1）不超速,严格按照道路限速要求行驶。
（2）不超员,车辆乘员不得超过核定载客人数。
（3）不疲劳驾驶,日间连续驾驶时间不超过4h,夜间连续驾驶时间不超过2h。
（4）不接打手机,在驾驶过程中保持注意力集中。
（5）不关闭动态监控系统,做到车辆运行实时在线。
（6）确保乘客系好安全带,全程按要求佩戴使用。
（7）确保乘客生命安全,为旅途平安保驾护航。
驾驶员在确认乘客及行李等情况无异常后,调整好座椅和后视镜位置,系好安全带,关好车门,观察周边行人及车辆情况,进行发车喊话,在站务人员的指挥下,平稳驶离上客区。

4. 客车出站安全检查

班车客运车辆行驶至客运站的出站口时,驾驶员应主动接受出站检查,检查合格并与出站检查人员共同签字确认后再出站,检查的主要内容包括：
（1）检查出站客车报班手续是否完备,包括安全例检合格通知单、车辆行驶证、道路运输证和客运标志牌等单证齐全、合格。
（2）检验当班驾驶员持有的从业资格证、机动车驾驶证,受检驾驶员与报班驾驶员应一致。
（3）清点客车载客人数,客车不得超载出站。
（4）检查乘客安全带系扣情况,客车出站时所有乘客应系好安全带。
客运驾驶员不配合出站检查且经劝告仍不接受出站检查的,客运站有权拒绝客车出站。经劝阻无效,仍滞留现场扰乱秩序的,客运站可采取相应措施安排客车上的乘客改乘并报当地道路运输管理机构;对强行出站的,客运站可报告当地道路运输管理机构处理。对相应客车,客运站可在一定期限内禁止其进站发班。
（5）易燃易爆危险品检查。
未配备安全检测设施的客运站或临时停靠站点,乘客上车时,驾驶员要注意乘客是否在行李中夹带危险物品或国家规定的违禁物品。发现乘客在行李中夹带危险物品或国家规定的违禁物品时,要制止其携带上车,耐心做好解释工作。经劝阻乘客仍然坚持携带的,驾驶员可以拒绝运输,拨打报警电话,交由公安部门处理。

> **小知识**
>
> **危险化学品的识别：望、闻、问、谢**
>
> （1）望：一望携带的物品是否为大件物品,黑色塑料袋装物品、瓶装、罐装、桶装物品等；二望携带物品的乘客神情是否紧张或伪装镇定,行为表现是否异常、不耐烦,例如催促工作人员检查等。
> （2）闻：是否有刺激性、芳香味、氨味、苦杏仁味等气味。
> （3）问：发现可疑情形时,询问乘客携带的是何物品。
> （4）谢：注意礼貌用语,避免与乘客发生言语或肢体冲突。礼貌用语包括

"为了您和他人的乘车安全,请打开包裹接受检查""感谢您的理解""谢谢您的合作"等。

四、道路乘客运输的服务要求

1. 乘客上车服务

驾驶员应在站务人员旗笛指挥下,提前将车辆停入指定上客区,打开车门和行李舱门,等待乘客上车。包车客运驾驶员应适当提前将车辆开到约定地点,就近停靠。

乘客上车时,驾驶员或乘务员要核对乘客的车次、乘车日期和到达站等信息,指引乘客安全登车,帮助乘客将大件行李放进行李舱内。

2. 途中运输服务

客运班车应按照规定的线路、班次和站点运行,在规定的途经站点进站上下乘客,无正当理由不得改变行驶线路,不得在站外上客或者沿途任意上下乘客和装卸行李(在配客站点上下客和服务区停车除外)。

包车客运驾驶员在客运车辆包用期间,要服从包车人的合理安排,按照与包车人约定的时间、起始地、目的地和线路运行,保证车辆正常使用。在行车中遇有特殊情况时,应根据包车人的意见处理,同时报告企业相关管理人员。

客运驾驶员(包括接驳驾驶员)在24h内驾驶时间累计不得超过8h(特殊情况下可延长2h,但每月延长的总时间不得超过36h)。

从事高速公路单程运行600km以上、其他公路单程运行400km以上的客运任务时,应提前做好行车计划,与随车的其他驾驶员安排轮换休息时间,避免疲劳驾驶。驾驶员从事单程运行800km以上的长途班车客运任务时,应合理制订行车计划,尽量减少夜间运行时间,在凌晨2时至5时应停止运行。采用接驳运输方式的,应按照规定做到停车换人、落地休息。

小知识

长途客运接驳运输相关规定

长途客运接驳运输,是指通过在客车运行途中选择合适的地点,实施驾驶员停车换人、落地休息,或换车换人,由在接驳点上休息等待的驾驶员上车驾驶,继续执行客运任务的运输组织方式。

接驳运输主要有两种模式:一种是"换驾不换车",即一条班线全程由一辆客车完成运行任务,每到一个接驳点由接班驾驶员开原车驶往下一个接驳点,交班驾驶员在食宿点休息等待客车返程接班,形成前后接力往返循环,每段接班行车里程不得超过每日累计驾驶时间的安全规定；另一种是"换驾也换车"，即一条班线两头客车对开，到了途中预定接驳点，两车互换乘客行李，驾驶员各自驾驶车辆按原路返回出发点，其往返行车里程不得超过每日累计驾驶时间的安全规定。

接驳运输车辆要在车内右侧前风窗玻璃上放置"长途客运接驳运输车辆标识"，安装具有驾驶员身份识别功能和行驶记录功能的卫星定位车载视频终端。当班驾驶员和接驳驾驶员应遵守以下规定：

（1）发车前，当班驾驶员要领取、填写并随车携带长途客运接驳运输行车单。

（2）当班驾驶员和接驳驾驶员应严格遵守国家关于客车驾驶时间和行驶速度的规定，接驳时间尽可能安排在23时至次日凌晨2时之间。

（3）车辆到达指定的接驳点后，当班驾驶员和接驳驾驶员交接车辆相关证件，填写长途客运接驳运输行车单，并由接驳点管理人员签字、盖章。

（4）在运输任务结束后，当班驾驶员要及时将长途客运接驳运输行车单上交道路客运企业留存备查。

3. 到站服务

进入客运站下客区时，驾驶员应服从现场服务人员指挥，停靠到指定位置后再安排乘客下车。车辆停放时，驾驶员应拉紧驻车制动器操纵杆，锁好车门，对轮胎易损件和安全部位进行检视，如有异常状况或故障，及时报修。

对于双程包车，驾驶员抵达目的地后应在与包车人约定的、规范的停车地点等待包车人，停车后驾驶员不得擅自离开车辆。驾驶员在执行包车运输过程中，应当准确记录行车时间、行驶里程等信息，并由包车人确认，为计费提供依据。

驾驶员还应按照规定及时、准确、完整地填写行车日志，并及时交报运输企业。

小知识

行车日志的使用常识

行车日志是车辆运行的有效凭证，是驾驶员工资核算和车辆运营成本测算的重要依据。行车日志是记录车辆运行状况、行车中车辆发生故障与事故、运行途中车辆检查与修理等情况的表单，包括车辆的具体运行路线、运行时间、客运站安全检查情况、行经道路状况、中途经停站点与停靠时间、配置的行驶记录仪与 GPS 监控等信息。

五、乘客心理与服务

客运服务一方面是使乘客安全到达目的地,另一方面是要满足乘客在整个运营过程中的合理需要。客运服务的服务品质直接体现在乘客的满意度即满足乘客不同层次的合理要求。驾驶员通过学习乘客心理与服务知识,掌握乘客出行心理需求和服务技巧,树立服务意识,不仅有利于驾驶员与乘客之间的交流和相互理解,避免发生服务纠纷,还能够针对乘客不同层次的需求,开展更加人性化、多样化、差异化的客运服务,真正实现以人为本的优质客运服务。

1. 树立服务意识

服务意识是指客运驾驶员在运营过程中所体现的为乘客提供热情、周到、主动服务的观念和愿望,源自工作人员的内心。在运营过程中,客运驾驶员应提高自己的角色认知能力,正确认识、处理与乘客的关系,树立"乘客是上帝"的服务理念,自觉形成为乘客提供优质服务的意识。

(1)理解乘客需求。对乘客提出的要求,客运驾驶员要根据客运服务规范和实际条件,尽力给予解决。对乘客提出超越服务范围的正当需求,应理解为自身服务的不足,并尽量作为特殊服务予以满足。如果确实难以满足,要及时向乘客解释清楚,取得乘客的谅解。

(2)理解乘客想法。乘客由于某种原因心情不佳时,往往容易激动,控制不住情绪,有时会因一件小事借题发挥而迁怒于驾驶员,甚至会大发雷霆。在这种情况下,客运驾驶员要给予理解,用耐心和更好的服务去感化乘客。

(3)理解乘客误会。由于文化、知识、修养等差异,乘客对道路客运的规则或服务不甚理解而提出种种不合理的意见或拒绝合作时,客运驾驶员应充分理解乘客的误会,耐心向乘客做出真诚的解释,并力求给乘客以满意的答复。

(4)理解乘客过错。由于种种原因,遇到乘客有意找茬或强词夺理时,客运驾驶员应多些包容,控制好情绪,充分理解乘客的过错。秉承"乘客是上帝"的理念,做好耐心、细致的解释工作。把理让给乘客,把面子让给乘客,做到得理让人。

2. 乘客的心理需求与服务方法

虽然乘客的心理活动千差万别,其心理需求也是多方面的,但不同乘客之间有一些共性的心理特征。客运驾驶员应充分把握乘客的这些共性心理,灵活运用服务技巧,因势利导,化消极因素为积极因素,有效地提高服务质量和乘客的满意度。

(1)安全心理。在运营服务中,乘客的安全包括生命安全、人身安全、财产安全、环境安全、心理安全等诸多方面。人的安全感建立在愉快感、舒适感、满意感之上,因此,安全是乘客出行最基本的需要。

老年乘客由于年龄和身体原因,上车时动作迟缓,应变能力较差。他们上下车时应特别注意进行自我安全保护,在遇有车辆急减速、运行不平稳时,会产生恐惧心理,神情紧张,希望能及时了解情况,做到心中有数。带小孩的乘客在乘车时,对子女的保护意识特别强,怕上车没有座位,怕人多挤着孩子,怕突然制动摔伤孩子,他们对安全感和座位的需求非常强烈。

为了使乘客获得到心理上的安全感,客运驾驶员应遵章守法,规范操作,有预见性地驾驶,控制好车速和安全距离,尽量保持车辆运行平稳,避免紧急制动、急加速、急转向等危险驾驶行为,遇交通条件较差的路段时,及时对乘客进行必要的安全提示。中途停车时,注意看管好乘客的行李;起步前清点人数,防止遗漏乘客。

(2)目的地指向心理。乘客出行都有一个预定的目的地,能够顺利到达目的地,是出行者的心理取向,这种心理取向伴随着整个乘车过程。

对于乘客的这种心理,客运驾驶员需要通过上车前的提醒与途中的及时报站,防止乘客错过站;通过安全谨慎地驾驶避免因交通事故造成延误等,解除乘客在车辆运行过程中所担心的问题,使乘客心理趋于平和。

> **小知识**
>
> **乘客服务技巧**
>
> 与他人沟通时,驾驶员要平视对方,态度认真、诚恳,注意倾听,不急于打断乘客说话,不要边工作边应答;说话声调应温和、声音清晰,用商量的语气,多使用"请""劳驾""对不起""不用客气"等敬语;忌问乘客的个人隐私,如年龄、婚姻状况、收入、财产等,不追问乘客不愿回答的问题;忌揭人短处,如身体残疾、生理缺陷等。
>
> 遇到乘客情绪激动,甚至有意找茬或强词夺理时,驾驶员多些包容,控制好情绪,不跟乘客争论。
>
> 在制止乘客某种行为时,驾驶员要使用劝告、建议、请求的语句,不要用命令、训诫式的语句。

(3)准时心理。乘客在时间上的心理要求普遍较强烈,多数乘客在客车运行中都会根据路程预估时间,但受交通拥堵、车辆技术故障、交通事故等客观条件和意外事故的制约,乘客的时间心理需求有时得不到满足,此时,大多数乘客会感到沮丧不安,心焦烦躁,甚至发怒,把自己的时间看得比任何事情都重要,不愿意宽容别人的过失,不理解驾驶员的工作,易与他人发生矛盾冲突。此时,客运驾驶员应重视乘客的心理需求,耐心解释、好生安慰,稳定乘客情绪,保证工作效率。

(4)希望受到尊重心理。尊重乘客是道路客运服务的信条和准则,其要点是客运驾驶员要保持良好的心态,注重礼节,语言礼貌,态度和蔼,忌用命令、催促、不耐烦的口吻,更不讲讽刺、挖苦的话,面部表情不能表现出轻视、满不在乎,而是要让乘客感到亲切和温馨,通过尊重乘客换取乘客对自己的尊重和理解。

受到尊重也是乘客较高层次的心理需求。老年乘客行动迟缓,但不服老,自尊心比较强,害怕别人催促,埋怨其动作慢;一些进城务工的乘客可能携带物品较多,受方言和生活习惯等影响,乘车时心理紧张,询问时怕别人听不懂,怕被别人歧视,渴望得到帮助和尊重。

(5)追求舒适心理。乘车条件和乘车环境尽可能舒适,环境优美、整洁,车厢气氛和谐、融洽,能使乘客产生心理上的舒适感。

除了在道路客运服务硬件设施方面满足乘客的这种需求外(如车窗明净、座椅整洁、配置视听系统、卫生状况良好和换气通风等),更重要的是在服务上做出相应的努力,在车辆运行过程中,善于营造一种友爱、和谐、快乐的氛围,使乘客心理舒适的需求得以满足。

另外,乘客在长途行车中容易产生心理疲劳,容易出现情绪不稳,甚至会出现狂躁和突发性精神失常。因此,客运驾驶员可通过适度的停车休息、调节车内通风等,设法调节乘客的情绪。

> **小知识**
>
> **客运规范服务用语**
>
> 1. 乘客上车时
>
> 您好,欢迎乘坐××班车。请您把随身行李放在座位底下或行李架上,不要把行李放在过道上。
>
> 2. 车辆行驶中
>
> 乘客们,本次班车是直达班车,途中不能上下客,谢谢您的合作。(当高速公路发生交通堵塞时)各位乘客请注意,目前高速公路堵塞,为了您的安全,高速公路上是不能下客的,请您耐心在车上等候,谢谢您的合作!
>
> 3. 途中休息时
>
> 乘客们,我们的车辆已经进入××服务区,在服务区休息10min(就餐休息20min)开车时间为×时×分,请乘客们全部下车,贵重物品请妥善保管。
>
> 乘客们,我们的车辆马上就要离开××服务区,请您再仔细检查一下您的随身物品是否遗忘在服务区,是否还有乘客没有上车。从服务区到终点站正常情况下大概要行驶×h,一路上乘客们辛苦了,我们再一次提醒大家,在车上休息时一定要妥善保管好您的贵重物品。

第二节　道路货物运输

一、道路货物运输基本知识

道路货物运输是指以载货汽车为主要工具,将货物运抵目的地的活动。道路货物运输是向运输需求者提供运输服务的过程,可根据客户的要求,实现"门到门"服务,运输形式方便、灵活,运输过程要求迅速、准确,货物完整、安全。

(一)道路货物运输的分类

道路货物运输经营,是指为社会提供公共服务、具有商业性质的道路货物运输活动,包括道路普通货运、道路货物专用运输、道路大型物件运输。

1. 道路普通货运

道路普通货运,是指因货物本身的性质普通,在装卸、运送、保管过程中对运输车辆没有特殊要求的货物运输方式。普通货物分为三等,具体如下:

(1) 一等货物:多为价值较低的堆积货物,如沙石、土渣等。

(2) 二等货物:多为一般的工农业产品和加工过的矿产品,如木材、水泥、钢筋和煤等。

(3) 三等货物:多为价值较高的工业制品和普通鲜活物品,如橡胶制品、医疗器具和水产品等。

2. 道路货物专用运输

道路货物专用运输,是指使用集装箱、冷藏保鲜设备、罐式容器等专用车辆进行的货物运输方式。

集装箱运输,是指将需运输的货物在出发点就组成具有一定标准体积和质量的集装单元,以集装箱为容器,便于机械化装卸、搬运的一种货物运输形式。

冷藏保鲜专用运输,是指使用保温、冷藏专用运输车辆运送对温度有特别要求的货物运输形式,如运输乳制品、海鲜和冻肉等物品。

罐式容器专用运输,是指使用具有与运输货物相适应的专用容器的运输车辆,运送无包装的液体货物或颗粒状、粉末状散装货物及气体等的运输形式,如运输散装水泥、混凝土、压缩天然气等。

3. 道路大型物件运输

道路大型物件运输,是指运载具有超长、超高、超宽或质量超重等特点的大型物件的运输方式,包括单体货物、捆扎货物等不可解体的货物形式。

(二) 货物运输调度

1. 汽车运输过程

汽车运输过程一般必须包括以下工作环节:

(1) 准备工作:向起运地点提供运输车辆。

(2) 装载工作:在起运点装货。

(3) 运送工作:在路线上由运输车辆运送货物。

(4) 卸载工作:在到达地点(目的地)卸货。

2. 汽车运输的合理化

合理化运输表现在以下几个方面:运输网络的合理配置、选择最佳的运输方式、提高运行效率、推进共同运输、采用各种现代运输方法、多式联运、一贯托盘化、集装箱、散装化、智能化、门到门运输等。

3. 货流

货流也称物流,是指货物流动的数量与方向。货流有以下五个要素:

(1) 流向:货种构成、运进、运出。

(2) 流量:同方向通过的货物数量。

(3) 距离:起运点至卸货点的距离。

(4) 流时:运输的时间。

(5) 类别:货物流动的原因类别。

4.运输线路选择

运输的时候需要考虑运输网络节点路程的远近、不同运输车辆类型成本的高低、不同时间段道路的容载情况、不同道路的时速限制、车辆的正常行驶速度等。分析之后,确定车辆行驶路线方案。

(三)货物运输合同

货物运输合同是承托双方在平等自愿、等价有偿的基础上进行约定,由承运人将货物从起运地点运输到约定地点,托运人或收货人支付票款或运输费用的凭证,是双方权益的一种法律保障。

1.货运合同的形式

货物运输合同可采用书面形式、口头形式和其他形式,以书面形式为主。书面形式合同分为定期运输合同、一次性运输合同和道路货物运单三种。定期运输合同适用于承运人、托运人、货运代办人之间商定时期内的和批量货物的运输;一次性运输合同适用于每次货物运输;道路货物运单是办理道路货物运输及运输代理的最原始依据,是货运经营者接受货物并在运输期间负责保管和据以交付的凭证,是记录车辆运行和作业统计的原始凭证,是划清承运人与托运人、收货人之间责任的重要依据。

当事人采用信件、数据电文等形式订立合同时,可以要求签订确认书,签订确认书后合同生效。

2.承运人与收货人的义务

货物运输合同生效后,承运人应当按照约定的或通常的运输路线,在约定期间或合理期间内将货物安全运输到约定地点。货物送达后,承运人应及时通知收货人。

收货人提货时,应当按照约定的期限检验货物。对检验货物的期限没有约定或者约定不明确的,可以在合同生效后及时补充协议;不能达成补充协议的,应当在合理期限内检验货物。收货人在约定的期限或者合理期限内对货物的数量、毁损等未提出异议的,视为承运人已经按照运输单证的记载交付的初步证据。

收货人不明或者收货人无正当理由拒绝受领货物的,承运人可以提存货物。收货人逾期提货的,应当向承运人支付保管费等费用。

3.运费的收取

托运人或收货人应当向承运人支付票款或运输费用,但是,因承运人未按照约定路线或通常路线运输而增加的票款或运输费用,托运人或收货人可以拒绝支付。

托运人或收货人不支付运费、保管费及其他运输费用,承运人有权对相应的运输货物采取留置措施。

货物在运输过程中因不可抗力灭失,未收取运费的,承运人不得要求支付运费;已收取运费的,托运人可以要求返还。

4.合同的变更和解除

在承运人将货物交付收货人之前,托运人可以要求承运人中止运输、返还货物、变更到达地或者将货物交付给其他收货人,但应赔偿承运人因此造成的损失。

发生下列情况之一时,可以变更和解除货物运输合同:

(1)由于不可抗力使运输合同无法履行。

（2）由于合同当事人一方的原因，在合同约定的期限内确实无法履行运输合同。

（3）合同当事人违约，使合同的履行成为不可能或不必要。

（4）经合同当事人双方协商同意解除或变更，但承运人提出解除运输合同的，应退还已收的运费。

货物运输过程中，因不可抗力造成道路阻塞导致运输阻滞，承运人应及时与托运人联系，协商处理。

5. 赔偿责任划分

承运人未遵守承托双方商定的运输条件或特约事项，由此造成托运人损失的，承运人应负赔偿责任。由于承运人的责任，未按约定的或规定的运输期限将货物运达，承运人应负违约责任；因承运人责任将货物错交，承运人应将货物无偿运到指定的地点，交给指定的收货人。

货物在承运责任期间内，发生灭失、短少、变质、污染、损坏，承运人应负赔偿责任。但有下列情况之一的，承运人举证后可不负赔偿责任：

（1）人力不可抗拒的自然灾害。

（2）货物本身的自然性质变化或者货物在运送途中的自然消耗。

（3）包装内在缺陷造成货物受损。

（4）货物包装完整无损而内装货物短损、变质。

（5）托运人违反国家有关法令或规定，致使货物被有关部门查扣、弃置或作其他处理。

（6）押运人员过错造成的货物毁损或灭失。

（7）托运人或收货人过错造成的货物毁损或灭失。

因托运人错报、匿报货物的重量、规格、性质，造成承运人损失以及由此引起的第三方损失，托运人应当承担损害赔偿责任。托运人不如实填写运单，错报、误填货物名称或装卸地点，造成承运人错送、装货落空以及由此引起的其他损失，托运人应负赔偿责任。

货运代理人以承运人身份签署运单时，应承担承运人责任；以托运人身份托运货物时，应承担托运人责任。

货物的毁损、灭失的赔偿额，当事人有约定的，按照其约定；没有约定或约定不明确的，可以在合同生效后及时补充协议；不能达成补充协议的，按照交付或者应当交付时货物到达地的市场价格计算。法律、行政法规对赔偿额的计算方法和赔偿限额另有规定的，依照其规定执行。

二、道路货物运输的基本环节及货物安全

（一）货物受理

货物受理是道路货物运输业务的初始环节，也是防范夹带、瞒报违禁物品和危险物品，确保道路货物运输安全的重要关口。在受理零担货物托运时，承运人要遵守以下操作规范：

（1）依法与托运人签订运输合同，认真核对并登记托运单位、托运人及托运货物的品名、数量等真实信息。

（2）按照零担货物受理安全检查制度要求对货物进行抽检抽查，确保托运货物品名、数

量等信息与运单填写信息一致,防止托运人在普通货物中夹带违禁物品,防止托运人瞒报危险物品。

(3)对于重点时段、运往重点区域和特殊场所的货物应进行开箱(包)验视,检查中发现违禁物品、可疑物品或瞒报危险物品的,应及时报告公安机关或相关管理部门。

(4)检查货物包装是否良好,包装轻度破损,托运人坚持装箱起运的,须经承运人同意并做好记录,双方签字盖章后,方可承运,由此造成的损失由托运人承担。

(5)受理整批或者拼箱货物时,承运人要遵守以下操作规范:

①核对实际货物与运单记载的货物名称、性质、数量、质量、体积、包装方式等是否相符,发现与运单填写不符的,不予办理交接手续。

②检查货物包装是否良好,包装破损可能危及运输安全的,不予办理交接手续。包装轻度破损,托运人坚持装箱起运的,须经承运人同意并做好记录,双方签字盖章后,方可承运,由此而造成的损失由托运人承担。

③根据有关规定对可疑货物进行开箱(包)检查,确保托运的货物与运单填写的货物一致,防止托运人将禁运物品、违禁物品,危险物品和限、凭证运输货物谎报或者匿报为普通货物。

承运人运输整箱货物前,应核对箱号,检查箱体和封志,发现箱体损坏或铅封脱落,须经交接人及封志监管单位签认或重新施封后,方可起运。

承运人在受理货物后,应与托运人约定运输路线。若起运前运输路线发生变化,必须通知托运人,并按最后确定的路线运输。

零担货物按批准的班期时限运达,快件货物按规定的期限运达。运输期限由承托双方共同约定并在运单上注明。承运人应在约定的时间内将货物运达。

货运经营者不得运输法律、行政法规禁止运输的货物,在受理法律、行政法规规定的限运、凭证运输的货物时,应当查验并确认有关手续齐全有效后方可运输。货物托运人应当按照有关法律、行政法规的规定办理限运、凭证运输手续。

(二)货物包装、装载与固定

1. 道路货物包装

货物包装是使用适当的材料或容器并采用一定的技术,对货物在流通过程中加以保护,使货物在一般外力作用或自然条件下,避免破坏、变质、损失,保证安全、完整、迅速地将货物运至目的地,具有保障货物运输安全、便于装卸储运、加速交接点检验等功能。

货物包装储运标志又称货物运输包装标志,根据内装货物易碎、怕晒、怕湿等性质,由生产单位在货物出厂前于货物外包装明显的部位标印,提醒操作人员注意并规范操作。

包装标志在各种包装件上的粘贴位置为:箱类包装标志位于包装端面或侧面,袋类包装标志位于包装明显处,桶类包装标志位于桶身或桶盖,集装单元货物包装标志位于四个侧面。包装标志应正确、清晰、齐全、牢固,内装货物与标志一致。标志一般应印刷或标打,也允许拴挂或粘贴;标志在整个流通过程中应不褪色、不脱落,旧标志应抹除。

2. 承运包装货物时的注意事项

用木箱类做包装箱时,不能用破损、有裂缝或腐烂的木板,箱板上钉的钉子必须紧密牢固,不能露在外面。

成件捆扎运送的货物,须用绳索、铁丝或铁皮等材料捆扎结实;机器类或铁制品,对其脆弱易碎部分,须垫以防护木板,用绳索扎紧。

用陶瓷、玻璃等容器运送液体货物时,容器本身不应有裂缝或渗漏痕迹,装入栅箱或箩筐的容器,须用稻草、泡沫、海绵等材料充实,使容器不易晃动。液体桶装货物,应检查桶盖是否严密,桶体有否渗漏。

易碎货物应装于木箱或其他适用材料的硬包装内,并衬以干草或泡沫、海绵等材料。装货过程中如发现可疑之处,应摇动货箱,细听有无破碎声。

装车时发现包装外部有湿痕或污迹,表明该件货物可能已经受潮或污损,必要时应请托运人拆包检查。

3. 货物装载

(1) 选择合适的运输车辆。

运输车辆的种类较多,有厢式货车、集装箱车、平板货车、仓栅式货车、罐式货车等,车辆的选择应适合所运货物的种类、特性、外形尺寸、货运量及运输距离等,满足安全、高效的要求。

对于原木、木板、钢筋等长条状货物,所选择的运输车辆应有足够的长度,防止因货物超出货箱而影响货车转弯时的安全性。对于流体货物和松散货物,所选择的运输车辆应具有能够完全容纳货物的货箱,货箱的结构和设计应尽可能减少货物在货箱内的移动,以降低由此带来的对车辆行驶稳定性的影响。松散货物的运输车辆车厢顶部应具备密封装置,或者使用防水篷布将货物覆盖,以避免货物遗撒或淋雨。

(2) 货物质量分布均衡。

载货质量分布不均可能会出现部分较重物件超过最大允许轴承重的情况,造成车轴或钢板弹簧断裂、轮胎异常磨损、爆胎等,影响车辆的正常操控。例如,转向轴负载太重,会使车辆转向操作困难,而且会损坏转向轴和轮胎。但是,如果转向轴负载太轻,转向轮的附着力就会变差,容易打滑。因此,驾驶员要确保在载货汽车核定的载质量限额内配载货物,严禁超载。

装载时,装载人员要注意使载货质量尽可能均匀地分布于载货平面,沿车辆纵向中心线均衡顺装,较重的物件尽量放置于货载平面的中部,尽量降低整车重心位置。若装载货物种类较杂,则应明确各物件的质量,平均分配其质量。

车辆重心高度对安全行车来说非常重要,车辆重心越高意味着稳定性、安全性越低,特别是在转弯或者为躲避危险情况而急转向时容易翻车。因此,装载货物时,应尽量使车辆的重心位置降低。

装车后,货物总重心的投影应位于货车地板纵、横中心线的交叉点上。必须偏离时,横向偏离量不得超过100mm;纵向偏离时,各车轴所承受的货物质量不得超过规定的轴荷限值,且各车轴承受质量之差不得过大。

(3) 合理安排货物装载顺序。

货物装载顺序应遵循"后到先装,先到后装"原则,即如果车载的货物需要运送至多个不同的客户,在装载时应将最后送达的客户的货物放置于紧靠货箱最前端的位置,第一位客户的货物则紧靠后挡板放置。如果出于安全性考虑需要以另外的顺序摆放货物,则需要相应地调整运行路线。

如果使用挂车运送货物至不同的目的地,出于行驶安全的考虑,应尽可能合理地摆放货物,以便能够首先卸载挂车上的货物。

> **小知识**
>
> 货物混装时,应注意以下安全事项:
> (1)轻搬、轻放,先装直达、后装中转,远距离的在里、近距离的在外。
> (2)重的货物放在车辆的中心,并在轻的货物前,轻重搭配,不超载、不偏载、不偏重、不集重,质量分布均衡。
> (3)重不压轻、大不压小、实不压虚,重心尽可能低。
> (4)有包装的在下、无包装的在上,标志向外、箭头向上。

(4)科学地进行货物拼装配载。

装载货物时,应严格遵守安全操作规程,按货物的分类和要求进行,不得违规装载。不同特性货物的装载要求见表3-3。

货物装载表 表3-3

货物特性	性能特征	代表性物质	装卸要求
耐温性差的货物	遇温度变化易变质	冰块	采取防热措施
耐湿性差的货物	受潮后成分和性能易发生变化	粮食	采取防潮措施
脆弱性货物	受撞击或重压易出现破碎或变形	玻璃、陶瓷	应小心轻放
互抵性货物	相互接触会产生有害作用	煤炭	严禁混装
易腐性货物	一般温度下易变质、腐坏	鲜鱼	采取防腐措施

货物拼装配载时,应注意下列安全事项:

①液体不与固体拼装。
②有不良气味的货物,不与茶叶、香烟、大米等食品拼装。
③普通货物不与危险品拼装,毒害物品不与食物拼装。
④易碎物品、易磨损的袋装货物,不与包装不规则的贵重物品拼装。
⑤车厢潮湿、防雨设备不良,不装粮食、绸布、纸张等怕湿物品。
⑥挂车不装易碎、怕震及贵重物品。

(5)进行必要的填充。

根据货物特性、车辆货厢结构与加固点选择填充、货物加固装置,并对货物施加适当的约束。对西瓜、蔬菜等敞装货物之间的空隙可以使用稻草、纤维等填充物,防止碰撞、移动;对起脊装运的成件包装货物、布袋装货物采用绳网加固;对大型货物采用阻挡和拴紧带等装置加固,并根据相关标准的规定对货物施加合适的约束力,防止货物移动、倒塌和坠落;在车门处加隔离物,防止开车厢门时货物脱落。

4. 常见货物加固方法

在装载货物时,应对货物进行正确的摆放、合理的捆扎和固定,使货物在各个方向受力均衡,在运输过程中不发生移动、滚动、倾覆、倒塌或坠落等情况,从而保证货物的完整和运输的安全、迅速、合理和经济。常用货物加固方法有摩擦拴紧加固、直接拴紧加固、阻挡加固、将货物容纳在车体结构中等。

(1)摩擦拴紧加固。

摩擦拴紧加固是通过增大货物与承载面之间的摩擦力,并在货物重力方向上增加一个垂直向下的力,从而实现货物固定的方法。

对于耐压且不会压缩变形的单件货物或者堆码整齐且无空隙的货物,可利用拴紧带、绳等拴紧装置对货物采用横向或纵向下压捆绑加固的方法,通过施加额外的下压力来增大接触表面的摩擦力,从而对货物起到固定作用。捆绑货物时,捆绑的角度影响作用力的大小,捆绑角度越大,货物受到的作用力也会越大。国外研究表明,捆绑角度不宜小于30°,捆绑角度90°时的作用力最大,但同时要注意防范货物侧翻风险。为了增加摩擦力,可在货厢底板与货物的接触面之间放置橡胶垫、木垫等防滑材料,增强防滑效果。为了避免拴紧带(绳)和货物因捆绑作用力而出现异常磨损,在拴紧带(绳)与货物、车辆棱角接触处可采取必要的防磨措施。

(2)直接拴紧加固。

直接拴紧加固是采用拴紧带、绳等拴紧装置直接将货物与运输车辆的加固结构或专用拴紧点连接,从而实现加固的方法,包括平行斜拉拴紧、交叉斜拉拴紧、环形拴紧和弹性拴紧等方式。

平行斜拉拴紧是指相对货物装载方向对称平行使用具有相同垂直角度的两条同样的绳索固定货物,如采用"八"字形或倒"八"字形平行斜拉拴紧方式。在捆绑时,要注意选取合适的拴固位置。

对于不稳定货物,可采用在货物某方向上进行阻挡及交叉斜拉拴紧的方法共同固定货物,如采用"又"字形、"反"字形交叉斜拉拴紧方式,并合理使用阻挡装置。采用交叉斜拉拴紧方式时,要注意选取合适的货物拴固位置和车辆上的拴紧点位置,避免出现集中受力。

对于排水管等较长的柱状物,由于货物没有连接点,须至少使用两对绳索环形拴紧固定货物,且沿货物的纵向使用阻挡装置。对于气瓶、油桶等圆柱形货物,宜将货物成组捆绑,并将货物贴近货厢前部直立摆放,同时在侧面将货物固定牢靠。在运输原木、钢板等长条、成垛堆码货物时,可使用钢丝绳或其他专用捆绑固定器材,对每垛起脊部分做整体捆绑固定。

当成件包装货物的装载宽度超出货车端侧板时,应层层压缝,梯形码放,四周货物倾向中间,两侧超出侧板的宽度应一致,并采用端部交叉捆绑方法,也可采用端部双交叉捆绑方法。由于货物没有连接点,可通过连接到货物顶边的索套对货物进行固定。捆绑时,禁止使用绳索仅绕过货物侧面和端面,而不绕过货物顶面的捆绑。货物起脊部分应使用上封式绳网等进行加固。

(3) 阻挡加固。

阻挡加固是在货物的纵向或横向方向上,设置限制货物发生位移或方向变化具有足够强度的阻挡装置的货物加固方法,对超出货车端侧板高度的成件包装物,可用挡板(壁)、支柱等加固。布窗在货厢中部的货物,应在其周边使用挡板等进行加固。

装运圆柱形货物时,可选用适当规格和材质的凹木、三角挡、座架等材料和装置,并采取腰箍下压、拉牵等加固方式。装运球形货物时,应选用适当规格、具有足够强度、能保证货物稳定的座架,确保货物底部不与车底板接触。对无拴结点、加固较为困难的球形货物,可采用在球体上部加装套圈,套圈四处拉牵牢固的固定方法。

超限、超长货物装车后,应用白色或红色油漆标画易于判定货物是否移动的检查线。

(4) 将货物容纳在车体结构中。

将货物容纳在车体结构中是指将货物容纳在或包含于运输车辆特殊的承载装置中,从而实现货物加固的方法,如将液体货物容纳在罐式运输车的液灌中,将货物充满箱式运输车的箱体中等。

(三) 货物装载检查方法

1. 行车前检查

行车前,驾驶员在做好车辆技术状况检查的同时,应检查货物的装载和固定情况,确保车辆装载符合规定要求,装载货物的质量分布均衡、平稳牢固。

2. 运输途中检查

在运输途中,驾驶员要随时通过后视镜观察货物的情况,当发现覆盖物随风飘扬时,应及时停车检查,采取补救措施。车辆起步行驶50km后,应停车检查货物的装载情况,并根据需要做必要的调整;之后,每行驶3h或150km,应停车检查货物的装载情况。途中晚上休息前,应将车辆停在正规的停车场内,并做好安全确认。敞篷货车,应检查确认苫布捆扎牢固;厢式货车,应检查确认关好车厢门;集装箱货车,应检查转锁是否将集装箱锁牢,且箱体铅封完好;罐装车辆,应检查确认关好阀门。

3. 卸载货物前检查

在途经站点卸货前,应先检查货物捆绑是否有变化或异常,比如,检查敞篷货车苫布的捆扎情况,检查厢式货车车厢门的关闭情况及车厢内有无货损情况,检查集装箱的铅封是否完好。确认没有出现货损、货差情况后,再卸载货物。

三、道路货物运输分类与要求

道路货物运输按照货物批量不同可分为普通货物运输和集装箱运输两类。

(一) 普通货物运输

托运人一次托运货物计费重量3t以上,或不足3t但其性质、体积、形状需要一辆3t以上的汽车运输的,称为整车货物运输,其应托运人要求或受道路、装卸条件限制,使用1~3t车辆托运货物。此外,没有上述条件限制,由承运人安排3t以下车辆一次托运货物的,也视为整车运输。

托运人一次托运货物计费重量3t及以下的,称为零担货物运输。零担货物运输运量零星、流向分散、批量较多、品种杂,件包装类货物居多,包装质量也各不相同,因此,零担货运是一项比较细致和复杂的运输。零担货物运输具有灵活、方便、快速、价廉及运送方法多样的特点,但其计划性较差、组货渠道复杂、单位运输成本高。

1. 普通货物运输的特点

（1）运输区域广。普通货物运输线路密集、运输区域广,能够建立城市与城市、城市与乡村、乡村与乡村之间的联系,能服务到社会生产和生活的各个角落。

（2）运输组织多样。普通货物运输可以满足各种形式的货运需要,在运用上既可完成小批量运输任务,又能随时集结承担大批量突击性运输任务;既适合于中短途运输,也能在一定程度上满足长距离的货运需求。

（3）适应性强。普通货物运输车辆能在高速公路、山区及高原地带行驶,能在严寒酷暑季节、风雪和雨雾中运行,受地理条件、气候、干旱等限制较小。在抗险救灾、运送紧急物资方面具有不可替代的作用。

（4）机动、灵活、便利。货运车辆形式多样,单位运量小,运输灵活,车辆随站点分布,线路交织成网,车辆来去方便,调度上可随机而动。此外,所承运的货物既可在固定场站、港口、码头装卸,又可在街头巷尾、农村集镇、农贸市场等就地装卸,也可实现门到门运输。

（5）适合联合运输。由于汽车具有较强的适应性和灵活性,既可开展与铁路、水运、航空等的联合运输,又可开展干支线连接运输、区域联运、跨省联运等。

2. 普通货物装卸要求

货物配载应充分利用车厢空间和装载负荷,做到巧配满载,并严格执行有关货物混装限制的规定,货物实际质量不超过承运车辆的核定载质量(轻泡货物以折算质量装载)。

货物配载运送时,应做到配载货物的品名、件数及途经站点与随车携带的货物运单和交接清单内容一致。在途经站点装卸货物时,应严格按照安全操作规程装卸,按件点交给收货人,避免出现货损货差。

货物装载完毕后,驾驶员应检查货物的外部状态、货物数量、固定情况,确保没有超限、超载、固定不牢和质量分布失衡现象。重载时,驾驶员应检查轮胎的气压,保持轮胎气压符合要求。

3. 普通货物保管要求

承运期间,承运人应负责保管受理承运的货物,按照货主提供的货物性质、状况及保管要求进行分类存放,并根据货物的特性采取相应的防护措施,防止货物在责任期限内出现变质、腐烂、短少和丢失等损失。

货物应按照性质、流向分类存放,危险货物不得与普通货物混合存放。

堆码货物时,应遵循"双排堆码、条码在外、重不压轻、木不压纸"原则,按照货物外包装储运图示标志的要求操作,如货物包装有箭头标志的,应箭头向上,而不应倒置、倾斜摆放。

验收入库后,发现仓储物的品种、数量和质量不符合约定或因保管不善造成仓储货物毁损、灭失,承运人承担损害赔偿责任。

4. 普通货物交接要求

整批货物运抵前,承运人应当及时通知收货人做好接货准备;零担货物运达目的地后,应在24h内向收货人发出到货通知或按托运人的指示及时将货物交给收货人。

（二）集装箱运输

1. 集装箱运输的特点

集装箱运输具有高速、高效、安全、经济的特点，特别对件货、杂货运输最为适宜。与其他运输方式相比，集装箱运输具有以下优点：

（1）减少物资途耗。采用集装箱运输可以实现"门对门"运输，发货方可事先将货物装箱或货物不落地即可装箱，直接送至收货人的仓库，连箱送达或开箱收货。运输过程中如需中转，可连箱带货一起中转，避免了货物中转的搬倒次数，从而减少了货物中转所产生的损害及损耗。

（2）节约包装材料及费用。采用集装箱可以简化甚至取消包装，节约包装材料，减少包装费用。

（3）提高装卸效率，加速车辆周转。实行集装箱运输，全部装卸可实行机械化，装卸时间短，从而加快了车辆周转。

（4）简化运输交接手续。实行集装箱运输可以简化挂贴票签、按件交接手续，一箱一件凭铅封交付，手续简便，可避免出现差错。

（5）节约仓库投资。集装箱本身就是一个流动的仓库，可以露天存放，且运输和装卸不受天气限制。集装箱还可以成叠堆码，占地少，流动方便。

（6）货物运输安全。在货物仓储和运输过程中，使用集装箱可以避免失窃、丢失、擦损等，减少了货差、货损。

（7）便于联合运输。集装箱的规格是标准统一的，可以在道路、铁路、航运通用，这就使得联运得以实现，同时减少交通运输的中间环节。

2. 集装箱运输形式

集装箱运输车辆通常采用单车或牵引车加半挂车的列车组合形式，半挂车分为框架式、平板式和自装自卸式等。承运的集装箱可以是托运人托运的集装箱，也可以是承运人自备的集装箱。

根据收货人、托运人及货流的构成情况，集装箱的货运形式可以分为整箱货运（FCL）和拼箱货运（LCL）两大类。

（1）整箱货运。整箱货运方式类似普通货运中的整车运输，它的交接地点一般在托运人或收货人的仓库内，交接检收凭箱口的铅封，不点件计收。整箱货运适用于货流大且货流集中、中途不停靠站点、直达目的地的整装整卸场合。

（2）拼箱货运。拼箱货运类似普通货运中的零担货运，其交接货物地点为多个站点，在其站点需拆箱装卸货物，按件点交给收货人。拼箱货运适用于货源分散、托运人单件托运量小、运送目的地各不相同的情况。

3. 集装箱运输交接要求

集装箱拼箱货物在承运前，承运人要认真核对货物品名、数量是否与运单相符；运达后，经场站作业人、收货人查验签收。

集装箱拼箱货物运抵目的地后，承运人应在24h内向收货人发出到货通知。整箱货物起运前承运人要通知收货人做好接货准备。

集装箱整箱货物交接时，交接双方应当检查箱号、箱体和封志，重箱凭封志和箱体状况交接,空箱凭箱体状况交接。交接后,交接双方应做好记录并签字确认。

在集装箱货物运输中,根据实际交接地点不同,集装箱货物的交接有多种方式。在不同的交接方式中,集装箱运输经营人与货方承担的责任、义务不同,集装箱运输经营人的运输组织内容、范围也不同。

4. 集装箱货物的交接方式

(1)门到门交接方式:运输经营人在发货人的工厂或仓库接收货物,并负责将货物运至收货人的工厂或仓库交付。在这种交接方式下,货物的交接形态都是整箱交接。

(2)门到场交接方式:运输经营人在发货人的工厂或仓库接收货物,并负责将货物运至卸货港码头堆场或其内陆堆场向收货人交付。在这种交接方式下,货物也都是整箱交接。

(3)门到站交接方式:运输经营人将货物运至装箱货运站或其在内陆地区的货运站,经拆箱后向各收货人交付。在这种交接方式下,一般是以整箱形态接收货物,以拼箱形态交付货物。

(4)场到门交接方式:运输经营人在码头堆场或其内陆堆场接收发货人的货物(整箱货),并负责把货物运至收货人的工厂或仓库,向收货人交付。

(5)场到场交接方式:运输经营人在装货港的码头堆场或其内陆堆场接收货物(整箱货),并负责运至卸货港码头堆场或其内陆堆场向收货人交付(整箱货)。

(6)场到站交接方式:运输经营人在装货港的码头堆场或其内陆堆场接收货物(整箱货),并负责运至卸货港码头集装箱货运站或其在内陆地区的集装箱货运站,一般经拆箱后向收货人交付。

(7)站到门交接方式:运输经营人在装货港码头的集装箱货运站或其内陆的集装箱货运站接收货物(经拼箱后),负责运至收货人的工厂或仓库交付。在这种交接方式下,运输经营人一般是以拼箱形态接收货物,以整箱形态交付货物。

(8)站到站交接方式:运输经营人在装货港码头集装箱货运站或其内陆地区的集装箱货运站接收货物(经拼箱后),负责运至卸货港码头集装箱货运站或其内陆地区的集装箱货运站,经拆箱后向收货人交付。在这种交接方式下,货物的交接形态一般为拼箱交接。

四、道路货物运输商务与服务

(一)道路货物运输商务作业

营业性道路运输企业根据相关运输法规所从事的运输经营业务活动,称为运输商务工作。对经营业务活动所进行的各项具体操作,称为商务作业,它构成货物运输经营活动的诸环节或程序。汽车整车货运商务作业的内容包括货物托运与承运、装卸、起票、发车、运送与到达交付、运杂费结算、货运事故处理等。

1. 货物托运

货物托运是指货主委托运输企业为其运送所需的一定量货物,这是运输劳务交易活动中消费者的购买行为。货主是提出货物运输需求的任何企事业单位或个人,在这里称为托运人,也称发货人,通常是货物原来的所有者;受理货物运送的运输企业或经营者称为承运人;由发货人确定在货物运送目的地接收货物的企业事业单位或个人,称为收货人。发货人、承运人和收货人构成货物运输活动的当事人。货物托运采用书面形式,托运人向承运人或货运站办理托运手续,填写货物运单。运单是托、承运双方就货物运输所签订的契约,其基本内容和格式全国统一,由交通运输部制定,主要包括:发、收货人(单位)的名称、地址;装卸货物的详细地址;货物的名称、性质、包装、规格、件数;货物等级、实际重量、计费重量、运价率、运杂费;货物起运日期、线路、里程及双方特约事项等。运单由托运人填写,承运人承诺,经双方签章后,即具有法律效力。运单一式五联:一联为存根;二联交托运人存查;三联用于提货;四联由承运人存查;五联随车同行。运单是货物运输中的重要商业文件,它确定了承、托双方在货物运输过程中的权利、义务和责任,既是发货人托运货物的原始凭证,也是承运人承运货物的原始凭证;既是运杂费结算的凭证,也是处理商务纠纷的依据,同时又是运输企业和政府统计货物运输量的原始凭证。

2. 货物承运

货物承运是指承运人审核托运人填写的运单、查验货物,确认运单填写无误,符合货运规章的规定,同意受理,并由托运人办妥交付运杂费手续,托、承双方在运单上签章的作业。承运环节主要是审核运单、查验货物,即按运单查对货物,核实货类、品名、件数、包装,落实装车组织及装车现场情况。如发现货物类别、数量不符,包装不固,标志不清等问题,应请托运人纠正。自承运人在运单上签章始,货物承运开始,托、承双方的关系即告确立。

3. 货物配运

货物配运是指运输企业的调度部门,根据承运的货物进行运输计划组织的工作。运输企业通常要制订月、旬、日车辆运行作业计划。配运及调派车辆时,应注意组织均衡生产,长、短途运输相结合,以长途带短途,尽可能组织循环运输,组织回程配载,提高里程利用率;并应使车辆的载质量与货物批量相适应,车身形式与货物性质相结合。派车是指调度人员根据车辆日运行计划(也称先日配运计划表)及车辆报班情况,填写派车单,交驾驶员装货,同时在运单上做好派车记录。派车应坚持"五不派":无运单及未经理货的不派;未经检验合格的车辆不派;装载食物,车辆上次装过毒品、污染品等,未经清洗消毒者不派;上次商务手续未清不派;挤装挤卸的地点不派。

4. 货物装卸

货物装卸是指车辆在起运点装货和在到达点卸货时所完成全部作业的总称。装卸工作包括主要作业和辅属作业两部分。主要作业是指把货物自堆垛的地方或其他保管的地方取出,并"搬移"到装货的地方装上车辆,及由车上卸下"搬移"到堆放的地方堆垛或放进其他保管的地方。其中"搬移"也称搬运。辅属作业是指检查货物包装、做标记,填写货物清单,为接收货物准备地方,货物捆扎与解捆,在车上用篷布盖好货物等。货物装卸工作是道路货物运输过程的一个重要组成部分(或环节)。货物只有完成了装车和卸车作业后,才能开始和结束其运送。装卸工作的质量关系货物在运输过程中的安全或完整性,装卸工作水平影响车辆载重能力或车厢容积是否得到充分利用,装卸工作的时间影响车辆的运送速度及货物的送达时间。

5. 货物装卸方法

汽车运输货物的装卸方法,主要分为人力、机械化和半机械化三类。

(1)人力装卸:是指装卸作业中的货物举升、搬移和安置等全部工序由人力完成。在操作过程中,虽然有一些简单工具,但都不能代替人力,只起改善劳动条件的作用。人力装卸需要大量的劳动力,且劳动强度大,装卸时间长,装卸成本比较高。

(2)机械化装卸:是指采用机器设备来完成货物装卸作业。工人只操作这些机器,就可完成货物的举升、搬移和安置。机械化装卸可改善工人的劳动条件,缩短装卸作业时间,提高装卸效率,降低运输成本,加快车辆周转,保证货物的完整性,提高运输质量,是实现装卸现代化的基本途径。

(3)半机械化装卸:是指在全部装卸作业中,主要作业借助于机器来完成,其余作业由人力来完成,是一种介于人力装卸和机械化装卸之间的一种方法。根据汽车货运的特点,装卸机械直接安装在运输车辆上,既能使货运车辆完成运输任务,也能随时完成装卸作业,在某些货物的运输中得到了应用。随车装卸机械主要有自卸车、随车起重机、液体和粉末罐槽车、机动绞盘及随车吊车等。这类随车装卸机械虽然增加了车辆自重、减少了载质,增加了燃料消耗等,但它所造成的损失,完全可以从运输效率的提高方面得到补偿,经济上是可行的。

6.道路车辆装载规定

为保证车辆、货物、道路安全,《中华人民共和国交通部汽车货物运输规则》等相关法规对车辆装载货物的重量、体积等做出的明确规定,称为车辆装载规定,其主要包括以下内容:

(1)装载重量:应以车辆核定吨位为限,严禁超载。但遇有整件货物不能分割,或一批货物剩余尾数,须超载运输,其超载重量不得超过核定吨位的5%。

(2)装载体积:载货宽度左右各不得超过车厢20分米;高度从地面算起,不得超过4m(双轴挂车不得超过3m);长度前后不得超过车身2m,超出部分在车辆行进过程中,其最大弹距不得触及地面。在特殊情况下,装运货物超过上述标准时,须报请公安和道路运政管理机关批准,并办理准运手续后方可按指定时间、线路运输。

(3)装车辅助材料:装载特种货物所需的隔垫、加固材料,如垫木、垫板、三角木、绞盘、铁丝、绳索等均由托运方供给,运达后随货物交收货单位。装载小件货物超出车厢栏板时,托运方应备有网罩,以防货物丢失。

7.货物装卸的基本要求

货物装卸应采用合理的操作方法,确保货物完整无损,尽量缩短作业时间,提高效率,降低成本,其基本要求是:

(1)承、托双方和装卸单位应密切配合,改善装卸条件,做到车辆随到随装随卸,执行各地规定的汽车装卸时间定额。

(2)装车作业过程中,应充分利用车辆吨位和容积,装载方法安全牢固,装卸重量均匀平衡,堆码整齐,标志向外,箭头向上,捆扎牢靠,严禁性质不相容的货物混装。

(3)装运活动物、污秽品、有毒物品等货物的车辆,应由驾驶员请收货单位负责对车辆进行相应的清洗和消毒处理;装载后的篷车和罐车,应由发货人施封。

(4)实行货物文明装卸,坚持"六个不准":不准乱扔乱摔货物;不准拿运输物资;不准敲诈勒索;不准刁难货主;不准乱收费用;不准在货场买货主的东西。

(5)装卸货物时,驾驶员应负责点件交接,并检查装载情况,对货物的重量、内容、件数等有异议时,承托双方均可提出查验和复磅,由此产生的费用或延误的时间,由差错的责任方负责。

8. 货物装卸工作组织

装卸工作组织,是指按照货物属性及数量,合理配置装卸设备和劳动力,以提高装卸效率,把车辆装卸停歇时间压缩到最低限度。由于货物装卸时间一般占车辆运输总时间的比重较大,因而提高装卸工作效率,压缩装卸时间,是提高车辆营运效率的重要因素。为压缩装卸时间,提高装卸效率,一般采取的组织措施有:

(1)加强车辆到达的预报工作。

(2)加强装卸工作的调度指挥,合理使用装卸机具和劳力。

(3)在短途运输的循环(或往返)线路上,可采用装卸工人既定点又随车的方式,以合理调派装卸劳力。

(4)对货物集中的装卸现场(如车站、码头、仓库等),派驻现场调度员,加强现场组织工作。

9. 运输货票

车辆装货后,填票员应根据货物运单及发货单位的发货清单或磅码单填制货票(为避免车辆行驶浪费,也可采用先起票后装货的办法)。运输货票是运输的主要凭证,是一种财务性质的票据,其格式由交通运输部统一制定,由各省、直辖市、自治区交通主管部门印制,加省级税务机关监制章,由各运输企业(户)请领使用。运输货票的内容与运单相似,一式四联:第一联(黑色)存根;第二联(红色)运杂费收据;第三联(浅)报单;第四联(绿色)收货回单,经收货单位盖章后交企业统计部门。运输货票在起票站是向托运人核收运杂费的收据和结算运杂费、缴纳税款的依据;在到达站是与收货人办理货物交付的凭证;在运输企业则是清结运杂费用、统计运输量、运输收入及有关货运指标的根据。

10. 行车路单

道路客、货统一行车路单,是道路运输的行车命令,是记录车辆运行的原始凭证,也是考核车辆运用情况和进行客货运输量行业统计的重要依据。货运行车路单分营业性和非营业性两种,格式由交通运输部制定,由各省、直辖市、自治区统一印刷,由各运输企业(户)请领使用。行车路单内容主要包括车辆牌照号、厂牌、主车与挂车吨位,货物名称、包装、件数,货物起运点、到达点,发车和到达时间,货物运量、行驶里程、燃润料消耗等。行车路单由运输企业(户)根据车辆运行需要计发张数,并进行登记,经调度人员按规定填写运行任务盖章后生效。行车路单随车辆运行,记录运输过程中加注燃润料情况。运输任务完成后,行车路单交统计部门,以进行汇总核算。需要说明的是,目前由于运输企业内部改革,推行单车承包、租赁等经营方式,企业放松了对车辆运行情况的考核,行车路单大多已被运单代替。

11. 货物到达交付

车辆自起运地装货后发车始,至目的地卸货点的运行过程,称为货物运送。在货物运送过程中,驾驶员应严格遵守交通规则,确保货物完好无损,避免交通事故,做到安全、优质、准时。到达交付,是指货物运抵卸货点与收货人办理货物交接手续的总称。这是承运人完成货运任务的最后环节。整车货物运抵指定的卸货点时,收货人应及时组织卸车,驾驶员在旁点件交接;卸车完毕后,收货人应在货票上签收。驾驶员须将货票及时交回企业,凭此办理结算手续。如收货时发现货损、货差,收货人不得拒收,应及时会同有关人员鉴定,做好现场记录,凭此处理。凡卸在货运站的货物,货运站应立即通知收货人提取。经多方联系,自货到之日起,超过三个月仍无人提取者,按无法交付货物的有关规定处理。

12. 货运事故

货运事故也称货运商务事故,是指在承运责任期内,因装卸、运送、保管、交付等所发生的货损、货差而造成经济损失的事故。承运责任期,是指承运人履行货物运输责任的时限,即承托双方自签订运单之时起至货物交付收货人签收之时止的时间间隔。货运商务事故通常按性质和原因进行分类,主要有火灾、被盗、丢失、破损、湿损、污染、腐坏及其他(错运、错交、误期等)。以上八类,通称货损、货差事故。货损即货物形态或质量发生变化;货差即货物数量发生短少,办理业务出现差错。货运商务事故还可以按经济损失的额度划分为重大事故、大事故和一般事故等若干等级。

货运事故处理是指货运事故发生后查明事故原因、分析事故责任等工作的总称,其主要内容包括:

(1)查找抢救。承托双方要积极采取补救措施,力争减少损失和防止损失继续扩大。

(2)做好事故记录。一般采用两种记录形式:一种是情节简单、责任明确、损失较小的事故,可直接在货物交接清单上注明情况及原因,经交接双方签章确认,凭此处理;另一种是情节复杂、损失较大、涉及面较广、须做现场检查和采取补救措施的事故,应填写"货运事故记录"作为分析事故责任、进行立案和处理的原始凭证。

(3)确认责任。货运事故责任通常分为承运方责任(也称内部责任)、托运方责任和肇事方责任(也称外部责任)。对事故责任划分有争议,应及时提请交通主管部门或合同管理机关调解处理。

(4)备案上报。货运事故一经确认,均要建立专门卡片和台账。货运事故实行月报制,按规定时限上报交通主管部门。

货运事故理赔是指货运事故查明原因,确定责任后,具体处理责任方向受损方赔偿经济损失的事项,其主要工作有:

①受损方向责任方提出赔偿要求(称为索赔),填写"事故赔偿要求书",并附规定的单据、记录和有关证明文件。

②核定赔偿金额,进行赔偿。货运事故赔偿费包括货物价格、运费和其他杂费,其计算方法按有关规定进行。承托双方之间要求赔偿的时效,从签注事故记录次日起,不超过180天,逾期无效。责任方应在收到事故赔偿要求书的次日起,60天内处理完毕。特殊情况经双方协商可适当延长。货运事故发生后,托运方不得以任何理由扣押车辆,承运人也不得扣留运输货物,擅自扣车扣货造成的损失,由违反者承担赔偿责任。

③货运事故赔偿处理后,应填写"货运事故赔偿报告书"上报备查。

(二)道路货物运输服务质量要求

1. 货物运输过程质量要求

出车前、行车中、停车后,均应注意车辆运行状况,对车辆进行安全检视,确保车辆技术状况良好。

运输过程中,严格遵守法律、法规和有关规定,按照安全操作规程操作,平稳驾驶,不超速行驶,遇转弯、路况较差的路面时,减速慢行,避免颠簸,以免造成货物损失。

2. 道路货物运输效率

运输效率与运输经营者的经济效益密切相关，运输经营者要提高运输效率，保证货物按约定时限到达目的地。车辆的运输效率具体体现为车辆的时间利用、技术速度利用、行程利用、载质量利用等几个方面。

3. 普通货物运输服务要求

普通货物运输形式主要有整车货物运输和零担货物运输两种。

（1）整车货物运输服务要求。

一次托运货物 3t 以上或不足 3t，但其性质、体积、形状需要一辆 3t 以上车辆运输的，适用于批量较大、品种繁杂的普通货物门对门运输，其生产方式简单、灵活、投入少、见效快，是道路货物运输中较为普通的一种直达运输方式，服务要求较低。

（2）零担货物运输服务要求。

托运人一次托运质量不足 3t 货物的运输称为零担货物运输，一般不予办理零担货物运输的货物有：国家明令规定的禁运、限运的货物。如危险货物、易破碎、易污染、易腐烂及鲜活物品等。

按件托运的零担货物，单位体积一般不小于 $0.01m^3$，不大于 $1.5m^3$，单件质量一般不超过 200kg，货物的长、宽、高分别不超过 3.5m、1.5m 和 1.3m。

4. 专用运输与大型物件运输服务要求

（1）集装箱运输服务要求。

集装箱运输是将需要运输的货物在出发地点就组成具有一定标准体积和质量的集装单元，保证货物在整个运输过程中不致损失，便于机械化装卸、搬运的一种货物运输形式。

集装箱运输节省货物包装，减少货损货差，便于机械化装卸，具有显著的技术经济效果。特别是门对门的运输更可以达到高速、高效、安全、优质、经济的目的。

（2）冷藏保鲜货物运输服务要求。

①鲜活货物运输。

鲜活货物是指在运输过程中，需采取保鲜活措施，并按要求在限定运输期限内运抵的货物，分为易腐货物和活动物两大类。鲜活货物运输需有人随车押运照料。如运输兽、畜、鱼、虾及鱼苗等活动物，需有人在运输途中添加饲料、上水、换水、注氧气等。鲜活货物可用敞式货车或符合改装技术要求的专用车、高栏板车等运输。

②冷冻货物运输。

冷冻货物一般都储存在冷库，运输途中需要保持低温。冷冻货物受自然条件不同和气候变化影响大，运输过程需要低温保鲜。冷冻货物运输可以满足不同区域的市场需求，其要用冷藏车进行长途运输。装载冷冻货物，要采取紧密堆码，不留空隙，以减少货物与外界的热量传递，保持冷冻效果。

③易腐货物运输。

易腐货物是指必须保持一定温度，以防止腐坏、变质的货物。新鲜货物季节性强，货流波动幅度大。不同类型的新鲜货物对温度要求不同：肉类产品的温度要低，蛋类、水果、蔬菜或鲜花等对温度要求高的货物，可采用加盖保温材料或使用冷藏车、保温车运输。

(3)罐式容器专用运输服务要求。

罐式容器专用车辆装载前,要检查有关设备是否齐全,运行是否正常。灌装时必须留有足够的膨胀余量,以便能经受在正常运输条件下产生的内部压力。灌装密度大的液体时,液体质量可能会超过该车型车辆规定的总质量限值。装卸被隔板分割成若干个小的独立罐体的罐车时,要特别注意质量的均匀分布,不要在车辆的前部或者后部罐体放置过重的货物。装载完毕后,及时关好阀门。

驾驶罐式容器专用车辆时,要控制车速、平稳制动、避免颠簸,缓慢通过弯道。

(4)道路大型物件运输服务要求。

承运人应根据大型物件的外形尺寸和车货质量,在起运前会同托运人勘察作业现场和运行路线,了解沿途道路线形和桥涵通过能力,并制定运输组织方案和应急措施。涉及其他部门的事先向有关部门申报并征得同意,方可起运。要随时勘察运行路线是否能通过。

运输大型物件,要按照有关部门核定的路线行车,对承运路线的道路进行充分的调查研究。

对于超高、长大、笨重货物,为确保安全通行,运输时需由托运人配备电工,携带应用材料、工具随车护送,必要时还需请有关部门协同在前引道开路,以便排除障碍,顺利通行和提示过往车辆注意。运输中要悬挂明显的标志,以引起其他车辆和行人的注意。标志要悬挂在货物超限的末端,白天行车时,悬挂标志旗;夜晚行车和停车休息时悬挂装设标志灯。

驾驶员要集中精力,谨慎驾驶,密切注意运行情况,利用灯光、喇叭、广播等配合运输。

五、大数据在物流运输中的应用

在道路运输竞争环境分析中,货源一直是困扰运输集团或驾驶员的主要因素,为了达到利益最大化,要对竞争对手进行全面分析,预测其行为和动向,从而了解在某个区域或是某个特殊时期,应该选择的合作伙伴。物流大数据能对物流企业、运输企业及驾驶员做出智能化的决策和建议,更好实现资源共享。在物流决策中,大数据技术应用涉及竞争环境分析、物流供给与需求匹配、物流资源优化与配置等。

(一)物流大数据的作用

1. 提高物流的智能化水平

在物流供给与需求匹配方面,需要分析特定时期、特定区域的物流供给与需求情况,从而进行合理的配送管理。在物流资源优化与配置方面,主要涉及运输资源、存储资源等。物流市场有很强的动态性和随机性,需要实时分析市场变化情况,从海量的数据中提取当前的物流需求信息,同时对已配置和将要配置的资源进行优化,从而实现对物流资源的合理利用。

2. 降低物流成本

由于交通运输、仓储设施、货物包装、流通加工和搬运等环节对信息的交互和共享要求比较高,因此可以利用大数据技术优化配送路线、合理选择物流中心地址、优化仓库储位,从而大大降低物流成本,提高物流效率。

3. 提高用户服务水平

随着网购人群的急剧膨胀,客户越来越重视物流服务的体验。通过对数据的挖掘和分析,以及合理地运用这些分析成果,物流企业可以为客户提供更好的服务,提供物流业务运作过程中商品配送的所有信息,进一步巩固和客户之间的关系,增加客户的信赖,培养客户的黏性,避免客户流失。

(二)物流大数据的应用

针对物流行业的特性,大数据应用主要体现在车货匹配、运输路线优化、库存预测、供应链协同管理等方面。

1. 车货匹配

通过对运力池进行大数据分析,公共运力的标准化和专业运力的个性化需求之间可以产生良好的匹配,同时,结合企业的信息系统进行全面整合与优化。通过对货主、驾驶员和任务的精准画像,可实现智能化定价、为驾驶员智能推荐任务和根据任务要求指派配送驾驶员等。

从客户方面来讲,大数据应用会根据任务要求,如车型、配送千米数、配送预计时长、附加服务等自动计算运力价格并匹配最符合要求的驾驶员,驾驶员接到任务后会按照客户的要求进行高质量的服务。在驾驶员方面,大数据应用可以根据驾驶员的个人情况、服务质量、空闲时间为其自动匹配合适的任务,并进行智能化定价。基于大数据实现车货高效匹配,不仅能减少空驶带来的损耗,还能减少污染。

2. 运输路线优化

通过运用大数据,物流运输效率将得到大幅提高,大数据为物流企业间搭建起沟通的桥梁,物流车辆行车路径也将被最短化、最优化定制。

3. 库存预测

互联网技术和商业模式的改变带来了从生产者直接到顾客的供应渠道的改变。这样的改变,从时间和空间两个维度为物流业创造新价值奠定了很好的基础。大数据技术可优化库存结构和降低库存存储成本。

运用大数据分析商品品类,系统会自动分解用来促销和用来引流的商品;同时,系统会自动根据以往的销售数据进行建模和分析,以此判断当前商品的安全库存,并及时给出预警,而不再是根据往年的销售情况来预测当前的库存状况。总之,使用大数据技术可以降低库存,从而提高资金利用率。

4. 供应链协同管理

随着供应链变得越来越复杂,使用大数据技术可以迅速高效地发挥数据的最大价值,集成企业所有的计划和决策业务,包括需求预测、库存计划、资源配置、设备管理、渠道优化、生产作业计划、物料需求与采购计划等,这将彻底变革企业市场边界、业务组合、商业模式和运作模式等。

良好的供应商关系是消灭供应商与制造商间不信任成本的关键。双方库存与需求信息的交互,将降低由缺货造成的生产损失。通过将资源数据、交易数据、供应商数据、质量数据等存储起来用于跟踪和分析供应链在执行过程中的效率、成本,能够控制产品质量;通过数学模型、优化和模拟技术综合平衡订单、产能、调度、库存和成本间的关系,找到优化解决方案,能够保证生产过程的有序与匀速,最终达到最佳的物料供应分解和生产订单的拆分。

第三节 道路危险货物运输

危险货物是货物的一种,指容易引起燃烧、爆炸、腐蚀、中毒或有放射性的物品,在运输、储存过程中容易造成人身伤亡和财产损失,必须采用特殊防护设施与措施的货物。

我国《危险货物运输规则》中,将危险货物分为爆炸品、氧化剂、压缩气体和液化气体、自燃物品、遇水燃烧物品、易燃液体、易燃固体、毒害品、腐蚀物品和放射性物品等10类。某些易燃货物,如棉、麻、煤粉等,在含量、浓度、件重等均小于规定的限额时,可作普通货物处理。

一、危险货物分类和特性

1.第一类:爆炸品

按照爆炸品的危险程度可细分为以下6个小类。

1.1类:具有整体爆炸危险的物质或物品,如起爆药、爆破雷管、黑火药、导弹等。

1.2类:具有抛射危险,但无整体爆炸危险的物质或物品,如无引信炮弹、照明弹、枪弹、火箭发动机等。

1.3类:具有燃烧危险和较小爆炸或较小抛射危险两者之一,或者两者兼有但无同时爆炸危险的物质或物品,如导火索、燃烧弹药、烟幕弹药、C型烟火等。

1.4类:无重大危险的物质或物品,如演习手榴弹、安全导火索、礼花弹、烟火、爆竹、手操信号装置等。

1.5类:具有整体爆炸危险但极不敏感的物质或物品,如E型或B型引爆器、铵油、铵沥蜡炸药等。

1.6类:不具有整体爆炸危险的极不敏感的物质或物品。

注1:1.1→1.5→1.2→1.3→1.6→1.4。

注2:《水路危规》中的分类为1.1~1.5类。

2.第二类:气体

(1)定义:在50℃时蒸汽压力大于300kPa或在20℃和101.3kPa的标准压力下完全呈气态,经压缩或降温加压后,储存于特殊容器中的物质。

(2)分类。

①按液化方式分类。

永久性气体:指在常温下加压不能液化的压缩气体。

液化气体:在常温下加压液化的气体。

可溶气体:经加压后溶解在溶剂中的气体。

深度冷冻的永久性气体:在低温下加压液化的气体。

②按性质分类。

2.1类:易燃气体;2.2类:非易燃、无毒气体;2.3类:有毒气体。

③按性质分类(《水路危险货物运输规则》)。

2.1类:易燃气体;2.2类:不燃气体;2.3类:有毒气体。

3. 第三类:易燃液体

(1)闪点 Fp:在试验条件下,易燃液体的蒸汽与空气的混合气体遇明火发生不连续闪火现象的最低温度。

(2)定义:闭杯闪点等于或低于61℃(开杯闪点65℃)时放出易燃蒸汽的液体、混合液体、含有溶解固体或悬浮物的溶液。

(3)分类。

3.1类:低闪点类液体(闭杯闪点<-18℃),如汽油、乙醚、丙酮、二硫化碳、稀释剂等。

3.2类:中闪点类液体(-18℃≤闭杯闪点<23℃),如石脑油、工业酒精、苯等。

3.3类:高闪点类液体(23℃≤闭杯闪点≤61℃),如松香水、印刷油墨、丁醇、松香油、酒精饮料(24%<酒精含量≤70%,且容器≥250L容积)等。

4. 第四类:易燃固体、易自燃物质、遇水放出易燃气体的物质

(1)燃点:在试验条件下,易燃固体的蒸汽与空气的混合气体遇明火能够持续燃烧5s以上时的最低温度。

(2)自燃点:在常温常压下,不需要外界点燃,即能自行释放出使其气体或者蒸汽燃烧所需的最低能量时的温度。

(3)分类。

4.1类:易燃固体,如赤磷、硫黄、萘、赛璐珞、浸湿的爆炸品(苦味酸、三硝基苯等)、铝粉、镁粉、干燥的棉麻、电影胶片等。

4.2类:易自燃物质,如活性炭、白磷(亦称黄磷)、铁屑、油浸棉麻制品、鱼粉(未经抗氧剂处理)、含油水量超过20%的种子饼。

4.3类:潮湿时放出易燃气体的物质,如碳化钙、磷化氢、锂、钠、钾等。

5. 第五类:氧化剂和有机过氧化物

5.1类:氧化剂,如高锰酸钾、过氧化钠、次氯酸钙、硝酸钠、氯酸钾、过氧化氢等。

5.2类:有机过氧化物,指含有二价过氧基结构的过氧化物,如过氧化苯酰、过氧化二丙酰基等。

6. 第六类:有毒物质和感染性物质

(1)分类。

6.1类:有毒物质。

6.2类:感染性物质(infectious substances)。

(2)6.1类衡量指标。

半数致死量 LD_{50};半数致死浓度 LC_{50}。

(3)影响6.1类毒性大小的因素。

可溶性高、挥发性高、颗粒度低、毒害性高。

(4)列入《危险货物运输规则》的标准。

固体口服 LD_{50}≤200(mg/kg)(500)

液体口服 LD_{50}≤500(mg/kg)(2000)

皮试 LD_{50}≤1000(mg/kg)

吸入 $LC_{50} \leqslant 10(mg/L)$

(5)6.2类:感染性物质。

指含有致病的微生物或其毒素,能引起人畜病态,甚至死亡的物质。主要包括含有感染性物质的生物制剂、医学标本等,但不包括以基因改变的微生物和生物体(第九类)。

7. 第七类:放射性物质

(1)衡量指标。

放射性活度:每秒钟内放射性物质发生的核衰变数或射出的相应的粒子数。

放射性比度(Bq/g):单位质量的放射性活度。

剂量当量(Sv):生物体受射线照射,每千克体重所吸收的相当能量。

剂量当量率(Sv/h):也称辐射水平,是指单位时间的剂量当量。人体最大允许剂量当量为 $0.005Sv/y$。

运输指数 TI。《危险货物运输规则》规定:全船 $\sum TIi \leqslant 200$;$\sum TIi \leqslant 50$。

(2)IMDG-code 标准:放射性物质的放射性比度 $>70Bq/g$。

(3)危害途径:外辐射(照附)和内辐射(照射)。

(4)防护方法。

外辐射:屏蔽、控制接近的时间和距离;

内辐射:防止放射源从消化道、呼吸道和皮肤进入体内。

8. 第八类:腐蚀品

分类如下。

(IMDG-code:第8类)

《水路危规》:

8.1类:酸性腐蚀品;

8.2类:碱性腐蚀品;

8.3类:其他腐蚀品。

9. 第九类:杂类危险货物

指在运输中具有危险性,但又未列入其他各类中的物质,如石棉、蓖麻籽、干冰、B型硝酸铵肥料、经抗氧化处理的鱼粉等;温度等于或超过100℃时交付运输的液体物质和温度等于或超过240℃时交付运输的固态物质;物质本身是/或含有一定量已列入《MARPOL73/78》附则Ⅲ的海洋污染物的物质,如锂电池等。

二、危险货物运输要求

危险品物流不同于一般物流,它是一项技术性和专业性很强的工作,主要特点集中表现为:品类繁多,性质各异;危险性大;运输管理方面的相关规章、规定多;仓储场地专储;专业性强。

依据《中华人民共和国道路运输条例》第八十条和《道路危险货物运输管理规定》第二条的规定,需要进行危险品运输的车辆,应向道路运输管理机构提出申请,取得道路运输许可。未取得道路危险货物运输许可,擅自从事道路危险货物运输的,道路运输管理机构应当依据《中华人民共和国道路运输条例》《道路危险货物运输管理规定》实施处罚。

危险货物运输要求车况要达到一级标准,并办理相关的危险品运输许可证。车辆要配备驾驶员(需要有危险品运输上岗证)、押运员(需要有危险品押运员证)。

1. 危险品运输车辆所需证件

(1)交通主管部门核发的道路运输证(须加盖道路危险货物运输专用章);

(2)公安车管部门核发的有效行驶证;

(3)质量技术监督部门核发的有效槽罐质量检测合格证;

(4)剧毒化学品公路运输通行证(运输剧毒化学品);

(5)按要求悬挂交通部门核发的危运标志灯、牌。

2. 危险品运输的从业人员所需证件

(1)驾驶员:公安部门核发的有效驾驶证;交通主管部门核发的营业性道路运输驾驶员(危险货物运输)从业资格证。

(2)押运员:交通主管部门核发的道路危险货物操作证(押运员证)。

3. 危险品运输车辆要求

(1)运输危险化学品的车辆不宜采用金属车厢,以防摩擦、震动等引起事故。如必须采用时,应落实可靠的防护措施。

(2)运输车辆的栏板应坚实、稳固、可靠,确保在转弯时不会使物品滑动或跌落。危险化学品的装载高度不得超过车辆栏板高度。车厢底板应平整、密实、无缝隙,不致造成液化危险化学品渗漏接触传动轴摩擦起火。

(3)运输车辆在盛夏装运危险化学品时,应有遮阳措施或其他防护措施,或限定夜间运输。运送遇湿易燃物品应备有油布等防雨设施。

(4)运输车辆应根据所装危险化学品的性质配置相应的灭火器材、防护急救用品,以供急用。通常可在驾驶室内或近旁悬挂1211、二氧化碳或干粉灭火器。这些灭火器材和防护急救用品应定期进行检查,发现渗漏、破损、变形或重量减轻、筒身摇动有声响等,应立即维修或更换,以确保其随时处于完好状态。

(5)运输车辆应在车头或明显部位悬挂由公安部门统一规定的带有"危险品"字样的专用黄底黑字信号旗,以明显醒目的标志引起其他车辆的注意。无关人员不得搭乘装有易燃易爆或剧毒化学物品的运输工具。

(6)采用槽车运送易燃液体时,槽车顶部应有阻火器和呼吸阀;底部有导除静电的装置;排气管应加防火(星)罩,并宜设在车头位置(易燃液体装卸操作一般在车尾部及侧部);储槽内应有若干金属板分隔,使罐体具有足够的刚度,使车辆行驶时液体不致剧烈晃动、摩擦而产生静电;车辆的电气点火系统应确保接触良好和完善,防止电气火花引起事故。

(7)采用槽车装卸液化石油气时,除槽车储罐检测、探伤、耐压试验符合有关要求外,罐体上应设有符合安全要求的安全阀、压力表、液位计、过流阀、紧急切断阀、防静电接地链、着火应急灭火器等防火安全设施,并定期检查,使之随时处于完好状态。

4. 危险货物运输车辆和人员所需证件

(1)危险品运输车辆所需证件。

①交通主管部门核发的道路运输证(须加盖道路危险货物运输专用章);

②公安车管部门核发的有效行驶证;

③质量技术监督部门核发的有效槽罐质量检测合格证；
④剧毒化学品公路运输通行证(运输剧毒化学品)；
⑤按要求悬挂交通部门核发的危运标志灯、牌。

(2)危险品运输的从业人员所需证件。
①驾驶员:公安部门核发的有效驾驶证；交通主管部门核发的营业性道路运输驾驶员(危险货物运输)从业资格证。
②押运员:交通主管部门核发的道路危险货物操作证(押运员证)。

《道路危险货物运输管理规定》(中华人民共和国交通运输部令2016年第36号)第八条规定,申请从事道路危险货物运输经营,应有符合下列要求的从业人员和安全管理人员:专用车辆的驾驶人员取得相应机动车驾驶证,年龄不超过60周岁；从事道路危险货物运输的驾驶人员、装卸管理人员、押运人员应当经所在地设区的市级人民政府交通运输主管部门考试合格,并取得相应的从业资格证；从事剧毒化学品、爆炸品道路运输的驾驶人员、装卸管理人员、押运人员,应当经考试合格,取得注明为"剧毒化学品运输"或者"爆炸品运输"类别的从业资格证。

三、危险货物运输包装

(一)危险货物运输包装要求

(1)包装材料的材质、规格和包装结构与所装危险货物的性质和重量相适应。包装容器与拟装物不得发生危险反应或削弱包装强度。

(2)充装液体危险货物,容器应留有正常运输过程中最高温度所需的足够膨胀余位。易燃液体容器应至少留有5%空隙。

(3)液体危险货物要做到液密封口；对可产生有害蒸汽及易潮解或遇酸雾能发生危险反应的应做到气密封口。对必须装有通气孔的容器,其设计和安装应能防止货物流出或进入杂质水分,排出的气体不致造成危险或污染。其他危险货物的包装应做到密封不漏。

(4)包装应坚固完好,能抗御运输、储存和装卸过程中的正常冲击、震动和挤压,并便于装卸和搬运。

(5)包装的衬垫物不得与拟装物发生反应,降低安全性,应能防止内装物移动和起到减震及吸收作用。

(6)包装表面应清洁,不得黏附所装物质和其他有害物质。

(二)危险货物运输包装分类

危险货物的包装(除1类:爆炸品、2类:压缩气体和液化气体、6.2类:自燃物品、7类:氧化剂和有机过氧化剂以外),按照货物的危险程度分为以下三类:

(1)Ⅰ类包装:货物具有大的危险性,包装强度要求高；

(2)Ⅱ类包装:货物具有中度危险性,包装强度要求较高；

(3)Ⅲ类包装:货物具有小的危险性,包装强度要求一般。

第四章
道路运输驾驶员职业心理与生理健康

 学习目标

掌握心理健康的基本知识,认识影响驾驶员安全行车的心理因素,认识和掌握驾驶员心理调节方法,了解驾驶员常见的职业疾病,树立健康意识,掌握职业疾病预防措施。

第一节 驾驶员心理健康与安全行车

案例

2018年11月22日,韩某驾驶其父的黑色奥迪轿车,在建昌县城区的街道上行驶,在行经红旗街道建昌县第二小学附近路段时,韩某将60余名师生作为驾车撞击的主要目标,在将多人撞倒、碾压之后,逃离现场,导致6人死亡,20人不同程度受伤。经法院审理查明,被告人韩某因人际交往、经济压力、夫妻矛盾等生活琐事产生狭隘心理,并因此预谋驾车撞人。

相比新手上路、酒后驾驶、超速行驶等耳熟能详的各类交通事故诱因,驾驶员心理健康问题是一个更为隐蔽的"隐形杀手",常被我们忽视。试想,我们客运车辆驾驶员、危化品车辆驾驶员如果有心理疾病,产生的危害将是不可估量的。

心理因素引发的交通事故逐渐增加,大量事故告诉我们一个道理:良好的心理状态有利于安全行车,不良的心理状态不利于安全行车;提高安全行车的质量不仅要关注驾驶技术,更要关注驾驶员心理健康状况。上海浦东公交公司2020年在驾驶员招聘环节增加了心理测评,并将心理健康作为入职条件的重要衡量标准之一,此举意味着上海浦东公交公司已经深刻认识到驾驶员心理状况对安全行车的重要性。除了浦东公交外,很多公交集团已经逐步将职工心理健康作为一项长期性工作纳入安全生产管理体系,并做出积极的尝试,通过心理测评、心理健康知识讲座、个别访谈、小范围座谈、团体心理辅导等形式维护职工心理健康。

一、心理健康概述

(一)心理健康的概念

世界卫生组织对健康的表述为:"健康应包括躯体健康、心理健康、社会适应良好和道德健康。"因此健康包括躯体健康、心理健康、社会适应良好、道德健康四个部分,四者缺一不可,其中心理健康是健康不可或缺的一部分,我们应加以重视。

不同的机构对心理健康的定义也不同,1946年第三届国际心理卫生大会将心理健康定义为:"在身体、智能以及情感上与他人的心理健康不相矛盾的范围内,将个人心境发展成最佳的状态。"1948年世界卫生组织又将心理健康定义为:"人们在学习、生活和工作中的一种安宁平静的稳定状态。"《简明不列颠百科全书》中将心理健康定义为:"个体心理在本身及环境条件许可的范围内所能达到的最佳功能状态,但不是指十全十美的绝对状态。"

(二)心理健康的标准

世界卫生组织对许多国家的调查研究证明,在全世界的人口中,有1/3左右的人有这样或那样的心理问题,人们对自己的心理健康状况往往难以评估,而心理健康标准无疑为人们提供了评估的参照。掌握相应的评估标准,并以此作为参照,进行心理健康自我诊断,当发现自我心理状况与评估标准之间有差异时,便可以针对性地自我调节。

目前,无论是国外学者还是国内学者都对心理健康的标准做了表述,下面列举部分有关心理健康的标准。

1. 马斯洛提出的心理健康的10条标准

(1)具有充分的安全感;

(2)对自己有足够的了解,适当地评价自己的能力;

(3)生活的目标切合实际;

(4)与周围的事物环境保持良好的接触;

(5)能够保持人格的完整与和谐;

(6)具有从经验中学习的能力;

(7)能够保持良好的人际关系;

(8)适度地表达和控制自己的情绪;

(9)在社会规范的范围内,恰当地满足个人的基本需要;

(10)在集体要求的前提下,较好地发挥自己的个性。

2. 我国心理学家林崇德提出的心理健康的10条标准

(1)了解自我:对自己有充分的认识和了解,并能恰当地评价自己的能力。

(2)信任自我:对自己有充分的信任感,能够克服困难,面对挫折,并能正确地评价自己的失败。

(3)悦纳自我:能够接纳认同自己的外形特征、人格、智力、能力等。

(4)控制自我:能适当地表达和控制自己的情绪和行为。

(5)调节自我:对自己不切实际的行为目标、心理不平衡状态、与环境的不适应性,能做出及时的反馈、修正、选择、变革和调整。

(6)完善自我:能不断地完善自己,保持人格的完整与和谐。

(7)发展自我:具备从经验中学习的能力,充分发展自己的智力,能根据自身的特点,在集体允许的前提下,发展自己的人格。

(8)调适自我:对环境有充分的安全感,能与环境保持良好的接触,理解他人,悦纳他人,能保持良好的人际关系。

(9) 设计自我：有自己的生活理想,理想与目标能切合实际。

(10) 满足自我：在社会规范的范围内,适度地满足个人的基本需求。

(三) 驾驶员心理健康的标准

心理健康的标准有很多,但对于职业驾驶员来说以下几点是最主要的：

(1) 能适度地表达与控制自己的情绪。生活的琐事、行车中的突发因素加剧了驾驶员心理负担,突发状况的处理是对驾驶员的一大考验,这就要求驾驶员能够适当地表达与控制自己的情绪,尽管会有愤怒、悲伤、挫败感等,但不会持续太久。

(2) 具有良好的人际交往能力。尊重理解他人,学习他人长处,友善、宽容地与人相处。

(3) 具有良好的学习能力。现阶段对驾驶员的要求越来越高,这就需要驾驶员具备一定的学习能力,随环境的变化不断提升自己。

(4) 能够保持人格的完整与和谐。人格完善就是指一个人的知、情、意、行都是协调一致的,具有正确的自我意识,不产生自我同一性混乱,以积极进取的人生观为人格的核心,并有效支配自己的行为,人格的各个结构要素都不存在明显缺陷与偏差。

二、影响驾驶员安全行车的心理因素

(一) 驾驶员的气质

1. 气质的概念

气质是个人心理活动中比较稳定的动力特征,表现为心理活动的速度(如语言速度、思维速度)、强度(如情绪体验的强度、意志努力的程度)、稳定性(如注意力集中时间的长短)和指向性(如内向或外向)等方面的特点和差异。

人的气质是先天形成的,受到神经系统活动的制约,具有极大的稳定性。具有某种气质类型的人,在不同的情境中展现出相同性质的动力特点。例如,有的学员在学车过程中话少、动作迟缓,与朋友聚会时不善于夸夸其谈,在令人激动的事情上也沉得住气,这种安静的特点会在学习、生活、工作等各种场合表现出来。

不同气质类型的驾驶员在心理活动及行为上表现出不同的特点,有的驾驶员行车过程中遭到其他车辆插队或者行人闯红灯等刺激就会暴跳如雷,容易激动,甚至有过激行为。有的驾驶员任你怎么挑衅,他也一声不吭,不卑不亢。

气质的稳定性并不代表气质是完全不变的,气质也具有一定的可塑性。在生活环境、后天教育、生活阅历等因素的作用下,气质也会发生改变。例如,有的驾驶员本身情绪易激动,但通过后天的训练,能够较好地克制自己的情绪。气质无好坏之分,任何一种气质都有积极和消极的一面。对驾驶员来说,能够了解自己的气质类型,更好地克服不利之处,发挥有利于驾驶的因素,对保证安全行车将起到重要作用。

2. 气质的类型

(1) 胆汁质。

这种气质类型的人被称为"热情而急躁的人",给人的第一感受是脾气急躁,情绪变化快,精力旺盛(代表人物:张飞)。胆汁质的人直率热情,情绪兴奋性高,情绪体验强烈,精力旺盛,动作敏捷,反应迅速,但心境易变,脾气急躁,容易冲动,易激动。这种气质的人,有深远的志向,情绪多变并有一定的周期性,容易产生激情,在工作中毛手毛脚,缺乏条理性,做事高度兴奋,充满激情但又容易疲惫。

驾驶车辆时的具体表现:胆汁质的驾驶员操作干脆有力,处理紧急情况果断、反应迅速敏捷,但往往攻击性强,易出现超速行车、开斗气车、强行超车等不安全行为。行车途中易被其他交通参与者的不文明行为所激怒,情感容易冲动而不能自制,挑衅性较强。而且通常会因为一些小事,开斗气车,甚至相互排挤,在通过路口时,横冲直撞,显得不管不顾,以较高的车速通过路口,危险系数比较大。情绪高涨时,能以极大的热情投入工作,并有克服行驶途中遇到的各种困难的决心,但容易过度相信自己的驾驶能力,忽略对交通规则的遵守。

自我调节:要注意培养自己的自制能力,尤其是对情绪的控制能力,克服急躁冲动、争道强行的弱点。胆汁质的驾驶员在长距离的驾驶过程中很难保持良好的工作效率,因此要尽量减少长时间长距离驾车;对胆汁质驾驶员的缺点错误,不要当面直接批评,不要用"激将"法。

(2)多血质。

这种气质类型的人被称为"活泼而好动的人",给人的第一感受是热情,善于交际,容易相处(代表人物:王熙凤)。多血质的人活泼好动,反应迅速,外向,好交际,机智灵活,适应能力强,但注意力容易转移,兴趣和情感易变换,办事重兴趣,不愿意做耐心细致的工作。这种气质的人精力充沛,说话时总是伴随着各种各样的手势,富有同情心,特别容易相处。

驾驶车辆时的具体表现:多血质的驾驶员对道路交通条件适应快,操作动作敏捷,应变能力强,处理情况准确,行车中能坚持礼让,并乐于帮助其他驾驶员解决困难,但容易被新颖的刺激所吸引,注意力容易分散。车辆驾驶的平顺性随着情绪的变化而变化,车速时快时慢。喜欢丰富的刺激,在复杂的道路交通环境下,胆大心细,表现良好;而在单调的道路交通环境下,情绪不够稳定,而且在高速公路上长距离行驶时,容易打瞌睡。

自我调节:通过练习书法提高情绪的稳定性,要培养有始有终、专心细致等品质,克服见异思迁、凭兴趣干工作的习惯,提高注意的稳定性,改变不负责任的工作态度,锻炼和培养自己坚定顽强的意志品质。

(3)黏液质。

这种气质类型的人被称为"沉着而稳定的人",给人的第一感受是不会生气,忠实,做事可靠(代表人物:沙僧)。黏液质的人安静稳重,沉默寡言,情绪不易外露,善于克制、忍让,工作严肃认真,埋头苦干,不易空谈、分心,耐久力强,有较强的坚持性,但反应不够灵活,因循守旧。这种气质的人行动迟缓,性情平和,做事有始有终,沉着镇定。

驾驶车辆时的具体表现:黏液质的驾驶员操作动作稳定自如,行车中不急躁,不开快车,车速稳定,不易受外界的干扰,能够自觉地遵守交通规则,很少出现交通违章。在遇到紧急情况时,能够有效地控制自己的紧张状态,但由于性子慢,在遇到紧急情况时,应变能力差,决策和反应过程比较慢,常因优柔寡断而错失时机。这类驾驶员发生交通事故的主要原因是自信心不足,遇紧急情况犹豫。

自我调节:要克服反应缓慢、思维迟钝的弱点,提高反应能力和操作的灵活性。加强决策方面的训练,提高应对紧急情况的能力,防止失去有利的驾驶时机。黏液质的驾驶员适宜在不复杂的道路交通环境下长途驾驶,不适宜在复杂的道路交通环境下短途驾驶。

(4)抑郁质。

这种气质类型的人被称为"情感深厚而沉默的人",给人的第一感受是冷淡,平静,缺乏主动性(代表人物:林黛玉)。抑郁质的人安静,易相处,人缘好,办事稳妥可靠,但积极性低,内向,容易疲劳,胆怯,优柔寡断,容易伤感,情感脆弱不易外露。无论内心的感受多么强烈,他们的外表总是平静的。

驾驶车辆时的具体表现:抑郁质的驾驶员操作动作符合操作要求,能自觉遵守交通规则,车速较为稳定,不易开快车、开斗气车,行车中主动礼让。在处理紧急情况时对交通情况观察得不够全面,易出现顾此失彼的现象,优柔寡断,处理紧急情况时往往不知所措,面临危险情形极度恐惧。行车中,情绪虽然稳定,但某种观念产生后,不易改变,一旦超车、会车、让车不顺心而产生固执情绪时,便会强行付诸行动,危险系数比较大。

自我调节:抑郁质的驾驶员应加强自我调节,可以多做一些自我放松训练,多寻找一些释放压力的渠道,适当的时候多寻求他人的帮助,而不是将所有问题放在心里;工作中多与同事交流,生活中尝试着培养兴趣爱好,树立健康、积极的心态。

小知识

我是什么气质类型?

一、问卷要求

气质类型问卷一共有60个问题,请你根据自身的真实情况回答,确定自己的气质类型。选项没有对错之分,回答时请不要推敲答案的正确性;整个问卷在10分钟内完成;每一题都必须回答,不能空题;很符合自己情况的,记2分;较符合自己情况的,记1分;介于符合与不符合之间的(有点符合,又有点不符合),记0分;不符合自己情况的,记-1分;完全不符合的,记-2分。

1. 做事力求稳妥,不做无把握的事。 (　　)分
2. 遇到可气的事就怒不可遏,把心里话全说出来才痛快。 (　　)分
3. 宁肯一个人干事,也不愿很多人在一起。 (　　)分
4. 到一个新环境很快就能适应。 (　　)分
5. 厌恶那些强烈的刺激,如尖叫、噪声、危险镜头等。 (　　)分
6. 和人争吵时,总是先发制人,喜欢挑衅。 (　　)分
7. 喜欢安静的环境。 (　　)分
8. 善于和人交往。 (　　)分
9. 羡慕那种善于克制自己感情的人。 (　　)分

10. 生活有规律，很少违反作息制度。　　　　　　　　　　　（　　）分
11. 在多数情况下情绪是乐观的。　　　　　　　　　　　　　（　　）分
12. 碰到陌生人觉得很拘束。　　　　　　　　　　　　　　　（　　）分
13. 遇到令人气愤的事，能很好地自我克制。　　　　　　　　（　　）分
14. 做事总是有旺盛的精力。　　　　　　　　　　　　　　　（　　）分
15. 遇到问题常常举棋不定，优柔寡断。　　　　　　　　　　（　　）分
16. 在人群中从不觉得过分拘束。　　　　　　　　　　　　　（　　）分
17. 情绪高昂时，觉得干什么都有趣；情绪低落时，又觉得什么都没有意思。
　　　　　　　　　　　　　　　　　　　　　　　　　　　（　　）分
18. 当注意力集中于某一事物时，别的事很难使我分心。　　　（　　）分
19. 理解问题总比别人快。　　　　　　　　　　　　　　　　（　　）分
20. 碰到危险情景，常有一种极度恐惧感。　　　　　　　　　（　　）分
21. 对学习、工作、事业怀有很高的热情。　　　　　　　　　（　　）分
22. 能够长时间做枯燥、单调的工作。　　　　　　　　　　　（　　）分
23. 符合兴趣的事情，干起来劲头十足，否则就不想干。　　　（　　）分
24. 一点事情就能引起情绪波动。　　　　　　　　　　　　　（　　）分
25. 讨厌做那种需要耐心、细致的工作。　　　　　　　　　　（　　）分
26. 与人交往不卑不亢。　　　　　　　　　　　　　　　　　（　　）分
27. 喜欢参加热烈的活动。　　　　　　　　　　　　　　　　（　　）分
28. 爱看感情细腻，描写人物内心活动的文学作品。　　　　　（　　）分
29. 工作学习时间长了，常感到厌倦。　　　　　　　　　　　（　　）分
30. 不喜欢长时间谈论一个问题，愿意实际动手干。　　　　　（　　）分
31. 宁愿侃侃而谈，不愿窃窃私语。　　　　　　　　　　　　（　　）分
32. 别人说我总是闷闷不乐。　　　　　　　　　　　　　　　（　　）分
33. 理解问题总是比别人慢些。　　　　　　　　　　　　　　（　　）分
34. 疲倦时只要短暂的休息就又精神抖擞，重新投入工作。　　（　　）分
35. 心里有话宁愿自己想，不愿说出来。　　　　　　　　　　（　　）分
36. 认准一个目标就希望尽快实现，不达目的，誓不罢休。　　（　　）分
37. 学习、工作同样长的时间，常比别人更疲倦。　　　　　　（　　）分
38. 做事有些莽撞，常常不考虑后果。　　　　　　　　　　　（　　）分
39. 老师或师傅讲授新知识、新技术时，总希望他讲慢些，多重复几遍。
　　　　　　　　　　　　　　　　　　　　　　　　　　　（　　）分
40. 能够很快地忘记那些不愉快的事情。　　　　　　　　　　（　　）分
41. 做作业或完成一件工作总比别人花的时间多。　　　　　　（　　）分
42. 喜欢运动量大的剧烈体育活动，或参加各种文艺活动。　　（　　）分

43. 不能很快地把注意力从一件事转移到另一件事上去。（　　）分
44. 接受一个任务后，就希望把它迅速解决。（　　）分
45. 认为墨守成规比冒风险强些。（　　）分
46. 能够同时注意几件事物。（　　）分
47. 当我烦闷的时候，别人很难使我高兴起来。（　　）分
48. 爱看情节起伏跌宕、激动人心的小说。（　　）分
49. 对工作抱认真严肃、始终如一的态度。（　　）分
50. 和周围的人总是相处不好。（　　）分
51. 喜欢复习学过的知识，重复做已经掌握的工作。（　　）分
52. 希望做变化大、花样多的工作。（　　）分
53. 小时候会背的诗歌，我似乎比别人记得清楚。（　　）分
54. 别人说我"出语伤人"，可我并不觉得是这样。（　　）分
55. 在体育活动中，常因反应慢而落后。（　　）分
56. 反应敏捷，头脑机智。（　　）分
57. 喜欢有条理而不甚麻烦的工作。（　　）分
58. 兴奋的事常使我失眠。（　　）分
59. 老师讲新概念，常常听不懂，但弄懂以后就很难忘记。（　　）分
60. 假如工作枯燥无味，马上就会情绪低落。（　　）分

二、评分与解释

															得分合计
胆汁质	2	6	9	14	17	21	27	31	36	38	42	48	50	54	58	
多血质	4	8	11	16	19	23	25	29	34	40	44	46	52	56	60	
黏液质	1	7	10	13	18	22	26	30	33	39	43	45	49	55	57	
抑郁质	3	5	12	15	20	24	28	32	35	37	41	47	51	53	59	

如某栏得分超出20分，并明显高于其他3栏，则为该栏所指的典型气质。例如，某人A栏得分为25分，即为典型的胆汁质类型，其余类推。

如某栏得分在10~20分，并高于其他3栏，则为该栏所指的一般型气质，如一般胆汁质类型，其余类推。

如果出现2栏得分接近（小于等于3分），并明显高于其他2栏（大于4分），则为混合型气质，如胆汁质—多血质混合型等。

如果某一栏得分很低，其余3栏得分接近，则为3种气质的混合型，如胆汁

质—多血质—黏液质混合型等。

如4栏分数皆不高且相近（小于3分），则为4种气质的混合型。

多数人的气质是一般型气质或2种气质的混合型，典型气质和3种、4种气质混合型的人较少。

(二) 驾驶员的性格

1. 性格的概念

一个人对人、对事的态度,在类似情景中不断出现而巩固下来的态度,与之相应的行为方式不断重复而形成习惯,这种对现实的稳固态度和习惯化的行为方式所表现出的心理特征就是性格,如刚毅果断、胆小懦弱、粗暴蛮横。不同性格的驾驶员处理问题的方式和效果不同,对安全行车的态度和行为方式也不同。

2. 性格类型及行为特征

从心理活动倾向性上划分,性格可分为内向型和外向型。

(1) 内向型

内向型是指心理活动过程经常指向自己的内心世界的个性。内向型的驾驶员不善于交际,内在体验深刻而不外露,情绪的自我控制能力强,自信心不强。这种性格的驾驶员的优点是自我控制能力较强,遵守交通规则,不易违章;缺点是应变能力差,尤其是临危缺乏自信、不够果断,驾驶行为被动,紧急避险失误率较高。

(2) 外向型

外向型是指心理活动过程常指向外在事物的个性。外向型的驾驶员善于社交、言辞,办事容易马虎大意,喜欢刺激和冒风险,胆大而心不细。这种性格的驾驶员的优点是自信心强,临危反应及应变能力强,驾驶动作敏捷协调;缺点是容易超速行车,占线行驶,跟车距离过近。

3. 容易引发交通事故的不良性格

(1) 得过且过。表现为平时不虚心好学,不勤学苦练功夫,驾驶水平欠佳,专搞歪门邪道走关系路,将他人生命当儿戏。

(2) 狂妄自大。往往情绪不稳定,变化大,油腔滑调,多以自我为中心,在驾驶车辆时易出现强行超车或争道强行等危险动作。

(3) 粗心马虎。往往车辆检查不细致,处理情况粗心大意,顾前不顾后,驾驶水平提升缓慢。

(4) 粗鲁急躁。易受情绪左右,好冲动,自我控制差,喜欢冒险,盲目开快车,跟车过近等。

(5) 安全意识淡薄。驾驶车辆时态度不端正,容易无视交通规则,将他人生命当儿戏,表现为闯红灯、肇事逃逸、随意变更车道等。

(6) 性情过于软弱。遇事犹豫不决,畏畏缩缩,判断能力差。

4. 驾驶员应具备的性格品质

驾驶员是安全行车的"舵手",其素质直接影响安全行车的质量,对模范驾驶员的分析表明,优秀驾驶员身上有着太多的共同点,作为一名优秀的驾驶员应具备以下性格品质:

(1)热爱祖国,热爱人民,富有爱心,乐于帮助他人。
(2)情绪稳定,自制力强,不冲动,不急躁,行车中胆大心细,处理情况沉着冷静。
(3)法制观念强,遵章守法,行车中安全礼让,遵守社会公德。
(4)自律性高,上进心强,加强学习,与时俱进。
(5)把乘客的生命财产安全铭记在心,有高度的责任感。
(6)对车辆勤检查、勤维护、勤调整,保持机件完好、性能可靠,不开病车。

三、驾驶员的心理情绪

1. 情绪的概念

情绪是人对客观事物是否符合自己的需要而产生的态度和体验,是影响个体心理活动的重要因素。驾车过程中驾驶员不同的情绪表现会对安全行车产生不同的影响,常见的情绪表现有愤怒、焦虑。

2. 情绪对安全行车的影响

驾驶员的情绪受到道路交通环境、其他交通参与者和生活、工作、情感等诸多因素影响,产生积极、平和、消极三种不同的情绪状态。在不同的情绪状态下,驾驶员的表现大不相同,也对安全行车产生不同影响。

在积极的情绪状态下,驾驶员易产生高兴、兴奋、欣喜、激动等情绪表现,在驾车过程中驾驶员往往容易忘乎所以、过度自信,出现超速行车、随意变换车道、压线行驶、强行超车等危险驾驶行为。在消极的情绪状态下,驾驶员易产生悲观、沮丧、愤怒等情绪表现,在驾车过程中驾驶员容易出现赌气、报复心理,进而出现恶意别车、连续鸣笛、会车故意开远光灯等攻击性驾驶行为。驾驶员只有处在一种平和的情绪状态下,才有利于行车安全。情绪对安全行车的影响如图4-1所示。

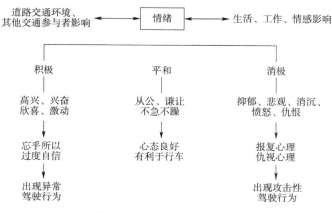

图4-1 情绪对安全行车的影响

案例

情绪失控结果车也失控了

2019年1月7日上午10时许,长虹大桥上发生了惊险的一幕:一辆由襄城开往樊城方向的黑色越野车突然冲向对向车道,与一辆正常行驶的白色轿车相撞。事故导致两车严重受损,两车均有人员受伤但并无大碍。

白色轿车驾驶员刘先生说,事发时黑色越野车突然越过双黄线,冲着他的轿车驶来。还没等他反应过来,两车就已经重重地撞在一起。事故发生后,越野车的女驾驶员情绪很激动,下车后竟爬上桥边栏杆,现场人员及时劝阻,把她拦了下来。

黑色越野车上的男乘客介绍,自己是驾车女子的前夫,当天前妻的亲人去世,她便向自己借车使用。事发前,他坐在副驾上,见前妻情绪有些不稳定,就劝她靠边停车,自己来驾驶。没想到,前妻不但不领情,反而激动起来,驾车驶上了长虹大桥,两人开始不断争吵。当行至桥中间时,前妻由于情绪过于激动导致车辆失控,引发了事故。

3. 应激能力与安全行车

应激是指驾驶员在面对意外、紧急情况时所产生的情绪状态。它往往是由于突然发生的或十分紧急的事件刺激驾驶员必须迅速、立刻、马上做出决策,以应对紧急或危险的情况。不同的驾驶员在应对突发情况时表现各不相同。

驾驶员在行车途中遇到紧急情况,往往心跳剧烈、动作僵硬、意识不清、思维混乱,产生应激反应,在处理紧急情况时动作易变形,易出现转向过度、忘记紧急制动等不当行为。应激能力对安全行车的影响如图4-2所示。

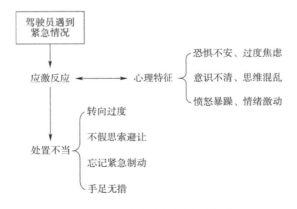

图4-2 应激能力对安全行车的影响

4. 驾驶员的不良心理情绪

心理专家认为,人的心理因素对交通事故的影响主要表现在情绪上,不良的心理情绪,不利于安全行车。不良心理情绪对安全驾驶的影响见表4-1。

不良心理情绪对安全驾驶的影响　　　　　　　　　　　　表4-1

不良心理情绪	诱因	对安全驾驶的影响
麻痹大意	道路宽敞、视线良好或夜间行车,车稀人少; 由复杂道路进入平坦路面; 车况良好,操作得心应手; 运输任务快要结束,掉以轻心	注意力分散、超速行驶、偏离车道,面对突发状况来不及做出反应
侥幸心理	偶然因素而免去了灾祸,产生侥幸心理; 绿灯快要结束,抢着通过; 对自己的经验判断过度自信	驾驶员容易出现酒驾、超载、超速等不安全行为,面对突发状况来不及做出反应
急躁、愤怒	运输任务重、运输时间紧; 与乘客或其他道路交通参与者发生矛盾; 道路交通参与者的违法或不道德不安全行为,如强行超车、车辆连续鸣笛、遭遇别车、行人闯红灯、电动车随意乱窜等; 跟车时,前方车辆车速慢而影响自己车辆行驶; 弯道会车时,对方越过中心实线,夜间远光灯会车,影响到自己的视线; 超车时,对方减速但是不让路,或者让路但是不减速,导致较长时间内超车不成功	辱骂他人,甚至出现强行超车或连续鸣喇叭等攻击性驾驶行为;开斗车气、不避让,导致对方驾驶员紧急制动、紧急躲避
兴奋与沮丧	受到上级领导表扬或批评; 家庭有喜事或遭遇重大变故; 违反交通规则或发生事故被处罚	开车容易走神,注意力不集中,易偏离车道
赌气报复	其他车辆的挑衅、恶意别车; 与他人发生重大矛盾难以释怀; 对公司、社会不满	开斗气车、危险驾驶、冲撞他人
紧张恐惧	发生过重大交通事故; 陌生路段路况不熟悉,尤其是夜间走盘山公路; 领导过于强调安全行车,行车中莫名紧张; 看见惨不忍睹的交通事故现场	动作僵硬、易操作失误
心理疲倦	劳动强度大、工作时间长; 责任心不强; 与单位发生矛盾,无法释怀	警觉性降低、行动迟缓、易操作失误

案例

心存侥幸必有不幸

2020年5月25日,陈某驾驶重型半挂牵引车牵引赣D×××7挂号牌重型普通半挂车,从兴宁市宁新街道办事处洋里村方向沿人民大道往兴宁市城区方向行驶,行至兴宁市人民大道欧尚超市有交通信号灯控制的十字形交叉路口遇红灯亮时,闯红灯与李某驾驶的电动自行车发生碰撞,造成李某受伤送医院抢救无效死亡及车辆损坏的交通事故。

路口的信号灯都是读秒设计,是为了给通行的车辆起到科学提示的作用,而不是释放抢道信号。

四、驾驶员的注意力

(一)注意的概念

注意是心理活动对某一特定事物的指向和集中,表现为驾驶员在驾驶过程中有意识地对道路交通信息进行有选择的指向和集中。

(二)注意的类型

注意可分为无意注意和有意注意两种。

1. 无意注意

无意注意是驾驶员没有任何意图,没有预定目的,也不需要主观努力而产生的注意,主要是由事物的外部特征所引起。可以通俗地理解为对某事物没打算注意它,但它却吸引了我们,迫使我们不得不去注意它。

例如,驾驶员在行车中遇到路边正在进行的商品促销会,无意中瞟了两眼,回过头来时,前车已经停止行驶,驾驶员紧急制动,由于距离过近还是发生了追尾事故。在行车途中,车外环境不断变化,各种新颖的、强烈的刺激很多,如果不能恰到好处地控制自己的无意注意,成为无意注意的奴隶,那是非常危险的。

2. 有意注意

有意注意是驾驶员有预定目的,并需要付出意志努力而产生和保持的注意。可以通俗地理解为某事物本来并不吸引我们,但它是安全行车所必须的条件,与我们有密切关系,我们就只能去注意它。

例如,通过拥挤的街道时,驾驶员需集中注意力,观察交通信号灯,留意其他车辆与行人的动态;转弯时注意观察车辆周围的情况等。即使身体疲倦,还是得强迫自己去注意,所以需要付出意志努力。

"安全行车几十年,出事就在一瞬间。"车辆运行速度很高,车外环境时刻都在变化,稍不注意,就会忽略某些重要情况导致事故的发生,驾驶员要掌握这种心理现象的规律,集中注意力,保证行车安全。

(三)引起注意力分散的因素

注意力分散是许多交通事故发生的主要原因,国外某项研究表明在驾驶过程中,驾驶员大约花费15.3%的时间与乘客聊天,当驾驶员与乘客交流时驾驶员听觉注意偏离到所听到的事情上去,易忽视其他的交通信息,驾驶室里的"请勿与司机谈话",其意就在于此。引起注意力分散的因素见表4-2。

引起注意力分散的因素　　　　　　　　　　　　　　　　　　　　　　表 4-2

引起注意力分散的因素	表现	导致的危险驾驶行为
不良驾驶习惯	行车途中使用手机； 利用车载麦克风讲话； 行车过程中吸烟	车辆偏离自己的行车道，影响其他车辆行驶；误操作、紧急制动，车辆在道路上画"龙"；对紧急情况来不及做出反应
生理状况	睡眠不足、身体不舒服、药物影响	
运输任务	运输工作程序烦琐； 运输任务重、劳动量大	
兴趣趋向	喜欢观察事故现场、感兴趣的建筑物、景观、道路上的行人等	

第二节　道路运输驾驶员常见心理问题与调适方法

案例

2016 年 5 月 13 日 19 时许，山东省青州市云门山路发生一起公交车撞击轿车事件。当时该路段车流量很大，一辆黄色公交车数次撞击其前方的白色小轿车，轿车驾驶员跳车逃跑，没想到公交车又调转方向，朝着轿车驾驶员逃跑的方向撞去，轿车驾驶员躲避不及，腿部被压在了公交车下，发出惨烈叫声。目击者称事情的起因是由于白色轿车在行驶过程中别了公交车，车上驾驶员还言语威胁公交车驾驶员，随后公交车驾驶员开始猛撞白色轿车。

由于特殊的工作性质，驾驶员压力大已经是一种行业内的常态，疲劳驾驶、吃饭不规律、运费低迷、行车时间长、不被理解、车贷、孩子学费、生活费……身体和精神上双重的压力，样样都压得人喘不过气！行车过程中的任何一件小事，都可能成为压倒骆驼的最后一根稻草。

一、驾驶员常见的心理问题

(一) 心理疲劳

心理疲劳是指由于工作中紧迫程度很大或者工作单调而产生的疲劳，当然这并不代表只有这一种分类，不同的学者对疲劳的定义与分类是不同的。

引起驾驶员产生心理疲劳的因素有很多，如长时间的紧张不安、受挫产生的厌烦等负面情绪、对工作不感兴趣、不满意等。引起驾驶员产生心理疲劳的原因常见的有以下四种情况：一是驾驶员对自身驾驶技术过分自信而产生的麻痹心理；二是驾驶员自身从未发生交通事故的侥幸心理；三是对驾驶工作单调、机械、重复产生的倦怠心理；四是现实生活中的心理困扰产生的压抑心理。

当驾驶员发生心理疲劳时，警觉水平降低，体现在对外界环境刺激不敏感，不能迅速捕捉外界信息，反应迟钝，灵活性降低，不能有效区分信息的有效性，常忽略有关信息，反而被无关信息干扰，导致出错率增加，对工作的自控能力明显下降。心理疲劳会损害人体中枢神经系统的功能，中枢神经系统在用脑过度后产生疲劳，引起交感神经活动变强；相反，迷走神经活动变弱，引起收缩压、舒张压、平均动脉压升高。心理疲劳关联认知效能会使个人感知觉迟钝，思绪缓慢，记忆力下降，集中能力降低，注意水平弱化。从情绪角度看，心理疲劳者易发怒现象明显，研究表明，认知的改变是心理疲劳造成事故的主要原因。心理疲劳让知觉活动路径受到抑制，害怕行动出错而一味降低速度，或者为了保持行动速度，而增加失误，也就是说无法同时保证行动的速度和准确性，并对行动失误置之不理，监控和调节能力显著下降。

(二) 焦虑

驾驶员长期面对运输过程中的不确定因素而形成的防御机制，处于高警觉状态，交感神经功能亢进，常表现为感到枯燥、紧张不安、心悸头晕等。危险无论是真实的还是难以预测的，都会以各种形式表现出来，如果个体难以应付，就会陷入长期的无助和焦虑。焦虑通常情况下，主观表现为感觉到紧张、不愉快，甚至痛苦以至于难以自制；严重时会伴有植物性神经系统的变化和失调。有研究表明，驾驶员的焦虑与人格类型、人格障碍因素有关。驾驶过程中的焦虑情绪会消极影响驾驶员对道路信息的识别，例如，使其注意范围狭窄，反应能力受限，增加驾驶的潜在危险性。

(三) 抑郁

驾驶员在遭受心理挫折之后，如家庭变故、工作待遇不公平、工作分配不合理，而产生干什么都没有意思的郁闷感觉，常表现为长时间的情绪低落、无精打采、疲乏无力、悲观厌世、意志力和行动力减弱，有时甚至伴随自我伤害及自杀行为。在现实生活中，研究人员通过发放问卷，以自我报告的形式，考察驾驶员出行前的情绪、驾驶中出现的想法及驾驶时的交通环境等因素与事故率的关系，发现抑郁情绪对交通安全有消极影响。

(四) 愤怒

愤怒是指当愿望不能实现或为达到目的的行动得不到满意的结果，引起的一种紧张而不愉快的情绪。有研究表明，攻击性强的驾驶员比其他驾驶员更有可能存在各种心理问题，比如狂躁症、酒精依赖、药物依赖、反社会和边缘性人格障碍等。男性驾驶员在驾驶过程中产生愤怒的概率要高于女性驾驶员，随着年龄的增加，驾驶员平均愤怒等级逐级降低。

在愤怒状态下驾驶员操作车辆部件的频率比正常情况下更高；换道频次相对于平时也相应增加；操作车辆的猛烈程度要比平时更强；愤怒状态下更倾向于近距离跟车行驶。除此以外，愤怒时驾驶员还可能出现攻击性驾驶行为，通过直接攻击、替代性攻击等方式表达愤怒。驾驶员在愤怒状态下最容易分心，行为更加冲动，易导致操作失误。

案例

驾驶员善意提醒却遭来破口大骂

2009年10月3日上午,李某驾驶一辆404路公交车,从沙坪坝开往杨家坪。当公交车开到陈家坪车站时,一位30多岁的女性乘客,带着一只宠物狗准备上车。

"请不要带狗上公交车……"驾驶员李某向那位女乘客善意地提醒道。"我也没有对她说不准上车,只是提醒一下她。"李某告诉记者,那位女乘客上车坐下后,就开始破口大骂,"骂得难听得很,那些话我从来都说不出口"。

"刚开始,我还以为是其他乘客在打电话吵,后来才听清楚是在骂我。"李某委屈地说。那位乘客在骂她的时候,她也没有理会,"下车前,她又跑到驾驶室来指着骂我,我只跟她说了句:'按规定是不能带宠物上公交车的。'"

二、驾驶员心理调适方法

(一)身心放松法

1. 音乐法

有大量的研究表明,有目的有选择地进行音乐活动,如听音乐、演奏乐器、身体律动、演唱等,可以有效地降低血压、呼吸频率,同时对焦虑、烦躁等情绪能起到很好的缓解作用。因此可以选择性地聆听一些缓解忧郁、舒缓压力的音乐。同时,唱歌也可以为自己提供一个自由表达情绪的通道,特别是放声高歌,可以带走紧张、烦躁的情绪。歌的旋律、词的激励,唱歌时有节律的呼吸和运动,都能缓解紧张情绪。治疗疲劳和失眠的音乐见表4-3。

推荐音乐　　　　　　　　　　　　　　　　　　　　　　表4-3

治疗疲劳的音乐	治疗失眠的音乐
《假日的海滩》	《平湖秋月》
《锦上添花》	《二泉映月》
《水上音乐》	《春思》
《矫健的步伐》	门德尔松的《仲夏夜之梦》
《十五的月亮》	莫扎特的《催眠曲》
德彪西的《大海》	德布西的《钢琴前奏曲》

2. 运动法

首先,运动可以缓解心理压力。科学研究发现,内啡肽被称为"快乐激素",它能让人感到欢愉和满足,可以帮助人排解压力和不快。当运动达到一定量时,内啡肽的分泌就会增多,在内腓肽的激发下,人的身心处于轻松愉悦的状态中。其次,运动能增强自信心。当人们在参加体育活动时,能增强对身体的控制感,通过不断战胜自我,超越自我,生理机能和身体素质得到增强,运动技能技巧得以提高。当取得这些成绩后,人就会产生积极的自我体验和情感体验,产生愉快振奋和幸福感。最后,运动可以培养积极心态。运动让大脑聚焦,通过参加体育锻炼,可以发现自己比较喜欢的运动项目,在参与该项运动时,自己会很积极投入其中,并与同伴默契配合,与对手斗智斗勇。在这一过程中心理上得到满足,增强了自信心和自豪感,养成一种乐观的心态,当遇到突如其来的情况时,也会抱有一种勇于克服的心态。

3. 放松训练

一个人的心情反应包含情绪与躯体两部分。通过改变躯体的反应,情绪也会相应发生变化。躯体的反应分为两部分,受自主神经系统控制的内脏内分泌系统的反应,不能随意操纵和改变,受随意神经系统控制的随意肌肉反应,则能通过自己的意念进行调节和改变。也就是说,放松训练就是放松全身可控制的肌肉,使人的精神放松下来,建立轻松的精神状态。

放松训练前可根据喜好选择放松指导语,可以从网上下载放松训练的音频或视频资料,也可以利用录音设备将指导语录下来后播放。进行放松训练时,要保持心情轻松,选择整洁、安静、光线柔和的室内进行,选择舒服的姿势,可以躺着也可以坐着,取掉眼镜、手表、腰带、领带等容易妨碍身体充分放松的物品,按照指导语进行自由联想。

指导语范例:现在请你躺好,轻轻地闭上眼睛,随着这优美的音乐,让心情慢慢平复,让你的身体慢慢地全面放松下来……放松……现在你已经完全放松了,你内心平静自然,心无杂念。此时此刻,你的心灵慢慢升起,离开你的躯体,来到一片风景优美的草地上。这是一个初夏的午后,你迎着轻轻的微风,缓缓地走在一望无际的草地上,草地上点缀的星星点点的小花随着轻风微微地点着头。你来到不远处的小湖边,湖心一片连绵的荷叶浮在清澈的水面上,含苞待放的荷花婀娜地立在其间,偶有几只蜻蜓点水飞过,湖面便荡起圈圈涟漪。此时,你看着眼前的美景感觉身心豁然开朗,有一种非常舒适的感觉在你的身体里蔓延开来。你席地而坐,慢慢地躺在柔软的草地上,你闭上眼睛,享受着美妙的时刻。你深深地吸了一口气,略带花草香味,清新的空气一直渗入你的心里,渗入你身上的每一个细胞,你整个身心都慢慢地、慢慢地融入美丽的大自然之中。暖暖的阳光温柔地照在你的身上,微风轻轻地拂过你的脸庞,此时你的一切烦恼、忧愁、恐惧、沮丧,在这阳光的照射和微风的吹拂下都一去不复返了,你感到自己的身心非常放松,非常安逸,非常舒适。湛蓝的天空中飘着几朵白云,如棉絮般轻盈,你感觉你坐在了一片白云上,随着它慢慢漂移,你感到绵软而踏实、自由自在、无拘无束,你的内心充满了宁静祥和,一种舒适平安的感觉慢慢地聚集到你的心里,你感觉到自己的身心非常安逸,非常放松,非常舒适,非常平安,请你慢慢体验这种放松后愉悦的感觉……现在,你的心灵随着白云渐渐地漂移到你的躯体,慢慢地与你的躯体合二为一,你觉得浑身充满了力量,心情特别愉快,你的头脑开始渐渐地清醒,思维越来越敏捷,反应也更加灵活,眼睛也非常有神气,你特别想下来走走,散散步,听听音乐。准备好了吗?好,请你慢慢地睁开眼睛,你觉得头脑清醒,思维敏捷,浑身充满了力量,你想马上起来出去散散步。

(二)合理宣泄法

合理宣泄法指通过他人引导,或者个体主动通过击打、踢踹等方式将心中的积郁、痛苦或者不良情绪宣泄出来,以减轻或消除心理压力,避免引起精神崩溃。倾诉宣泄时,向信得过的家人述说事件及内心感受,会使心理上轻松起来。情感爆发宣泄时,选择一个安静的地方,最好是空旷的原野或无人的山顶,通过痛哭或喊叫爆发出压抑的情绪,比如受到冤屈而极度压抑时,可以高喊:"你们为什么冤枉我!""你们为什么欺负我!""你们不能这样对待我!""我痛恨你们!"通过这种情感爆发宣泄,可以达到平定情绪的目的。很多地方建立了宣泄室,提供各种各样的宣泄设施,借助宣泄设施进行行为宣泄。现实生活中宣泄的方法很多,人与人因个体差异和所处环境、条件不同,采用宣泄的方式也不同,从小小的一声叹气,到大声痛哭、呐喊、K歌、借物宣泄等都可以起到宣泄作用。

> **小知识**
>
> **宣泄室大受欢迎 2年打破4个橡皮人**
>
> 公交行业员工的情绪直接关系行车安全,关系千千万万家庭的幸福。员工压力难以缓解怎么办? 只有找到合适的释放渠道,才能让员工健康积极地面对工作和生活。据了解,2009年以来,深圳巴士集团如今已建成了1个情感护理中心、4个情感互动站、67个情感互动室及由200名情感护理师组成的情感互动服务队。"情感互动站"如今已经成为员工缓解情绪、休闲娱乐的加油站。
>
> 在西丽车队情感互动站里,最受欢迎的宣泄方式就是唱歌、打橡皮人以及上网。"每当我心情不好的时候,我就会进来唱歌,使劲唱,麦克风都唱坏了2个。"刘师傅说。
>
> "每天有几十人次进宣泄室打橡皮人,来缓解心中的压力,橡皮人2年就换了4个,很大程度上缓解了驾驶员的压力,对提高安全行车质量具有积极的意义。"负责人说。

(三)自我调节法

1. 转移注意力

转移注意力是指个体对某个对象的情感、欲望或态度,因某种原因无法向其对象直接表现,而把它转移到一个比较安全,能为大家所接受的对象上,以减轻自己的焦虑。

2. 培养情绪的稳定性

首先要做的就是自我反思,在驾驶行为开始前、结束后,经常性地检查审视自己的情绪,今天的情绪是否稳定? 遇事时是否还是难以控制住暴脾气? 今天的行为是否得当? 明确哪些事件、行为易引发自己的不当反应,并有意识地控制自我。

3. 控制情绪的步骤

第一步:我现在有什么情绪?

平时我们认为出现负面情绪都是不好的,因此常常压抑情绪而忽略了真实感受,因而,情绪管理的第一步就是要觉察我们的情绪。情绪没有好坏之分,只要是我们真实的感受,我们就要正视并接受它,只有当我们认清了自己的情绪,才有利于控制情绪,而不被情绪左右。

第二步:我为什么会产生这种情绪?

我为什么生气? 我为什么难过? 我为什么会觉得无助? 我为什么……找出原因,我们才能知道这样的反应是否正常,找出引发情绪的原因,我们才能对症下药。

第三步:如何有效处理情绪?

想想看,可以用什么方法来疏解自己的情绪呢?平常当你心情不好的时候,你会怎样处理?什么方法对你是比较有效的呢?也许可以通过深呼吸、肌肉松弛法、静坐冥想、运动、到郊外走走、听音乐等来让心情平静,也许会以大哭一场、找人聊聊、涂鸦、用笔抒情等方式,来宣泄情绪或者换个乐观的想法来改变心情。

(四)目标寻觅法

1. 语言暗示

语言暗示,是在适当的场合,用语言的方式告诉自己:我是一个有自信的人;好的事情会发生在我的头上;我相信我自己;我有能力应对不愉快;加油!我可以的。自己给自己加油打气提高自信心。比如,考前焦虑是准驾驶员在参加驾驶技能考试时常会遇到的问题,通常困扰着很多考生,严重影响其考前休息。这个时候就可以采取暗示法:"考前紧张是正常的,考前谁不紧张?别人没准儿比我更紧张呢","我练了这么久明天肯定能考过的";同样地,当遇到一时难以摆脱的糟糕事件时告诉自己这不是最坏的结果,比起其他人,自己现在的状态不是最差的,以缓解当前的焦虑。

2. 扩宽兴趣

每天,许多人按部就班两点一线,没有业余爱好,时间长了不少人对自己单调的生活感到厌倦,觉得没意思,但又不知道如何摆脱。而兴趣便是调节生活的妙招,维持良好心态的重要条件。从事自己喜欢的活动,常能给人带来极大满足感和成就感。每天的闲暇之余,可以通过下棋、打球、跑步等方式丰富自己的业余生活。兴趣爱好会给枯燥乏味、平淡无奇的生活带来更多的积极体验,既调节生活节奏,丰富生活内容,又可以愉悦身心。

第三节 驾驶员生理健康与安全行车

案例

泸西"最美司机"朱小陆

2013年5月14日上午11时35分左右,泸西县客车驾驶员朱小陆驾驶中巴车正在行驶时,突发心脏病。危急之时,他把汽车安全停靠在路边后安静离世。他的生命定格在44岁,车上18名乘客无一人受伤。

事发前,朱小陆驾驶中巴车由泸西客运站出发驶往金马镇。车刚驶离县城2km左右,他就突发心脏病。危急时刻,他打开车上的警示灯,将汽车缓缓地停在公路边,慢慢趴在转向盘上。汽车停下几分钟后,有乘客感到有些异常,就走上前去轻拍俯在转向盘上的朱小陆,这才发现这位驾驶员已经没有任何反应了。之后在路过的驾驶员的帮助下,大家一边拨打120急救电话,一边致电汽车站请求援助。朱小陆随后被送往泸西县人民医院,经抢救无效于当日14时5分永远地离开了人间。

近年来,驾驶员在行车过程中突发疾病的事件并不少见,疾病是安全驾驶的敌人,驾驶员的生理健康关系着道路乘客运输和货物运输的安全和效率。随着驾龄、年龄的增加,身体不适的症状会不断出现,原有的症状会不断加重。国外的一项研究表明,职业驾驶员中肠胃疾病、心血管疾病和肌肉骨骼系统疾病的发病率均较其他职业高。职业驾驶员是公共服务行业中重要的群体,工作质量好坏不仅影响交通的顺畅与否,还关系着人们的生命财产安全。因此,驾驶员有必要了解影响身体健康的因素,掌握预防健康受损的相关知识,保持健康和精力充沛,才能确保安全、高效地完成运输任务,享受工作带来的快乐。

一、影响驾驶员生理状况的主要因素

由于特殊的工作性质,驾驶员在驾驶过程中往往长时间保持固定的工作姿势,精神长时间高度集中、紧张,车辆产生的噪声、震动等,会对驾驶员的生理产生影响。加上一些不良的习惯,如缺乏运动、身体过度疲劳、饮食不规律、睡眠不足、熬夜、憋尿等,长时间处在这样的状态下,驾驶员的健康状况会产生下降趋势。

二、驾驶员常见职业疾病预防措施

(一)胃病预防措施

定时、合理饮食。驾驶员在行车途中应合理安排饮食,长途运输时须常备些新鲜水果、糕点和饮用水,做到间隔 4~5h 用餐一次,定时定量,坚持"衡、软、缓、淡"的饮食习惯。驾驶员的能量和体力消耗较大,因此,在饮食上应以高蛋白、适量脂肪、多维生素、多纤维类食物为主,多吃水果蔬菜类食品,行车途中要多饮白开水或淡茶水。

(二)肩周炎预防措施

(1)做徒手体操。做肩关节 3 个轴向活动,用健肢带动患肢进行练习。

(2)做器械体操。利用体操棒、哑铃、肩关节综合练习器等进行锻炼;做器械体操要注意:应在无痛范围内活动,因为疼痛可反射性地引起或加重肌肉痉挛,从而影响功能恢复。每次活动以不引起疼痛加重为宜;反之则提示活动过度或出现了新的损伤,要随时调整运动量。

(3)做下垂摆动练习。躯体前屈,使肩关节周围肌腱放松,然后做内外、前后绕臂摆动练习,幅度可逐渐加大,直至手指发胀或麻木为止,记录摆动时间。然后直腰稍作休息放松,再做持重(1~2kg)下垂摆动,以不产生疼痛或不诱发肌肉痉挛为宜。也可以将患肩垂于床外,然后做放松摆动或提重物摆动练习。

(三)腰痛预防措施

(1)尽量减少震动。应避免旧车"超期服役",及时更换陈旧、磨损的零部件,对汽车定期维修和保养。

(2)持续驾车期间多一些间歇性休息。一次驾车时间不宜过长,否则身心疲惫,既影响行车安全,又会危害健康。在驾车过程中,一般每隔2h停车休息一次,这样可以帮助肌肉消除疲劳并起到复原作用,从而减少震动带来的危害。

(3)保持正确的驾车姿势。起步前,驾驶员先根据自己的身高、体形调整好座椅的位置,确保腰椎受力适度。驾车时双眼平视,座椅的靠背向后微倾,坐垫略向前翘起。臀部置于坐垫和靠背的夹角中,以在操作时不向前移为宜。必要时可调整后视镜角度;操纵转向盘时手臂应稍微弯曲;若将转向盘看成一个时钟面,左手应握在9点至10点之间,右手则握在2点至3点之间。

(四)心血管疾病预防措施

1. 自我血压管理

定期自我监测血压,关注血压变化,血压正常者至少每年测量1次血压,高危人群应经常测量血压,并接受医务人员的健康指导。控制超重或肥胖、高盐饮食、吸烟、长期饮酒、长期精神紧张、体力活动不足等高血压危险因素。建议血压为正常高值者(120~139mmHg/80~89mmHg)及早注意控制以上危险因素。

2. 注重合理膳食

注意食盐的摄入,每日食盐摄入量不超过5g,并戒酒,减少摄入富含油脂和高糖的食物,限量食用烹调油。

3. 酌情量力运动

运动形式根据个人健康状况和体质确定,不主张晨练,每周进行三次以上有氧运动,如健走、慢跑、游泳、太极拳等运动,活动量一般应达到中等强度。

4. 关注并定期进行血脂检测

40岁以下血脂正常人群,每2~5年检测1次血脂;40岁及以上人群至少每年检测1次血脂;心脑血管疾病高危人群每6个月检测1次血脂。

(五)颈椎痛预防措施

利用空闲时间做颈椎保健操,分别为"左顾右盼""左倾右斜""前屈后伸""颈部环绕""回头望月"(图4-3)。

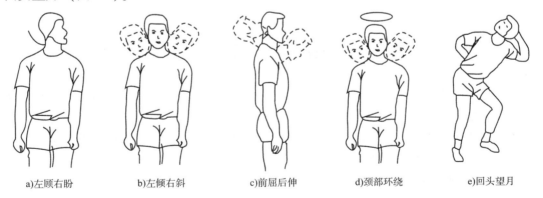

a)左顾右盼　　b)左倾右斜　　c)前屈后伸　　d)颈部环绕　　e)回头望月

图4-3　颈椎痛预防措施

(1)左顾右盼:慢慢将头部向右转,然后返回中间位置,再慢慢向左转,重复10次。

(2)左倾右斜:慢慢将头侧向右方,再将头慢慢回复中间位置,然后将头侧向左方,重复10次。

(3)前屈后伸:慢慢将头向前弯,然后慢慢回复中间位置,重复10次。

（4）颈部环绕：双脚距离与肩膀同宽，双手叉腰或自然下垂，保持头颈部位放松，缓慢地转动头部，幅度越大越好，然后顺时针方向与逆时针方向交替转动头部，重复 8 次即可；在做该动作时，注意身体不要随着头部运动。

（5）回头望月：半蹲位，左手放在头后，右手背在腰部，头向后上方旋转，如回头望月状，停顿 5s。换手换方向左右侧各重复 5 次。

做操时要注意，如果感觉不适，应马上停止，强度不要太大，以免拉伤颈部肌肉，加重病情。

（六）泌尿系统疾病预防措施

避免过度劳累；避免长时间坐在车内不动，停车待客时应走出汽车活动一下，适当地放松肌肉，不但可以消除疲劳，而且有利于会阴部血液循环，可以减少前列腺炎发生；避免经常憋尿，应熟悉主要交通路线附近厕所的分布，以便应急；养成良好的饮食习惯，忌辛辣食物和嗜酒。

第五章
道路运输危险源辨识及不安全驾驶行为的规避

 学习目标

掌握道路运输行车危险源辨识的基本知识,正确辨识道路运输过程中的危险源,掌握不安全驾驶的危害,学习不安全驾驶行为的防范知识及纠正方法。

第一节 危险源概述

案例

2018年10月28日10时08分,重庆市万州区冉某驾驶渝F27085号大型普通客车由江南新区往北滨路行驶,当行驶至长江二桥桥上时,与邝某驾驶的由城区往江南新区行驶的渝FNC776号红色小型轿车相撞,造成渝F27085号大型普通客车失控冲破护栏坠入长江,13人遇难,2人失联;渝FNC776号小型轿车受损、驾驶人受伤的重大交通事故。据了解,发生事故的长江二桥道路全宽20m,双向四车道,设有道路中心实线。事故原因系乘客与驾驶员发生激烈争执互殴导致车辆失控。

一场无谓的纷争,断送了十几人的性命。教训之惨重,却不得不叩问,乘客与驾驶员争吵或互殴这种危害车辆行驶安全的行为何以一再出现?如何识别并控制好这不定因素的"危险源"值得我们深思。

驾驶过程中,不能正确地识别危险源,就是最大的危险源,本章节从人、车、路、环境四个要素分别阐述危险源辨识及不安全驾驶行为。

一、危险源的概念

1. 危险源的定义

危险源是指一个系统中具有潜在能量和物质释放危险的、可造成人员伤害、在一定触发因素的作用下可转化为事故的部位、区域、场所、空间、岗位、设备及其位置。它的实质是具有潜在危险的源点或部位,是爆发事故的源头,是能量、危险物质集中的核心。危险源存在于确定的系统中,不同的系统范围,危险源的区域也不同。例如,从全国范围来说,对于危险行业(如石油、化工等)具体的一个企业(如炼油厂)就是一个危险源。而对一个企业系统来说,可能某个车间、仓库就是危险源,对一个车间系统来说,可能某台设备就是危险源。因此,分析危险源应按系统的不同层次来进行。一般来说,危险源可能存在事故隐患,也可能不存在事故隐患,对于存在事故隐患的危险源一定要及时加以整改,否则随时都可能导致事故发生。

2. 危险源构成三要素

(1) 潜在危险性

危险源的潜在危险性是指一旦触发事故,可能带来的危害程度或损失大小,或者说危险源可能释放的能量强度或危险物质量的大小。例如,加油站存储着大量的汽油具有潜在危险性。

(2) 存在条件

危险源的存在条件是指危险源所处的物理、化学状态和约束条件状态。例如,物质的压力、温度、化学稳定性,盛装压力容器的坚固性,周围环境障碍物等情况。如汽油有容易挥发的特性,会由液态转变为气态,并布满整个加油站。

(3) 触发因素

触发因素虽然不属于危险源的固有属性,但它是危险源转化为事故的外因,而且不同类型的危险源都有相应的敏感触发因素。如易燃、易爆物质,热能是其敏感触发因素;又如压力容器,压力升高是其敏感触发因素。因此,一定的危险源总是与相应的触发因素相关联。在触发因素的作用下,危险源转化为危险状态,继而转化为事故。例如,有人在加油站内吸烟,就会达到油料触发事故的条件,从而引发事故。

二、引发事故的四个基本要素

1. 人的不安全行为

人的不安全行为包括:操作错误,忽视安全,忽视警告;人为造成安全装置失效;使用不安全设备;用手代替工具操作;物体存放不当;冒险进入危险区;攀坐不安全位置;机器运转时进行加油、修理、检查、清扫等工作;注意力不集中;忽视使用安全防护装置;不安全装束等。

2. 环境的不安全条件

环境的不安全条件包括:过于杂乱的工作环境;生产现场未设置安全标识;被堵塞的安全通道;随意丢放于地面的杂物、垃圾;地面的油污及浆料;上下人无安全通道;各种现场无安全保障措施;照明不良;场地狭小等。

3. 物的不安全状态

物的不安全状态包括:机械设备失修;机械设备设施带"病"运行;劳动工具配备不全;原材料、辅助材料等混放;不安全的设备、工具;不完整或失效的安全装置;不符合安全使用的物品;吊挂、加固、安装、焊接不牢固;使用淘汰和禁止使用的设备装置和物品;存在安全隐患的设施设备继续使用和运行等。

4. 管理缺陷

管理缺陷包括:安全教育不到位;没有实行培训和持证上岗;现场管理措施缺失;工作中经常出现违章违纪现象;安全管理制度不完善;没有安全标志或标识不清;缺少安全技术操作规程;缺少各种设备设施的防护装置;安全跟踪管理不到位;没有应急救援措施和解决安全隐患问题的预案;领导者和管理者渎职或违章指挥等。

三、危险源的分类

危险源可以分为两类：

第一类危险源指客观存在的能量、能量载体或危险物质，是导致事故发生的主体，包括汽车运行时所具有的动能，运送的易燃易爆危险物品，泥石流、地震等极端的自然灾害等。

第二类危险源主要包括人的不安全行为，如驾驶员违法驾驶或操作不当等；车辆的不安全状态，如转向失控、制动失效等；车辆运行环境的不安全因素，如前方视线受阻、急转弯、路面湿滑等。

事故的发生必然有危险源的存在，且是两类危险源共同作用的结果。因此，要预防事故的发生，关键是能够识别存在的危险源，并能够分析各种危险源的特性，采取相应的措施预防事故发生。

案例

图 5-1　事故现场

一辆重型半挂牵引车在高速公路收费站制动失灵，与多车相撞，导致 15 人死亡、44 人受伤、31 辆车不同程度受损。据肇事驾驶员供述，事发前他驾车在高速上途经了一段长达 17km 的下坡路段，将要行至出口时，发现制动完全失灵，最终导致了这起惨剧的发生（图 5-1）。

案例评析：高速行驶的汽车具有很大的动能，一旦失控，破坏力惊人。

第二节　人的不安全因素

一、驾驶员性格、心理缺陷

驾驶员的性格、心理缺陷主要表现为：易激动、急躁、懒惰、侥幸心理、自负、自卑、马虎大意等。这些因素容易使驾驶员出现危险的驾驶行为，酿成事故。驾驶员的许多违规驾驶、操作错误、注意力分散等不安全行为都与其本身的个性缺陷相关。因此，驾驶员弥补个性缺陷、克服缺点，对于安全行车至关重要。

二、驾驶员生理异常

驾驶员生理异常主要表现为疾病、药物不良反应、疲劳、饮酒后不适等，因驾驶员生理异常引发的交通事故时有发生。

三、驾驶员违法驾驶

驾驶员违法驾驶是指驾驶员违反《道路交通安全法》等相关法律法规规定,选择有潜在风险的驾驶行为,主要表现为一般性违规和攻击性、报复性违规。

案例

2012年4月22日上午9时左右,驾驶员王某吸食毒品后驾驶一辆大型普通客车(核载39人,实载33人),由上海市驶往江苏省常熟市,行至省道常合高速公路常熟市境内1km+180m处,车辆突然向左偏驶,穿越中央隔离护栏后向右侧翻,车身前顶部与对方车道正常行驶的中型厢式货车车头相撞,造成14人死亡、20人受伤(图5-2)。

图5-2 事故现场

讨论:上述案例的危险源是什么?属于哪种危险源?

根源危险源:行驶的汽车具有一定的动能。

状态危险源:驾驶员吸食毒品后驾驶车辆,致使自身操控车辆的能力下降,最终导致车辆失控。

四、驾驶员操作错误

驾驶员操作错误主要包括危险性错误和无危害性错误。危险性错误是指容易直接造成交通事故的行为;无危害性错误是指在当前一般不会直接导致交通事故的行为。

五、驾驶员注意力分散

在行车过程中,驾驶员不断观察和处理外界信息,集中注意力非常重要。行驶速度为

90km/h 的车辆 1s 可以驶出 25m。因此，即使是几秒的注意力分散也非常容易引发交通事故。

驾驶员注意力分散的诱发原因分为主观原因和客观原因。主观原因注意力分散是由驾驶员自身不安全驾驶行为引起的；客观原因注意力分散是由外界事物和环境因素引起的。

> **案例**
>
> 2019 年 7 月 25 日 9 时 30 分许，驾驶员孟某驾驶小型轿车在某交叉路口右转弯时，车辆右侧前部与同向行驶的徐某驾驶的二轮摩托车左后部相撞，致徐某受伤，两车损坏。徐某经抢救无效于 2019 年 7 月 29 日死亡。交警部门做出责任认定，认为孟某在驾驶机动车过程中接听电话，疏于观察，右转弯时未让直行车辆先行，负事故主要责任；徐某驾驶机动车在非机动车道内行驶，负事故次要责任。

六、其他交通参与者的不安全行为

在道路运输过程中，其他交通参与者的不安全行为是引发事故的重要危险源，驾驶员稍有疏忽便可能导致严重的交通事故。

(1) 违反交通规则。例如行人、自行车突然横穿公路，或者不按交通信号灯指示通行，逆向行驶，违规占用机动车道行驶等。

(2) 老年人行动迟缓，行走时不注意观察路况，遇到危险情况来不及躲避；儿童自我行为控制力较差，道路安全意识不强，经常在道路上嬉戏打闹或闯入道路；还有的行人打伞遮挡了视线，未顾及周围车辆而引发事故。

(3) 专注于其他事物。比如行人边走边交谈，打电话或听音乐，无视车辆靠近，或者路面施工人员专注于施工，清洁工专注于清扫路面而未注意车辆临近等。

> **小知识**
>
> **驾驶员"十忌"**
>
> 一忌粗心大意，开车麻痹，二忌称王霸道，争先抢行。
> 三忌不服指挥，乱闯红灯，四忌强行超车，只顾自己。
> 五忌夜间行车，不闭远光，六忌车况不好，害人害己。
> 七忌乱停乱放，阻碍交通，八忌溅泥扬尘，侵害行人。
> 九忌超装滥载，拼耗车力，十忌遇障不停，侥幸绕行。

七、错觉危险源

由于受生理、心理、年龄、身体条件及行车环境等诸多因素的影响，驾驶员在行车中往往会产生各种各样的错觉，导致错误操作而造成险情。因此，驾驶员要经常性了解、认识这些错觉的特性，并在行车中加以预防，才能保证行车安全。

1. 距离错觉

驾驶员有时会对来车的车长、会车间距、跟车距离产生错觉，使会车的距离不足，或跟车的距离过近而导致事故的发生。常见的有：同样距离，白天看起来近，而在夜间较昏暗时感觉远；前面是大车时感觉距离近，是小车时感觉距离远。

2. 速度错觉

行车过程中驾驶员大多是以观察到的景物移动作参照物来估计车速的，并不是完全依靠车辆自身车速表的指示针来判断。路边景物多时易高估车速，景物少时易低估车速；长时间以某一速度行驶会对该速度产生适应，易于错估，特别是误将高速低估，非常危险。机动车从郊区驶进城区易发生追尾撞车事故，就是这个原因。

3. 弯度错觉

驾驶员在公路上的行驶速度，经常随公路的弯度而改变。变速的程度也会造成错觉。一般对于未超过半圆的圆弧，驾驶员感觉到的曲率半径往往比实际的小，圆弧的长度越短越感到曲率半径小。在连续转弯的山道上行驶，驾驶员会感到山区比平地容易转弯，所以在行驶中高速连续急转弯是很危险的（图5-3）。

图5-3　弯度错觉

4. 颜色错觉

在市区等交通复杂路段，周围景物五颜六色，相互交错，容易分散驾驶员的注意力，特别是夜间，容易将路口红绿灯当成霓虹灯；把停驶车辆的尾灯当成行驶车辆的尾灯；把前车的制动灯错看成尾灯等。另外，夏季戴墨色太阳镜时易将浅色物体"滤"掉，产生错觉。

5. 光线错觉

太阳光、反射物体的亮光、车头迎光、夜间远光灯等强光会使驾驶员的视觉一时难以适应，如平头车的明亮车窗、阳光下路旁树木交替变换的阴影、原野上积雪的反光、进出隧道时光线的变化等，都容易使驾驶员产生眩晕，形成光线错觉，从而导致操作失误。

6. 坡度错觉

在既长又陡的坡道上下坡，当坡度变得越来越小时，实际上汽车还在下坡，却有变成上坡之感，这时若误以为是上坡而去踩加速踏板，将很有可能发生交通事故。

7. 时间错觉

驾驶员心情愉快时，感觉时间过得很快；心情烦躁时，感觉时间过得很慢。另外，在任务紧急、急于赶路时，也会产生时间长的感觉，以至于盲目开快车。

第三节　车的不安全因素

一、车辆自身的不安全因素

不同类型的道路运输车辆在车身结构、行驶特点等方面存在很大差异，如果驾驶员不了解这些差异,不注意这些差异性和特殊性给运输安全带来的风险,交通事故便很有可能发生。

二、车辆技术状况的不安全状态

车辆技术状况的不安全状态主要包括车辆技术状况不良和安全装置失效。车辆技术状况不良的主要表现见表5-1。

危险源——车辆技术状况　　　　　　　　　表5-1

	危险源	具体表现
技术状况不良	制动劣化或失效	不能及时制动或车辆失控
	转向不良或失效	不能按意图转向
	照明、信号装置故障	(1)前照灯损坏,照明受到影响,夜间驾驶员无法观察路况; (2)转向灯不良,转向意图不能传递给其他交通参与者等
	侧向稳定性差	车辆在横向坡道行驶或超车、转弯时易发生侧滑或侧翻
	悬挂、减震系统缺陷	车辆经过坑洼路面时,颠簸严重,使驾驶员或乘客感觉不适,还可能使装载的货物掉落
	车速表故障	驾驶员不能准确掌握车辆行驶速度
	发动机故障	(1)车辆无法启动; (2)车辆抛锚、应急停车影响其他车辆通行; (3)车辆中途熄火,无法正常操控
	遮阳板掉落	驾驶员被太阳光直射,影响观察
	防抱死制动系统(ABS)等安全装置失效	车轮抱死,车辆侧滑
	安全气囊损坏	车辆发生碰撞等事故时,安全气囊不能弹出,驾驶员头部直接撞到转向盘或前风窗玻璃上
	安全带损坏	车辆发生碰撞等事故时,无法束缚驾驶员或乘客,致使驾乘人员飞出车外
	灭火器、警告标志、安全锤、应急门开关等损坏或缺失	出现紧急情况,无法及时有效处置

案例

2017年某月,在二环桥康安路桥上路段和兴路往公路大桥方向,一辆黑色日产轿车将正在桥面作业的7名环卫工人撞飞,导致4人当场死亡,1人抢救无效身亡,2人受伤。

据肇事驾驶员李某供述,事发时车辆转向盘转向系统突然失灵,随即发生车祸。

良好的车辆技术状况,对行车安全有着极其重要的作用。车辆技术状况不良造成的交通事故,主要包括转向、制动、发动机等方面。

转向装置是车辆操作性能的关键,必须绝对可靠;车辆制动装置必须能提供足够的制动摩擦力,在制动时又能保持良好的稳定性;发动机须保证不间断工作和传动装置、车架、悬挂装置等的技术状况良好,才能提升行车的安全水平。

第四节 道路的不安全因素

一、典型道路的不安全因素

从事长途运输或在山区运输的驾驶员经常在高速公路、山区道路等典型道路上行车,其危险源表现为:高速公路行车速度高,山区道路弯多、坡长等特点,会影响行车安全。因此,驾驶员应了解其中的危险因素。

1. 高速公路

由于高速公路线性较好且全线封闭,行车不受干扰,安全性相对较高。但近年来,高速公路交通事故死亡人数占全国交通事故死亡人数的比例持续增大。从历史统计数据看,高速公路白天发生事故占总事故的50.4%,夜间发生事故占总事故的49.6%。从事故形态上看,主要有以下5种:尾随相撞、侧翻、正面碰撞、撞固定物和其他设施,因此在高速公路上驾驶车辆,每时每刻都面临着意想不到的危险,稍有疏忽就会出现失控导致交通事故,如果驾驶员不了解高速公路不安全因素,不注意这些差异性和特殊性给运输安全带来的风险,交通事故便很有可能发生。高速公路不安全因素见表5-2。

高速公路不安全因素 表5-2

道路类型	危 险 源	具 体 表 现
高速公路	违法倒车、逆向行驶	由于高速公路控制出入、单向行驶,驾驶员易采取违法倒车、逆向行驶等错误操作
	超速行驶	由于路况好,驾驶员对速度的感知能力下降,易超速行驶
	制动距离长	行车速度高,制动停车距离长,容易发生连环事故
	易疲劳	长时间驾驶,驾驶员易疲劳
	车辆性能易发生变化	车辆长时间运行,车辆性能易发生变化,如爆胎、水温升高、制动失效等
	突然停车、变道、占用应急车道等违章行为	驾驶员易发生突然停车、变道、占用应急车道等违章行为且不采取安全处置措施,不易被后方车辆辨识,造成追尾事故

续上表

道路类型	危 险 源	具 体 表 现
高速公路	突遇行人、动物或车道内有障碍物	高速行驶情况下,突遇行人、动物或车道内有障碍物,处置不当易发生事故
	客车车辆重心高	客车车辆重心高、速度快,遇突发情况极易侧滑、侧翻
	迷失方向	驾驶员迷失方向,选择错误的道路
	云雾、烟雾	驾驶中遇云雾、烟雾,影响视线
	路面有积水	容易引起水滑,对安全行车产生干扰
	"水面"效应	平面路面在阳光照射下易产生"水面"效应,对安全行车产生干扰

2. 山区道路

由于山区地形地貌复杂,山区道路交通情况也极为复杂多变。山区道路很多是盘山公路,环山、环水而建,给公路运输运量带来限制。因此,在山区道路行驶易引发车辆失控、追尾、碰撞、翻车、坠崖等事故。山区道路不安全因素见表5-3。

山区道路不安全因素　　　　　　　　表5-3

道路类型	危 险 源	具 体 表 现
山区道路	连续上下坡	车辆连续上下坡,频繁制动,易导致制动失效,使发动机温度过高,或换挡不当,引起发动机熄火或溜车
	路窄、弯急	视距差,无法全面观察来车情况;车速控制不当;车辆易驶出路外;占道行驶严重,超车、会车危险性大等
	安全防护设施不完善	危险路段多,安全防护设施不完善,车辆易冲出道路
	交通标志、标识匮乏	驾驶员不能准确判断路况,容易引发交通事故
	山体滑坡、落石	阻碍道路或直接造成事故
	临水、临崖	容易发生碰撞山体、翻入山谷等事故
	云雾缭绕	秋冬季节或高海拔山路,易出现云雾,影响驾驶员视线,导致其无法观察路况

二、特殊路段的不安全因素

交叉路口、隧道、桥梁、城乡接合部及临时修建道路等特殊路段的外观、构造及特征与一般路段有很大差异,车辆经过时容易出现事故,驾驶员必须提高警惕。

1. 临时修建的道路

危险源表现:临时修建的道路建设等级低、沉降不足、平整度差、周边地形复杂、交通状况混乱。临时修建的道路不安全因素见表5-4。

临时修建的道路不安全因素　　　　　　　　表5-4

道路类型	危 险 源	具 体 表 现
施工道路	临时修建道路	(1)建设等级低,道路压实度低,沉降不足,平整度差,车辆易翻车、沉陷; (2)周边地形复杂,交通情况混乱,行车存在危险

续上表

道路类型	危险源	具体表现
施工道路	施工修护道路	道路中断或变窄，车辆被迫变更车道或改变行驶线路
		施工设施设备和人员影响车辆安全通行
		路面有砂石，车辆容易发生侧翻
		施工标志不明显或未设置，导致驾驶员应急处理不及时

2. 交叉路口

危险源表现：车辆、行人汇集，交通流量大，行驶轨迹交叉，驾驶员应接不暇。交叉路口不安全因素见表5-5。

交叉路口不安全因素　　　　　　　　　　　表5-5

道路类型	危险源	具体表现
交叉路口（平交路口）	车辆、行人	在交叉路口，车辆、行人、非机动车等汇集，驾驶员存在观察不到位现象，易发生碰撞事故
	路面颠簸	在平交路口，路面不平或设有建设带，车辆通过时，易颠簸
	铁路道口	在无人看守的铁路道口，驾驶员容易盲目与火车抢行，导致撞车事故

3. 隧道

危险源表现为：能见度低、限宽、限高、突然停车、变道、隧道口结冰、横风等。隧道不安全因素见表5-6。

隧道不安全因素　　　　　　　　　　　表5-6

道路类型	危险源	具体表现
隧道	能见度低	隧道照明差，能见度低，易引发追尾事故
	限高限宽	隧道限高限宽，大型车辆易碰撞入口
	行车道少	隧道内行车道少，强行超车易引发交通事故
	突然停车、变道等违章行为	驾驶员易发生突然停车、变道、占用应急车道等违章行为且不采取安全处置措施，不易被后方车辆辨识，造成追尾事故
	通风条件差	隧道通风条件差，不利于尾气、有害物、油污扩散，路面湿滑，车辆易侧翻
	环境封闭，不易救援	高速公路受封闭的影响，隧道内发生紧急情况时救援难度大
	隧道口结冰、出口横风	受温度的影响，隧道口存在结冰和横风现象，影响驾驶员对车辆的控制
	眼睛对光的适应	隧道出入口光线明暗变化，驾驶员眼睛出现"明适应"和"暗适应"，易出现短暂的"失明"

4. 路面通行条件不良

危险源表现为：路面损坏、路面积水、路面结冰等。路面不安全因素见表5-7。

路面不安全因素　　　　　　　　　表5-7

危　险　源		具　体　表　现
路面因素	冰雪路面	附着能力较差，车辆容易发生侧滑
		路面被积雪覆盖，驾驶员很难辨识车道，难以选择行车路线和位置，很难发现潜藏的危险物
		雪地反射阳光，易引起驾驶员眩目
		行车道积雪易融化，行人和非机动车会抢占行车道
	涉水路面	积水过深，车辆贸然下水容易熄火
		水流过急，车辆行驶易偏移或被冲走
		路面附着力降低，高速行驶易出现"水滑"现象

第五节　环境的不安全因素

一、夜间行驶的不安全因素

道路运输行业每年的重特大道路交通事故中，30%~50%都发生在夜间，驾驶员必须认识到夜间驾驶环境的特殊性，防止危险发生。

夜间驾车的不安全因素主要包括以下几个方面：

（1）夜间行车时驾驶员观察道路状况及交通情况较白天更费精力，视觉上容易疲倦，而且在观感上还会自觉地依照平时对路况的记忆驱车行驶。

（2）夜间行车时后车灯照射、前车后视镜反射光或会车时对面车强烈灯光的照射，会使驾驶员眩目，视力下降，看不清车前及周围情况。

（3）汽车同向列队行驶，当前方车辆通过凸凹阴影的变化时，给后车驾驶员造成道路地形不良的观感或误解地面的真实情况。如有时误认为前方远处停放开着尾灯的车辆在行驶中，临近发现时停车不及造成碰撞。

（4）汽车行至路灯照明不良等视线不清的地方时，行人从相邻车道内突然越出，横穿街道而引发事故。

（5）夜间对路上物体的可见度，因物体颜色不同而不同，白色、黄色容易辨认，蓝色、灰色不容易辨认，所以在行车中千万不可忽视非机动车和行人的夜间颜色。

二、特殊天气的不安全因素

特殊天气主要包括雨雪天气、大雾天气和高温天气等。据统计，每年道路运输行业在雨、雪、雾等恶劣天气条件下发生的交通事故占总事故的10%左右。

1. 雨天驾驶

危险源表现:雨天驾驶光线昏暗,能见度低,伴有雷电、大风,路面湿滑,路面积水反光。

2. 雪天驾驶

危险源表现:视线不良,路面被积雪覆盖或有融雪,雪地反光。

3. 雾天驾驶

危险源表现:能见度低,看不清路况,易疲劳。

4. 高温天气驾驶

危险源表现:轮胎压力过高,易导致冷却液温度过高,甚至导致制动失效等。

三、自然灾害的不安全因素

自然灾害是伤害范围最大的不安全因素,如地震、洪水、台风等。自然灾害的发生很难预防和控制。我国幅员辽阔,不同地区自然灾害类型不同,驾驶员需要了解自然灾害的特点及可能对道路交通造成的影响,正确应对自然灾害。

1. 洪水

洪水造成的最大危害是淹没房屋和人口,造成大量人员伤亡。洪水还会卷走人们的生活资料,造成大量经济损失。此外,洪水淹没农田,毁坏农作物,导致粮食大幅度减产,破坏工厂、厂房、通信与交通设施,还会造成滑坡、泥石流等次生灾害及疫病的出现。

2. 地震

地震是由地壳产生的能量快速释放的产物,地震会造成大面积建筑物毁坏,倒塌的建筑会使很多人被建筑残骸掩埋。近几年世界上最大的地震是日本福岛附近海域的9级地震,而国内最严重的地震是玉树和汶川地震。

3. 泥石流

泥石流是山区或者其他沟谷深壑、地形险峻的地区,因暴雨、暴雪或其他自然灾害而引发的山体滑坡并携带有大量泥沙及石块的特殊洪流。

4. 滑坡

滑坡是斜坡岩土沿着贯通的剪切破坏面滑移的地质现象。滑坡会造成人员伤亡、道路等设施损毁。

5. 海啸

海啸常由地震、海底火山喷发引起,是巨型的破坏性海浪,会将沿海城市大面积建筑吞没和损毁。

6. 飓风、台风

飓风、台风会造成雷暴和暴雨、暴风,同时也可能产生龙卷风,飓风和台风的出现会对沿海城市造成很大的影响,而飓风和台风造成的大雨很可能引发洪水。

龙卷风是在台风、飓风中形成的时速超过150km的旋转风,常发生在热带区域,龙卷风会造成大面积破坏,所经过的地方都会受到影响。

7. 暴雪

暴雪是自然天气的一种降雪过程,它给人们的生活、出行带来了极大不便。暴雪预警信号分为四种:蓝色、黄色、橙色和红色,暴雪天气来临前政府部门一般会发布暴雪预警信号应急预案,提醒人们做好应对措施。

第六节 典型不安全驾驶行为及规避

一、无证驾驶行为

无证驾驶主要包括未取得或携带驾驶证、行驶证、内部准驾证、准行手续,以及驾驶车辆与证件标明车型不符等。

案例

2011年7月4日3时40分,湖北省武汉市青山区驾驶员梁某驾驶武汉市海龙旅游客运有限公司鄂AE38××号大型普通客车,乘载54人(含2名幼儿,核载55人),由广东广州驶往湖北天门。当行至湖北省仙桃市境内随岳高速公路229km+400m处,骑轧慢速车道和紧急停车带分道线违法停车下客,被后方驶来的鄂F1N2××号重型半挂牵引车追尾撞击,导致两车冲出高速公路护栏翻入边沟并起火燃烧,事故造成26人死亡、29人受伤(图5-4)。

图5-4 事故现场

案例分析:此次事故中,肇事的鄂AE38××号大客车属于旅游客运车辆,在高速公路上违法停车下客,且车身左侧占用部分行车道(约0.5m),导致事故发生。经调查,原驾驶员因病请假后,车主雇佣临时驾驶员梁某(B1驾照),肇事驾驶员梁某对车辆的技术状况、出车情况等重要信息均不了解,从事非法营运,是造成本次事故的直接原因。

1. 无证驾驶的定义

无证驾驶是指未取得驾驶证,或使用通过非法程序取得的驾驶证,使用失效的驾驶证,以及驾驶证被吊销、暂扣期间驾驶车辆的行为。无证驾驶还包括:驾驶与准驾车型不符的车辆,无证驾驶危险品运输车,无证驾驶行业管理规定须持特种证件方可驾驶的车辆。

2. 无证驾驶的危害

(1)没有交通通行及安全驾驶常识和驾驶技术,安全意识淡薄,严重威胁自己和他人生命财产安全。

(2)对车辆的结构性能不熟悉,易出现操作不当。

(3)缺乏应变能力,遇到突发情况时,往往手足无措。

(4)心理素质差,易引发肇事逃逸案件,社会危害性大。

(5) 违反了道路交通安全法律法规和行业管理规定,破坏和谐交通。
(6) 扰乱道路交通秩序,诱发违法犯罪。

3. 如何杜绝无证驾驶

(1) 通过加强法制宣传的方式来加强人们的安全意识和法律意识。

(2) 通过加强执法力度,加大查处力度的方式来教育和震慑那些敢于以身试法的人。

> **小知识**
>
> **电子驾照上线了,如果忘带驾驶证会被认可吗?**
>
> 目前电子驾照还处于推广阶段,只有在试点城市认可电子驾照,一些还没有开始推广电子驾照的城市,交警部门是不认可电子驾照的,所以电子驾照只适合在部分地区使用;目前高速公路上也不支持电子驾照,开车上高速公路还需要带驾驶证,同时因为高速交警不属于地方政府管理,即便该城市属于电子驾照试点城市也应带驾驶证。

二、超速驾驶行为

超速行驶是指机动车在道路上行驶速度超过限速标志、标线标明的最高限度,或在无标志、标线的道路上超过规定安全车速的驾驶行为。

案例

2012年3月13日12时28分,四川省阿坝藏族羌族自治州马尔康县驾驶员王某驾驶川U207××号金龙大客车从成都驶往马尔康县,该车核载35人,实载21人,行至马尔康县境内317国道295km+138m一连续下坡且转弯处,翻坠于垂高65m的山沟下,造成15人死亡,6人受伤(图5-5)。

经调查,事发当日,在事发路段设有40km/h的限速标志。该车车载GPS显示,事发时车速为83km/h,超速100%。

图5-5　事故现场

1. 超速行驶的危害

(1) 超速行驶影响车辆的安全性能。

超速行驶,破坏了车辆在特定环境下的工作指数,加大了车辆的工作强度和负荷,加剧了机件的磨损和损毁。特别是对车轮更不利,除跳跃性、拖滑性磨损外,还提高了摩擦温度,使轮胎极易老化和变形,引发爆胎事故。

(2)超速行驶影响驾驶员及时、准确的操作。

长时间超速,会使驾驶员对弱刺激的反应发生变化,对本不应作出反应的也作出反应,而对本该作出反应的反而迟迟不作出反应。

(3)超速行驶会使驾驶员思维判断失误。

驾驶员在思考问题时除根据感知系统接收的信息外,还得借助经验分析、判断。在超速行驶时一旦出现意外,即使当机立断也需要时间考虑,由于判断时间不足,有些事故就是在做出决定的一瞬间发生的。

(4)超速行驶给注意力转移带来困难。

超速行驶时,驾驶员要集中注意前方动态,不断超车、会车。每次超车、会车都要将注意力由车外转移到车内(操作制动、离合、转向、加速),在短短几秒钟内,注意力多次转移易产生疲劳,进而引发事故。

(5)超速行驶时,超车、会车的机会增多,行驶间距缩短,车外情况应接不暇,驾驶员精力和体能消耗较多,易感到疲劳,时间一久还会瞌睡,极易引发事故。

(6)超速行驶时,驾驶员对速度的判断能力下降。

驾驶员在高速公路上行驶时,不但对所驾车辆的速度不能正确判断,而且对行人、非机动车、其他机动车的速度也会低估。在超越前车时就易低估对向来车的速度和距离,同时低估要超越前车的安全距离,发现情况异常时往往措施过迟,易发生相撞或刮擦事故。

(7)超速行驶减弱了驾驶员对空间的认识能力。

车速越快,注视点越远,时速在50km以上,人眼的注视点常在305~601m以外。由于注视点前移,视野狭窄,清晰度不良,对一些小而变化慢的事物难以辨认,临近发现时往往措手不及。

(8)超速行驶时驾驶员不能全面、正确感知车内外的变化。

要确保行车安全,首先要依靠人的感知,如果时间太短促,人往往无法获取感知。如汽车以50km的时速行驶,0.1s前进1.39m,车窗外事物一掠而过,而人在视野内感觉一个目标要0.4s,看清事物平均需1s。如果速度太快就无法获取足够的道路信息,当感知与现实情况接近时,靠经验或许还可能安全驾驶,但在陌生道路行驶时就容易发生交通事故。

2.超速行驶的规避方法

(1)注意观察限速标志。

(2)不要轻信时速表和定速巡航系统。

(3)不要随意安装"电子狗"等反测速设备。

(4)不要怀有侥幸心理。

(5)强化内在自律意识和安全意识。

作为一个合格的驾驶员,必须做到在不同的道路状况下,严格遵守道路交通法规;机动车上道路行驶,不得超过限速标志标明的最高时速,在没有限速标志的路段,应当保持安全车速;夜间行驶或者在容易发生危险的路段行驶,应当降低行驶速度。切记"十次事故九次快",日常行车中多观察交通信号和交通标志,尽量降低车速,减少超车,保持平和心态,礼让行车才是预防道路交通事故的有效手段。

三、酒后驾驶行为

酒后驾驶是指驾驶员饮酒后驾驶车辆。驾驶员血液中的酒精含量大于或等于20mg/100mL，小于80mg/100mL的，属于饮酒驾车；驾驶员血液中的酒精含量大于或等于80mg/100mL的，属于醉酒驾车。实验数据表明，酒后驾驶遇到紧急情况时，制动距离是未饮酒状态的2~3倍。

1. 酒后驾驶的危害

（1）判断能力降低，不能保持安全车距和安全行车速度；

（2）注意力不能集中，不能正确处理路面上的交通状况；

（3）反应迟钝，错误操作增多；

（4）不能发现和领会交通信号、交通标志标线的含义；

（5）常常高估自己的控制能力，倾向于冒险行为；

（6）易困倦，出现驾驶动作不规范、空间视觉差等疲劳症状；

（7）长期大量饮酒会导致高血压，还会造成心肌梗塞、脑溢血等疾病。

小知识

未饮酒和饮酒反应时间

未饮酒和饮酒反应时间对比见表5-8。

未饮酒和饮酒反应时间　　　　　　　　　表5-8

行驶速度	未饮酒（反应时间0.66~2s）制动距离	饮酒后（反应时间1.32~6s）制动距离
60km/h	31~53m	52~119m
100km/h	58~95m	76~205m

---

2. 如何杜绝酒后驾驶

人们普遍存在一个认识误区，认为浓茶、咖啡和苏打水可以解酒，实际不然，它们只是增加了体内的水分含量，不会加速酒精的代谢。为了您和其他交通参与者的安全，请您在饮酒后8h之内及醉酒后24h之内不要驾驶车辆。

为杜绝酒后驾驶，驾驶员应做到以下几点：

（1）时刻牢记交通法律法规，坚决杜绝酒后驾驶。

（2）避免侥幸心理。

（3）提高安全意识。

四、疲劳驾驶行为

疲劳驾驶是指驾驶员长时间连续工作，心理和生理机能失调，在反应迟钝、判断和操控能力下降的情况下继续驾驶。

案例

疲劳驾驶是"帮凶",卧铺客车敲警钟

2012年8月26日2时31分许,内蒙古包头市驾驶员陈某驾驶AK14××号宇通牌卧铺大客车沿包茂高速公路由北向南行驶至484km处,与河南省焦作市孟州市驾驶员闪某驾驶的重型罐式半挂汽车发生追尾碰撞,致罐式半挂车内甲醇泄漏并起火,造成大客车内36人当场死亡,3人受伤(图5-6)。

图5-6 事故现场

根据车载GPS卫星定位装置记录,此次事故中,陈某连续驾驶时间达4小时22分钟,中途未停车休息,造成驾驶时精力不集中,反应和判断能力下降,未及时发现前方车辆从匝道违法驶入高速公路且在高速公路上违法低速行驶的险情,未能采取安全、有效的避让措施,导致事故发生。根据事后实验,大客车驾驶员有足够的时间发现前方车辆,如能采取有效的避险措施,可以避免事故的发生。

1. 疲劳驾驶的危害

(1)驾驶员眼球的正常转动受到限制,注意范围变小,视觉敏锐度降低,容易产生错觉。

(2)驾驶员注意力难以集中,反应时间明显延长,反应灵敏性和对交通状况的处理能力也随之下降。

(3)驾驶员判断错误增多,经常会出现换挡不及时、不准确,有时甚至会忘记操作。

(4)驾驶员过度疲劳时,还会发生手足发抖、四肢痉挛、动作失调等现象,进而失去对车辆的操控能力。

2. 疲劳驾驶规避方法

(1)保证行车前有充足的睡眠,形成良好的作息规律。

(2)尽量不要在自己习惯睡眠的时间段行车,充分利用生理高潮期,科学合理安排行车时间。

(3)当感觉疲劳时,可以开窗通风,呼吸新鲜空气,或下车活动一下身体。

(4)避免过于饥饿和饱食,吃一些容易消化的食物。

(5)处理好与家人、同事之间的人际关系,保持积极、愉快的心理状态。

(6)吃辣椒、吸烟、聊天等方法不能从根本上缓解驾驶疲劳。

(7)疲劳时,应到安全地点停车,下车做肌肉伸展运动,刺激身体,促使精神兴奋。

3. 疲劳驾驶的主动预防方法

(1)计划好行程。

(2)确保足够的睡眠。

(3)保持车内清洁。

(4)控制驾驶时间。

(5)轮流驾驶。

(6)不要过饥或过饱。

五、不系安全带或安全带失效的不安全驾驶行为

不系安全带是指驾驶员在驾驶车辆时,有意未使用或未能有效使用安全带的行为。

1. 不系安全带或安全带失效的危害

(1)当车辆发生碰撞或紧急制动时,巨大惯性作用会使驾驶员、乘员与车内的转向盘、风窗玻璃、座椅靠背等物体发生二次碰撞,甚至将乘员抛离座位或抛出车外,极易造成严重伤害。

(2)当车辆以40km/h的速度行驶发生碰撞时,人体前冲的力量相当于一袋50kg重的水泥从4层楼上掉下。

(3)安全气囊的爆发力非常大,如果没有安全带对人体的约束,瞬间膨出的安全气囊会对人体造成严重的伤害。

2. 如何正确使用安全带

在汽车的日常保养工作中,安全带常常被忽视,应同其他部件一样,安全带也要使用与保养兼顾,经常检查安全带的性能。

(1)安全带日常检查。

(2)安全带保养。

(3)安全带有效性检查。

(4)安全带清洁。

(5)严禁自行改动或附加安全带。

紧急情况下,"安全带+安全气囊"的保护方式可以挽救60%的生命。在单独使用安全带的情况下,有效保护率仅为48%,而在单独使用安全气囊的情况下,有效保护率仅为18%左右。因此驾驶员或乘客要理解和熟悉安全带的重要性,在驾驶过程中或乘车过程中要养成系安全带的习惯。

> **小知识**
>
> 测试表明,汽车以时速为50km的速度撞上墙壁的冲击力,相当于从10m高度(约为3层楼的高度)跌落到水泥地面上。汽车以时速50km的速度发生碰撞时,作用于既没有系安全带也没有使用儿童安全座椅的4岁儿童身上向前方冲击的能量,将是儿童体重的30倍!未使用儿童安全座椅的死亡率和重伤率约为使用儿童安全座椅的2.5倍。

六、违反交通信号灯、交通标志、交通标线和交警指挥的驾驶行为

违反交通信号是指驾驶员违反交通信号灯、交通标志、交通标线或交通警察指挥的驾驶行为。

1. 违反交通信号灯、交通标志、交通标线和交警指挥的驾驶行为的危害

(1)不遵守信号灯容易发生路口抢行,造成碰撞、刮擦等事故。

(2)不遵守信号灯容易造成秩序混乱、交通堵塞。

（3）无视急转弯、让行等标识，易造成险情。
（4）过分相信自己的驾驶技术或抱着侥幸心理不遵守信号灯抢行，造成安全事故隐患。

2. 如何正确识别交通信号
（1）掌握各种交通信号的作用，领会各种交通信号赋予交通参与者的权利。
（2）遇交通警察现场指挥时，应当按照交通警察的指挥通行。
（3）注意交通信号灯的变化，及时了解前方出现的情况，做到预见性驾驶。

七、影响其他车辆正常行驶的不良行为

影响其他车辆正常行驶的不良行为是指行车中强行超车、强行会车、争抢车道、占道行驶、弯道超车、坡路超车等影响其他车辆正常行驶的争道抢行行为。

> **案例**
>
> 　　2019年5月29日8时40分许，安徽和县境内，一辆白色轻型客车与一辆货车在道路上并行。在驶入交叉路口前，白色轻型客车想并线到中间车道，由于货车没有减速，导致并线失败。随后，交通信号灯变为红灯，两车停在路口前等候，白色轻型客车驾驶员下车跑到货车驾驶室旁，货车驾驶员也打开车门下车，双方随即在道路中间发生肢体冲突。

1. 影响其他车辆正常行驶的行为危害
（1）长时间占用逆行车道，横向间距小，车速快，操控稳定性下降。
（2）右侧超车时占用非机动车道，与同向行驶的非机动车形成冲突。
（3）如果被超车辆已在最高限速，势必造成超速行驶。
（4）在坡道、弯道、冰雪道路以及雨天、雪天、雾天等特殊条件下，违法超车更加危险。
（5）极易导致交通事故，严重危害道路交通安全。
（6）扰乱正常的通行秩序，威胁道路交通安全。

2. 造成影响其他车辆正常行驶的行为的原因
（1）复杂行车环境，驾驶员性情急躁。行车环境越复杂，驾驶员压力感越强烈，等不及前车选择合适路段避让即开始加速超越，发生攻击性驾驶和路怒的概率也会上升。
（2）驾驶员为了赶时间，一路风驰电掣，不顾一切地往前赶。
（3）驾驶员自恃车辆性能优良，不顾道路通行条件盲目超越。
（4）驾驶员开"英雄车"，盲目炫技，造成违法超车。
（5）被超车辆驾驶员不减速、不让道，不为其他车辆提供超越条件，甚至故意斗气，在被超越时加速，与超越车辆并驾齐驱。
（6）行车过程中沟通不畅，诱发路怒情绪。

3. 如何规避影响其他车辆正常行驶的不良行为
（1）强化相关宣传教育，引导驾驶员加强情绪管理。
（2）充分认识到相关危害，自觉做到安全文明驾驶。
（3）加强对驾驶员的心理干预。

案例

2006年11月12日上午7时55分，佛山市南海区九樵路沙头石江段，因货车驾驶员违规占道超车，导致5人死亡，至少9人重伤、9人轻伤，其中4人生命垂危。

事故表明行车中违章占道，争抢通行权，易发生碰撞、刮擦等事故。行车中应严格遵守《道路交通安全法》，做到遵章守法，谨慎驾驶，避免因占道超车造成交通事故。

八、违法超载行为

违法超载行为指超过核定载客人数，超过核定载货质量以及超宽、超高的驾驶行为。

1. 违法超载的危害

（1）车辆的制动性能、转向性能和悬架承荷能力等变差。

（2）轮胎磨损加剧，爆胎的可能性增大。

（3）机件磨损加剧，车辆使用寿命大大缩短。

（4）车辆重心偏移，在转弯、高速行驶或紧急制动时有侧翻的危险。

（5）违法装载运输会降低通行效率，增加环境污染。

（6）超载对路面的损坏是成几何级数增加的。轴重的超限会使水泥路面的使用年限缩短40%左右，沥青路面缩短20%~30%。

2. 如何规避违法超载

（1）严格遵守法律、法规中的装载规定，不得超限超载。

（2）杜绝人货混装，货运机动车不得载客，客运机动车不得载货。

（3）机动车载物的长、宽、高不得违反装载要求。

（4）合理装载，尽可能使承载货重均匀分布，较重的货物尽量放置于货载平面的中部。

（5）对货物做好捆绑、覆盖，防止在中途出现货物湿损、脱落和扬撒。

（6）提高安全意识，遵纪守法。

九、驾驶带病车

带病车辆是指机件存在安全隐患的车辆。驾驶带病车是指驾驶此类"问题车辆"上路行驶。常见的带病车指车辆的制动、转向、灯光、电子控制等系统以及轮胎、喇叭等关键部位存在安全隐患。

1. 驾驶带病车辆的危害

（1）转向系统存在安全隐患，可能导致转向失灵或失效，一旦遇到突发情况，驾驶员无法控制行驶方向。

（2）制动系统存在安全隐患，可能导致制动失灵。

（3）发动机如同人的心脏，一旦在工作中发病，后果不堪设想。

（4）轮胎气压过高或过低、严重磨损等情况易导致爆胎。

驾驶员在不了解车辆"病情"的情况下继续驾驶，没有任何预防措施，难以预料发生何种事故，无法掌控或减少事故造成的损失；驾驶员在了解车辆"病情"的情况下继续驾驶，则会加大机件损害程度，进而酿成交通安全事故，造成更大的损失。

> **小知识**
>
> 《道路交通安全法》第二十一条规定："驾驶员驾驶机动车上道路行驶前，应当对机动车的安全技术性能进行认真检查；不得驾驶安全设施不全或者机件不符合技术标准等具有安全隐患的机动车。"

2. 如何规避驾驶带病车

车是"七分养，三分修"，若想要让车更好地服务，关键是做好"主动养车"，而不是"被动修车"。

（1）坚持每天出车前、收车后的例行安全检视：燃油、润滑油、冷却液有无渗漏；转向盘、制动踏板自由行程是否正常；灯光是否齐全完好；轮胎气压是否正常。

（2）行车中注意监测发动机是否正常，关注仪表板，及时发现异常情况。

（3）做好车辆保养。

①一是做好车体保养，包括车漆保养，坐垫地毯保养，保险杠、车裙保养，仪表板保养，电镀加工保养，皮革塑料保养，轮胎、轮毂保养，风窗玻璃保养，底盘保养，发动机外表保养等。

②二是做好车内保养。包括润滑系统、燃油系统、冷却系统、制动系统、化油器（喷油嘴）的保养等。

十、不良驾驶习惯

不良驾驶习惯是指一切妨碍行车安全的坏习惯，不良驾驶习惯对行车安全有很大的影响，如果不改掉这些坏习惯，势必对驾驶员和乘员的人身安全构成巨大威胁。如车辆运行中使用电话、观看视频或做妨碍安全驾驶的其他行为。不良驾驶习惯见表5-9。

不 良 驾 驶 习 惯　　　　　　　　　　　　　　　　表5-9

不良驾驶习惯	造成的危害	防范措施
驾驶时吸烟、喝水、吃东西	影响驾驶动作，操控能力下降	休息时提前做好准备
驾驶时接打电话	分散注意力，影响对路况的判断	安全停车后再接打手机
穿高跟鞋、厚底鞋或拖鞋驾驶	影响踩制动踏板的动作和力度	带好备用的平底鞋
左脚长时间不离开离合器踏板	造成离合器片的非正常磨损	加强操作的规范性
用力踏制动踏板，长时间怠速运转	造成不必要的燃油消耗	
逢沟过坎不减速、硬闯路缘石	造成减震器机件损伤和台面磨损	不要盲目自信
争道抢行，强行并线	增加正面碰撞、刮擦事故发生概率	稳定情绪避免争抢
会车、超车时频闪远关灯	造成他人眩目，增加事故发生概率	体谅他人，耐心等待，文明礼让
乱鸣喇叭惊吓行人和骑车人	破坏和谐交通	

良好的驾驶习惯既是对自身生命的尊重，也是对其他道路交通参与者生命的尊重。驾驶过程中，热烈的气氛、亢奋的情绪，都会分散驾驶员的注意力，应尽量回避这些因素的干扰，放一些轻松优雅的音乐，营造舒适的驾驶环境，改正不良驾驶习惯。

在驾驶中，正确识别危险源，把握他人的交通动态，了解不安全因素和掌握规避方法，就能做到安全驾驶。

第六章
道路运输防御性驾驶

 学习目标

了解防御性驾驶技术的起源和发展,掌握九大防御性驾驶技巧理论知识及防御性驾驶技术在驾驶过程中的运用。

案例

2009年4月25日1时左右,一辆运煤的货车行至昆楚公路孔家庄隧道楚昆出口处撞在公路中间护栏上,导致交通事故,无人员伤亡。警方和路政人员在距肇事车约500m处路段设置警示锥桶。6时40分左右,云南省旅游公司的旅游客车行驶到此路段时已经减速,但紧随其后的运输西瓜的大货车跟车距离过近,观察不仔细导致与客车追尾,致使客车翻下公路约100m,事故造成21人死亡。

案例分析: 大货车驾驶员观察不当,跟车距离过近;大货车严重超载,核载9.99t的大货车实载西瓜21.8t,超载2倍多;大货车驾驶员分心驾驶,现场勘查表明,大货车没有任何制动痕迹,车速过快等原因造成了此次事故。

如何防御: 如果大货车驾驶员在驾驶过程中,严格按防御性驾驶技术要求,时刻保持15s的观察距离和4s的跟车距离,当他看见前车减速慢行时,留给自己的反应时间和距离足够采取相应的措施把车安全地停下来,避免交通事故的发生。

第一节 防御性驾驶简介

防御性驾驶起源于20世纪50年代的美国,早先流行于英、美等国家,现广为世界各国所采用,成效显著。目前,我国防御性驾驶理论研究与推广运用仍处于起步阶段。美国国家安全委员会(National Safety Council)于1964年第一次开展防御性驾驶培训,迄今为止在全世界已经开展了50多年。

案例

美国人哈罗德·史密斯(Harold Smith)提出"驾驶不在手和脚,而在于眼睛和头脑"的经典论述(图6-1),并于1952年成立了防御性驾驶学会,致力于主

图6-1 哈罗德·史密斯和他的同事

动安全驾驶理念的研究和方法推广。经过快速发展,到现在为止已有过半数的世界五百强企业采用了防御性驾驶培训。通过防御性驾驶技术培训,提高人们的自觉性,让人们自觉遵守道路交通安全法规,提高人们的综合素质。据统计,接受过防御性驾驶技术培训的人员,能够有效地减少和预防道路交通事故的发生。

防御性驾驶技术是将相关的驾驶技能和驾驶习惯进行系统的总结和归纳,形成一套简单明了、科学系统的安全驾驶体系,它能帮助驾驶员更清楚地了解人类的"生理缺陷";更全面地观察并了解驾驶环境;更准确地预测不确定的潜在的危险因素;能有效、及时地观察、预测和行动,并逐渐形成良好的驾驶习惯和安全理念。

第二节 防御性驾驶基本知识

世界卫生组织驻华代表施贺德在《中国日报》发文称,大量的道路交通事故死亡"完全是可以避免的"。我们究竟应当怎样做,才能最大限度地减少交通事故对我们的伤害?这需要加大驾驶员防御性驾驶技术培训,提高安全意识,能分析驾驶过程中的不安全因素,掌握驾驶过程的内在变化和规律,有效地预防和减少道路交通事故。

一、防御性驾驶技术定义

防御性驾驶技术不是教人开车的方法,而是对驾驶实践进行系统总结的安全驾驶技巧,是面对各种情况时预测、远离和应对危险的驾驶技术和用路哲学,其核心是"预防"。从某种角度说,它是驾驶员安全驾驶技术的"必修课",而不只是从自己慢慢积累的驾驶经验中获得。

防御性驾驶是一系列有技巧的、系统的驾驶方法,引领驾驶员在驾驶过程中对不同的驾驶环境中出现的危险做出准确的预先判断并提前采取适当的方法。

二、防御性驾驶目标

(1)自己在驾驶时不犯错误,确保自己的车辆不引起主动性交通事故。

(2)不引发别人发生交通事故。

(3)在别人犯错误时,不会将自己牵涉其中,即确保不出现被动性交通事故。

三、防御性驾驶目的

防御性驾驶最大的益处是预防和减少交通事故,在复杂的道路交通环境中提高通行效率和避免不必要的行车损耗。防御性驾驶目的如图6-2所示。

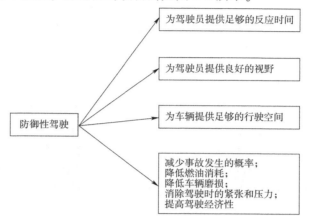

图6-2 防御性驾驶目的

做到防御性驾驶,及早发现险情,提前做好应对,能够让我们避免出现因车速和车距把握不当、行车中缺乏专注力、紧急情况下操作失误等导致的事故,从容面对复杂多变的驾驶任务。同时,做到防御性驾驶,能够使我们全面、准确地掌握交通环境信息和其他交通参与者的信息,有利于做出合理的分析和决策,调整车辆运行状态,回避拥堵、事故、交通冲突等负面因素影响,选择最优路线实现驾驶目的,这相当于提高了通行效率,避免了不必要的行车损耗。

防御性驾驶中提前观察、保有缓冲空间的安全理念,在实践中能够帮助驾驶人避免急停急起、怠速驻车等无谓操作,不但节省油耗、降低车辆机件磨损,还能改善尾气排放水平,节能减排,一举两得。值得一提的是,防御性驾驶使得驾驶员对整体交通情况了然于心,通行效率得以提高,违法和事故因此减少,这些都有助于驾驶员在驾驶过程中保持从容镇定,从而获得愉悦的情绪。

四、防御性驾驶技术过程

在驾驶过程中,驾驶员要根据环境、道路交通标志、信号及车内仪表等提供的信息控制车辆。当我们超越一辆停在路边的车时(辨别),我们要想到车辆前面可能会有人突然通过(预测),因此应当采取拉大侧面距离、降低车速或者鸣笛等防范措施(决定和动作),这一系列的信息都需要一定的时间来传递。

驾驶过程中所反映出来的辨别、预测、决定和动作,是人的本能反应,为此防御性驾驶技术的过程为观察、预判、操作,三者缺一不可,也不能颠倒。

(1)观察:驾驶员必须及时发现行车路线上的所有情况。

(2)预判:分析影响行车安全的潜在风险。

(3)操作:采取正确措施避免风险。

第三节 防御性驾驶的基本要求

防御性驾驶的基本要求：保持良好的驾驶心态、做好情绪管理、杜绝酒驾和药驾、避免疲劳驾驶、预防突发疾病、避免分心。

一、保持良好的驾驶心态

行车中对其他交通参与者的不良驾驶行为愤愤不平，甚至采取不礼让、鸣笛等行为，都属于不良驾驶行为。不良驾驶心态也是不良驾驶行为的一种，但是常常被驾驶员所忽视。

(1) 侥幸心理：按照自己的喜好行事，明知不可为而为之，心存侥幸。

(2) 急躁、斗气心理：驾驶员在愤怒时，分析、控制能力受到抑制，争强好胜。

(3) 麻痹心理：注意力不集中，不按规定流程操作，麻痹大意。

案例

只是因为在人群中多看了你一眼

2015年5月24日0时10分许，一辆黑色帕萨特轿车与一辆白色广汽菲亚特轿车一前一后从准格尔旗薛家湾镇区银钻广场驶出，并在路口停下等候通行。黑车在前，白车在后。白车驾驶员在等候过程中鸣喇叭示意黑车驾驶员可以前行了，但黑车不为所动。于是白车强行驶出，与黑车并排停在路口。此时，白车驾驶员在车内与黑车驾驶员对视了几分钟，彼此带着愤怒，目光怀着敌意，情绪极不稳定。随后，白车驾驶员率先驶离，同时口中骂骂咧咧。黑车驾驶员似乎意识到白车驾驶员在骂自己，紧随着白车急追而去。

图6-3 事故现场

在行驶了50m左右后，黑车追上并超越白车，突然间，黑车猛打方向驶入白车前方车道，准备"别"对方一下，因为双方车速过快，白车来不及制动，直接与黑车相撞，失控的白车随后再次与黑车猛烈撞击，后撞上了路边的路灯杆。黑车驾驶员见势不妙，迅速驾车逃离现场。事故造成白车5名乘车人全部受伤，驾驶员死亡（图6-3）。

本来只是一点鸡毛蒜皮的小事，但因为双方驾驶员的不理智，被瞬间的"怒气"冲昏了头脑，你追我赶，开"斗气车"，结果把事情闹到了不可收场的地步。希望广大驾驶员引以为戒，在驾车过程中，尽量多一分平和心，多一分宽容心，一切事情都会过去，而争执最终往往是两败俱伤。

驾驶员在驾驶过程中，不能被不良驾驶心态所左右，一个不经意的不良心

> 态往往会诱发一场重大的交通事故,因此,保持良好的驾驶心态很重要。驾驶员心态好,发生道路交通事故的概率就低;驾驶员心态差,或者心态不正常,就容易发生道路交通事故,威胁人民群众的生命财产安全。因此,行车安全需要驾驶员时刻保持好的心态。

良好的心态是保障安全行车的根本所在。作为一名职业驾驶员,保持良好的心态很重要。

(1)要谨防兴奋心理。有的驾驶员遇到高兴的事情时,情绪亢奋,得意忘形,注意力完全不在驾驶车辆上或盲目开快车,很容易引发意外。

(2)要谨防好胜心理。有的驾驶员自恃驾车技术高超,开"英雄车""霸王车",不但超速行驶,还见空就钻、见缝就挤、见慢就超。以这种心理开车,缺乏对环境的准确判断,不能冷静处置情况,也易引发事故。

(3)要谨防冒险心理。有些路段的路标上明明写着"减速慢行""严禁超车"等警示语,可有的驾驶员却熟视无睹,依然我行我素,想怎么开就怎么开。这种冒险一旦变为"险情",就会追悔莫及。

(4)要谨防挫折心理。每个人在生活中都可能遇到不顺心的事情,一旦驾驶员的心理压力超越了其所能承受的范围,就会思绪紊乱,精力分散,只会机械地、无意识地驾车,此时若遇到危险情况就很难采取措施了。

(5)要谨防猎奇心理。有的驾驶员由于猎奇,在驾驶车辆时不注意安全,东瞅西看,甚至驾车驶离道路,这些都是很危险的行为。

(6)要谨防紧张心理。有的驾驶员因外界影响或心理压力,精神骤然紧张,这时往往会出现操作失误,使车辆失控,酿成大祸。

(7)要谨防优越心理。有的驾驶员自以为所驾驶的车辆的车型特殊、号牌特殊、车籍特殊等,便滋生优越心理,将交通法规置之脑后,违章行驶,横冲直撞,甚至飙车,交通事故也就像魔影一样与他们结伴而行。

(8)要谨防厌倦心理。有的人开车时间较长,产生了厌倦心理,厌而生躁,躁而生事。尤其是当驾驶员带着抵触情绪上路时,遇事不冷静,不沉着,更容易发生交通事故。

二、做好情绪管理

良好的情绪可以更好地推动行车安全,但是一些不良的情绪会对行车安全造成非常不良的影响。驾驶员情绪因素对行车安全的影响巨大,有些驾驶员由于工作或其他原因产生了愤怒情绪,驾驶员不良的情绪因素给行车安全带来的影响如下。

1. 影响驾驶员的驾驶技术

很多交通事故都是由于情绪影响驾驶员的驾驶技术造成的。由于情绪的产生会伴随一系列的生理变化和心理变化,导致驾驶员在驾驶过程中出现较高的应激状态或者较低的应激状态,从而干扰其驾驶水平的正常发挥。尤其是在较低的应激状态下,驾驶员的操作及大脑都得不到足够的能量。由于应激状态过高或者过低,会导致驾驶员在驾驶过程中出现操作不规范、安全操作防范失误等现象。一些驾驶员过高的应激状态,还会使驾驶员产生骄傲自满的情绪,最终失去正确判断的能力。

2. 分散驾驶员的注意力

驾驶员在驾驶过程中需要十分集中的注意力才能保障驾驶技术的正常发挥,当驾驶员产生负面情绪时,在驾驶过程中就会出麻痹心理,最终影响行车安全。驾驶员的工作危险性非常高,要求驾驶员一定要集中注意力。不良情绪会分散驾驶员的注意力,使驾驶员放松警惕或者呈现懒散放松的状态,最终导致交通事故的发生。驾驶员的麻痹心理一般出现在看似安全的驾驶过程中,例如道路条件好的平坦道路上、夜间车辆少以及快要行驶到目的地时。这时驾驶员很容易产生思想麻痹的情绪,最终由于一时疏忽导致交通事故的发生。

3. 使驾驶员感到疲劳

驾驶员的不良情绪会加重其精神包袱,出现血压升高、心率加快等现象,从而增加了驾驶员的体力消耗,使驾驶员感到疲劳,加重了其行车危险。例如,驾驶技术不娴熟的驾驶员,在驾驶过程中由于紧张及慌张等,最终感觉混乱、操作失误等。对于驾驶技术不娴熟的驾驶员来说,他们在路上看到交通事故时会加重心理负担,从而出现烦闷、心情不佳等心理。不良情绪除了会使驾驶员感到疲劳外,还会使他们暂时丧失职业道德。当驾驶员在不良的情绪中开车,职业道德便会受到冲击,如果意志不坚定或者自觉性不高,便会丧失理智,导致驾驶过程中盲目行动,最终引发安全事故。驾驶员的职业道德丧失一般出现在遇到不顺心的事时,在愤怒和生气的状态下将车辆当成自己的发泄工具,从而造成交通事故的发生。

4. 情绪波动会使驾驶员安全意识淡化

驾驶员情绪波动,大多数是由思想问题引起的。情绪波动一般表现为两种倾向:高兴与沮丧。驾驶员情绪过于高兴或沮丧,都会严重影响安全意识。人在高兴或沮丧时,中枢神经系统便处于兴奋或压抑的状态。当中枢神经处于兴奋状态时,驾驶员行为表现得轻率、好动、异想天开、忘乎所以,操作动作和判断情况就不准确。当中枢神经处于压抑状态时,驾驶员反应迟钝,动作呆板,两眼滞木,对危险情况就会置若罔闻,有时甚至会眼睁睁地看着事故发生而不采取任何措施。

调查:你是一位好驾驶员吗?

调查1:你看到别人不文明驾驶是否会发怒?

调查2:你是否会经常紧急制动、急加速?

调查3:你遇到堵车会不会发怒或心烦意乱?

调查4:你看到别人超你的车时会不会发怒?

调查5:你是否在开车的时候说不文明用语?

调查6:你是否每次行车都给自己设定一个标准的时间,超过了就心烦意乱?

如果肯定回答超过3项,你可能已经患上了路怒症。据统计(摘自百度知道),长途驾驶员心理障碍发生率高达80%,私家车也达到了44.4%。

驾驶员的情绪波动会影响其驾驶技术的发挥,驾驶员拥有良好而稳定的情绪有助于驾驶技术的有效发挥;而与之相反的消极情绪则会导致驾驶员技术走样,心理出现大的起伏,导致留下安全事故隐患。因此,驾驶员要调节好自身的心理情绪,确保行车安全。

三、杜绝酒驾和药驾

1. 杜绝酒驾

"喝酒不开车,开车不喝酒",相信每一个人都知道这句话,可是否人人都能做到呢?

中国的酒文化源远流长,国人自古就有"无酒不成席"的说法,在这种酒文化的熏陶下,公务接待、亲友聚会、职场交往都离不开酒,酒成了活跃气氛、增进友谊的催化剂。很多驾车人在明知喝酒会造成驾车危险的情况下仍不顾一切地喝酒、醉酒,甚至在发生多起醉驾撞人的恶性事件之后,仍有一些人醉酒驾车,并造成严重后果。

> **小知识**
>
> 一般人在正常状态下的外围视界可达180°,如果血液中的酒精含量超过0.08%,驾驶员的视野就会缩小。在这种情况下,人已经不具备驾驶能力。至于醉酒的驾驶员,甚至只能感觉到周围环境的很小一部分,运动反射神经也变得迟钝。饮酒后驾车,因酒精麻醉作用,人的手、脚触觉较平时降低,往往无法正常控制加速踏板、制动踏板及转向盘。饮酒后,人对光、声刺激的反应时间延长,从而无法正确判断距离和速度。酒精刺激下,人有时会过高估计自己,对周围人的劝告常不予理睬,往往做出力不从心的事。饮酒后由于酒精的作用,80%的人易出现肝留迷现象,也就是人们常说的困倦、打瞌睡,表现为操作不规范、空间视觉差等疲劳驾驶行为而引发交通事故。

2. 杜绝药驾

"药驾",就是因为服用某些药物后开车而导致交通事故的危险驾驶行为。目前法规并没有对"药驾"做出明确界定,针对"药驾"的相关法规也是一片空白。药后驾车的危害不次于酒驾、醉驾,只是很多人还没有真正意识到,如一些治疗感冒的药,服用一段时间后会出现困倦、嗜睡、注意力分散等现象,很容易发生意外。如有在高速上吃了重感冒药物的驾驶员神情恍惚地"曲线"行驶的案例;还有因连续服药而出现迷糊状态,驾车时与别车相撞造成重伤的案例等。

> **案例**
>
> 2018年10月17日18时30分许,璧山区公安局交巡警支队事故大队民警接到指挥室转警称:在国道319线发生一起交通事故,一辆轻型客车侧翻在路上。交巡警赶到现场后发现,涉事车辆翻倒在路边的水沟旁,前风窗玻璃已全部碎落,四周满是玻璃碎渣,一片狼藉(图6-4)。所幸驾驶员并未受伤,正站在路边打电话,但看起来精神萎靡。民警询问驾驶员吴某后得知,他已感冒多日,一直服用感冒药,驾车前,他刚服药不久。车辆行至事故路段,吴某脑袋迷迷糊糊,结果眼前一黑,车子撞到路边水沟,发生侧翻。

图 6-4 事故现场

四、避免疲劳驾驶

据国外媒体报道,研究人员发现,驾驶员在经过长达数小时的连续驾驶后,十分疲惫,他们要是继续开车,其危险程度将同醉酒驾驶一样。即使黑夜连续在高速公路上驾驶 2h 对反应能力产生的影响,也与喝了几杯酒后一样。

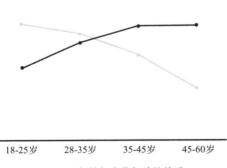

图 6-5 年龄与疲劳驾驶的关系

疲劳后继续驾驶车辆,会感到困倦瞌睡,四肢无力,注意力不集中,判断能力下降,甚至出现精神恍惚或瞬间记忆消失,出现动作迟误或过早、操作停顿或修正时间不当等不安全因素,极易发生道路交通事故。据有关资料统计,我国每年发生的交通事故中,与疲劳有关的占 21%。调查发现,近 3/4(74%)的驾驶员承认在过去 12 个月里曾有过疲劳驾驶,近 1/10(9%)的人承认每周都会有一次疲劳驾驶。疲劳驾驶与驾驶员的年龄有关,驾驶员年龄越大,疲劳驾驶概率越大。年龄与疲劳驾驶的关系如图 6-5 所示。

驾驶员疲劳时判断能力下降,反应迟钝,操作失误增加。驾驶员处于轻微疲劳时,会出现换挡不及时、不准确;驾驶员处于中度疲劳时,操作动作呆滞,有时甚至会忘记操作;驾驶员处于重度疲劳时,往往会下意识操作或出现短时间睡眠现象,严重时会失去对车辆的控制能力。驾驶员疲劳时,会出现视线模糊、腰酸背疼、动作呆板、手脚发胀或精力不集中、反应迟钝、思考不周全、精神涣散、焦虑、急躁等现象。如果仍勉强驾驶车辆,则可能导致交通事故的发生。

小知识

荷兰乌特勒支大学的研究人员招募了 14 名年龄在 21 岁到 25 岁的健康男性。他们在研究人员的监督下，分别在夜间连续驾车 2h、4h 和 8h。他们必须在高速路上一直保持每小时 80 英里（128.75km）的速度，并要一直在道路中央行驶。研究人员借助录像监控他们驾车的安全性。

试验结束后，他们把这些驾驶员的驾车表现与酒精对驾驶安全性产生的影响进行对比。结果显示，连续驾驶 2h 后驾驶员所犯的错误，跟血液中酒精含量是 0.05%（超过英国每 100mL 血液中含 80mg 酒精的法定血液酒精浓度限制的一半）时所犯的错误一样多。

连续驾车 3h 后，他们的表现相当于血液中的酒精浓度是 0.08% 时的表现，连续驾车 4.5h 后的表现跟血液中的酒精浓度是 0.10% 时一样。研究人员在有关这一发现的一份报告里说："我们的数据显示，驾驶员在持续驾车一段时间后会产生睡意。"

五、预防突发疾病

驾驶过程中，驾驶员突发疾病，突然失去驾驶车辆的能力，就是我们通常所说的驾驶"失能"，车开得好好的，突然头昏、腹痛、猝死，这给其他道路参与者带来了极大的安全隐患，严重的将造成重大交通事故。

小知识

根据《道路交通安全法》第二十二条的规定："……患有妨碍安全驾驶机动车的疾病，或者过度疲劳影响安全驾驶的，不得驾驶机动车。"

案例

生命的最后，他做了这个决定……

在贵州省瓮安县，有这样一名爱岗敬业的公交驾驶员，他在生命的危急时刻握紧了转向盘，踩住了制动踏板，确保了整车乘客的安全，他的生命也永远定格在这一刻。

公交公司提供的监控视频显示，2020 年 4 月 11 日下午 4 时许，胡奎（图 6-6）驾驶 1 路公交车行至茅坡社区路段时，突感身体不适，他掏出喷雾喷往鼻腔，继续行驶，发现不适没有缓解，立即靠边停车，疏散乘客进行换乘，随即拨打儿子胡云峰的电话进行求救。但遗憾的是，当其儿子赶来时，胡奎已经失去了生命迹象。送至医院后，医生诊断为因突发哮喘死亡。

图6-6 驾驶员胡奎

六、避免分心

根据国际标准化组织(ISO)的定义,分心驾驶是指驾驶时注意力指向与正常驾驶不相关的活动,从而导致驾驶操作能力下降的一种现象。

驾驶员视线偏离或分心产生的注意力不集中是引发交通事故的常见且重要的原因,这一诱因在追尾碰撞事故中表现得尤为显著。

分心驾驶不仅是指开车接打电话,还有比如交谈、赶时间、听音乐、思考问题、开情绪车、驾车时吃东西、抽烟、东张西望等。我们开车时不经意间的一个视线转移或短暂的思绪纷飞,就很可能引发事故。

分心驾驶到底有多危险呢?分心一秒车辆能开多远?看完下面这组数据你就知道了。在开车的时候看一下信息最少需要3s的时间,如果按照60km/h的车速,那么车辆可以行使大约50m的距离。按照这个车速,制动距离至少需要20m,也就是说低头看手机,然后发现突发情况,到最后车辆制动最少需要70m的距离,即使有再快的反应也是难以控制车辆的。调查显示,分心驾驶发生事故的概率是正常驾驶的23倍,开车过程中拨打或接听电话发生事故的概率是正常驾驶的2.3倍。

> **小知识**
>
> 根据《道路交通安全法实施条例》的规定,驾驶机动车不得有拨打接听手持电话、观看电视等妨碍安全驾驶的行为。对违反上述规定的驾驶员处20元以上200元以下罚款,并记2分。

案例

分心驾驶危害多,开车切记要专心!

2020年3月22日在广深高速沙井段发生了一起交通事故。一辆油罐车发生侧翻并燃起了熊熊大火,事故导致现场交通中断,多个高速口封闭。那么这起事故究竟是怎么发生的呢?深圳交警发布了一段事发前,这辆满载汽油的油罐车车内的监控视频。监控画面显示,在事故发生前,油罐车驾驶员频繁使用手机收听和回复语音信息,并不时地低头查看手机屏幕,还惬意地嗑着瓜子,甚至在车上抽烟……几分钟之后,交通事故发生了(图6-7)。

图6-7 事发前驾驶员玩手机

温馨提示

分心驾驶安全标语

分心驾驶——危险就在一瞬间!
你说:"就看一眼手机,没事。"
你说:"就回一条微信,没事。"
你说:"就开快一点儿,没事。"
你说:"不困,再开一会儿就到家,没事。"
可是,真的没事儿吗?
为了自己和他人的生命财产安全,请拒绝分心驾驶,做合格驾驶员。

第四节 九大防御驾驶技巧

防御性驾驶首先要求驾驶员开车时要眼观六路、耳听八方,要时刻关注路面情况,及时发现潜在的危险,平稳操控车辆,避免无谓的加减速;其次要观察周围环境,保持视野开阔,观察车辆两侧和后方的路面信息,包括对盲区的留意,并合理应对;再次要保持适当跟车距离,合理控制车速;最后要平和礼让行车,一心不可二用,一定要专注驾驶避免分心。遇到恶劣天气,要尽早发出信号,表明行车意图。可以通过喇叭、车灯、转弯灯等尽早让其他驾驶员知道你的下一步打算,不要突然行动,以免引起他人的惊慌。

行车过程中,驾驶员需要及时感知各种交通信息。信息提取是驾驶行动中最重要的生理和心理过程之一。统计数据表明,视觉信息占驾驶员感知交通信息总量的80%。同时,科学的观察方法也是防御性驾驶技术的核心。

日本交通事故分析中心以300名肇事者为对象进行研究分析,发现因观察不当引发交通事故的为225人,预判不当的为195人,操作不当的为63人。通过统计学分析,这些事故首先是由于驾驶员观察视距过短,与前车没有保持安全距离,驾驶员没有足够的处置时间造成的;其次是由于观察不到位,没有将行驶中的交通环境尽收眼中,导致突发情况处理不当;再次是由于受到外部环境的干扰,凝视驾驶等导致交通事故。因此驾驶过程中,驾驶员要看得远、看得全、看得活,这样大脑的信息量才多,才能给驾驶员足够的反应时间,才能预估不安全驾驶行为的危险性,并及时采取相应的预防措施,规避风险。

一、放眼远方

人们经常有这样的困惑:为什么一些驾驶员的素质无法再提升一下?为什么明明应该减速让行的地方,硬要加速强行?为什么已经有交通标志告知路口要到了,应该提前并线,却非要到路口附近才并线,严重影响后车正常行驶等?这些困惑其实是由驾驶员观察视距的不足导致的,很多车辆会在错误的时间、错误的地点进行错误的操作,干扰正常的行驶秩序,诱发延误、拥堵甚至交通事故。

根据国际路联的有关文件记录,交通事故的发生率与视距的关系是非线性的,在一定的视距之内,交通事故发生概率快速上升。例如,在农村公路上,90~100m是非常关键的视距,短于此视距,事故明显增加;对超车而言,如果视距不足400~600m,事故会明显增加;在非灯控交叉路口,当视距受限时,右转弯事故会增加。美国对交通事故率与行车视距关系的研究发现,随着行车视距的增大,交通事故率逐渐降低。当视距小于100m时,交通事故率随着视距的减小而显著增加;当视距大于200m时,交通事故率随着视距的增加而降低的趋势比较缓慢;当视距大于600m时,交通事故率基本不再发生变化。不同视距下的交通事故率见表6-1。

视距与交通事故率的关系　　　　表6-1

视距(m)	小于240	240~450	450~750	大于750
交通事故率 $1/10^6$	1.5	1.2	0.8	0.7

驾驶员的观察视距是安全行车的重要保障,因此驾驶员的观察视距要足够远,一般驾驶员只有3~6s的观察视距,为了让驾驶更安全,驾驶员的观察视距要延伸至15s以上。

视距是指一个驾驶员在任何一个特定的时间里看到的道路长度,普通驾驶员的前视距只有3~6s,当车速为70km/h时,前视距仅有60~100m;车速为100km/h时,前视距仅有80~160m。如驾驶员观察视距过小,获取信息的时间就会不足,一旦发生险情将无法及时做出安全应对,因此驾驶员的视距对安全和有效操作车辆是至关重要的。保持足够视距,有利于全面、及时地发现潜在危险,及时做出决策并安全应对。人的本能反应有个时间缓冲,发现前方任何危险源,从感知、分析、判断、控制处理方面都需要时间,因此要有充足的时间处理突发情况规避风险。

前方视距分为以下三个距离。

1.15~120s时间内到达的区域

可及早发现危险,有充足的时间调整自己的驾驶行为,主动寻找无障碍、安全的行车路线和位置,此视距为计划区。

计划区观察技巧：

(1)车辆将到达的前方15s以外的距离。

(2)可及早发现危险,有充足的时间调整自己的驾驶行为。

(3)应主动寻找无障碍、安全的行车路线和位置。

2. 6~15s时间内到达的区域

观察潜在危险的区域危险可以识别,需及时采取行动。此视距为反应区。

反应区观察技巧：

(1)车辆将到达的前方6~15s的距离。

(2)仍然有时间识别潜在危险,并计划采取相应的措施。

(3)在城市道路行驶时,视野至少应覆盖第二盏红绿灯。

3. 4~6s时间内到达的区域

必须采取行动的区域,危险很难提早识别,被动地与前车操作联动。此视距为被动反应区。

被动反应区观察技巧：

(1)车辆6s内将到达的距离。

(2)危险将会随时出现,应立即采取行动(如紧急减速、制动和打方向避让等);有可能在采取行动的过程中发生事故。

(3)应具备急停和制动的驾驶技能。

纵览交通事故原因,追尾的比例很大,都是驾驶员在驾驶过程中,观察视距过近,当前车紧急制动或停车时,未发现安全隐患而造成的。为此在驾驶过程中,驾驶员的视线是安全行驶的首要保障,视力差别和观察技巧差别关系到行车安全。一般驾驶员只有3~6s的观望时间(车辆都在相互运动中,情况瞬息万变),那我们驾驶时如何观察呢？在接近高速出口时,我们需要提前防备有人在外车道突然减速,横跨几条车道抢着出高速。在这种防御心态下,我们很自然地会往远处看,留意前方车流是否有不寻常的表现,比如远方有的车辆的制动灯较长时间亮起,前方车流变慢,或前方有车辆突然变线等。这就要求驾驶员观察得足够远,也就是说要有足够的安全视距。防御行驶视距要求延长驾驶员的观望时间达15s以上。

为什么要延长到15s呢？

车辆都在相互运动中,情况是瞬息万变的。在正常驾驶过程中,驾驶员只有3~6s的观望时间,驾驶员看见危险源出现的时间是0.4s；正常情况下驾驶员的反应能力为0.7s,假如车辆以100km/h的速度行驶,即每秒车辆前进28m,因此,从减速、制动到停车的一系列操作是不可能完成的。

驾驶员正常情况下,需要将观察视距延长至15s,根据防御性驾驶三个过程,驾驶员看见危险源并做出反应需要1s,视距判断(包括分析、认知、决定)需要6~8s,操作实现需要6~8s。赵炳强的试验表明,行车速度为97km/h时,驾驶员的可识别空间为34~427m,无法辨别427m以外的目标物。综合考虑行车时驾驶员视距的变化和人眼的可视距离,行车速度为100km/h时,驾驶员的视距值应为420m,因此防御性驾驶建议行车时保持15s的观察距离。

小知识

驾驶员观察得越远,越容易发现更多的危险源,留给自己处理危险情况的时间就越充裕,从而避免因观察不到位诱发交通事故。下面以6s和15s的观察视距区别为例进行说明(图6-8)。如果驾驶的观察视距只有6s,那么他只能看见骑车的人,而前方路边停放的故障车辆将无法观察到;如果驾驶员放眼至15s的观察视距,既能看到前方路边停放的故障车辆这个危险源,同时也能观察到骑车人这一危险源,这就是6s和15s观察视距的区别。

图6-8 6s和15s观察视距的区别

15s到底有多远,作为驾驶员该如何判断15s的距离?

方法一:用数1001、1002……1015的方法计算,即驾驶员选择一个参照物,当看见参照物时,开始数1001……当数到1015时,自己的车辆通过选择的参照物即15s的观察视距。

方法二:速度×4法则。

例:车速100km/h×4=400m,即为15s的观察视距。

一般驾驶员的观察视距和防御性驾驶建议的在不同车速下前方视距的差别如图6-9所示。

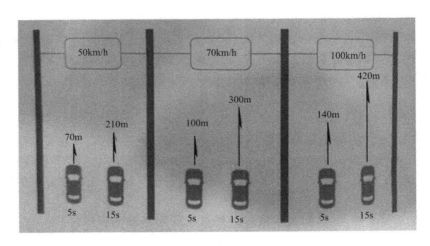

图6-9 普通视距与防御性驾驶视距

如何获得15s的观察视距?

技巧一:图6-10为被遮挡的视距,这样的视距你能接受吗?如果你曾遇到这样的驾驶场景,说明你跟车过近。

图 6-10 被遮挡的视距

变道和倒车时更要确保视野开阔。如果前车挡住你的视线,说明跟车距离过近,这时应该减速与前车保持安全距离或变更到阻力小和车辆少的车道,重新获得 15s 的观察视距。

技巧二:驾驶时,平视正前方,眼睛余光向上 30°,向高处看,驾驶员要养成平视前方的习惯,只有看得远才能获得更好的观察。正确的观察动作如图 6-11 所示。

图 6-11 观察技巧

二、洞悉四周

洞悉四周就是要了解车身 360°的情况,要保持好自己的安全驾驶空间。

放眼远方要求我们看得远,洞悉四周就是要求我们看得全。

案例

2019 年 5 月 9 日 8 时 55 分许,练某驾驶车牌号为闽 J×××3 的小型轿车,从寿宁县城区茗溪开往东区博雅幼儿园,途经博雅幼儿园路段下车打开车门时,与檀某驾驶的二轮电动车(后座乘坐范某)发生侧面碰撞,造成范某受伤、两车损坏的交通事故。

2019 年 5 月 11 日 13 时 10 分许,民警巡逻至沙坪坝区富洲路路段发现一起交通事故,经调查,此次交通事故是因马某在变道过程中观察不仔细造成的,应该由其承担交通事故全部责任。民警提醒,变道行驶前应仔细观察后面来车情况,在确保安全的情况下才能变道。

分析这些交通事故发生的原因,都是由驾驶员观察不到位、预判风险欠缺造成的。

为避免类似的交通事故,要求驾驶员在驾驶过程中做到眼观六路,洞悉危险,确保了解、更新周围状况。洞悉四周就是要求驾驶员观察要全,具体要求如下:

(1)掌握好自己的安全圈。

(2)辨别车辆四周相关和不相关的物体,重点注意潜在的危险隐患并采取相应措施。

(3)改变车辆位置以增大视野,避开视野障碍(深色膜、腰线高)。

(4)任何时候都保持合适的跟车距离(注意后车)。

> **小知识**
>
> **"速度与激情"**
>
> 在时速160km/h时,原来1.5s的视力将相当于不到0.4s。
>
> 在时速120km/h时紧急制动,后排的手机可以从后脑勺穿过,从嘴里出来。
>
> 时速160km/h以上时紧急制动,副驾驶可能被安全带勒断锁骨。
>
> 时速160km/h及以上,轮胎胎压比标准胎压高。一般轮胎不支持时速190km/h以上的速度。
>
> 忠告:在非特殊情况下,即使没有任何限制,时速最好也要保持在120km/h以下。

驾驶员坐在驾驶室内仅仅是一个小点,盲区很多;如果驾驶过程中车辆位置不断地变换,那么盲区也在不断地变换,例如,公交车进站形成的盲区。驾驶中,由于超过90%的决定都是根据眼睛看到的情况而做出的,为此,驾驶员无论在何时何处驾车,都应当清楚地了解车辆周边360°空间的状况,以及车在整个道路交通系统中所处的位置。同时,为了能及时发现潜在危险源,还要保持视觉搜索不间断地有序进行,并有意识地避免被其他事情分散注意力而引发交通事故。如倒车时,注意潜伏的危险;当有疑惑时,应下车察看,如有可能,请人指挥。

如何做到洞悉四周?

1.在驾驶过程中,360°观察是安全驾驶的必要条件,这首先要求驾驶员观察过程中清晰地筛选出具有潜在危险的相关物体,避免一切视线障碍;其次要有宽广的视野,车辆前、后、左、右、上、下,形成六面立体画面,从而达到360°环形信息源,这要求驾驶员必须做到15s视力引导和5~8s扫视左、中、右后视镜。达到360°环形信息源必须做到:

向前看:保持中心视野能扫视到广阔的路面状况,包括对面来车情况,几秒后到达某一位置时可能出现的情况,交通标志、标线和指挥信号等情况。

向后看:看后面的车辆是否跟得太紧,是否应该给后面的车辆让行。当我们要变换车道时,后面的条件是否允许。

向左右看:观察路的最左边到最右边,路边的停车、行人和路口里欲转出的车辆等,确保没有人或车辆要穿越我们所在的车道,尤其是在交叉路口、人行横道、学校和商场门口、铁路交叉口、施工现场等,在转弯或变更车道时要留心道路左右两侧的情况,不可盲目转弯或变更车道。

向上下看:上看各种标志及横在路面上方的桥梁、隧洞的高度,下看路面的标记、标线及路面的缺陷。

看全景:前后、左右、上下全方面地轮流扫视。

夜间行车,要观察前照灯覆盖以外的区域。

2.扩大视野仔细看

(1)要看得到车辆周围所有的物体。

(2)保持至少4s的跟车距离,根据环境变化适当调整。

(3)了解四周情况。

(4) 不要忽略地面的和与高度有关的风险。
(5) "我没看见"不再是发生事故的借口。

三、视线灵活

视线灵活就是要求驾驶员在驾驶过程中不要凝视,开车时不要注视某一特定物体超过2s。

通常驾驶员的单眼水平视野为150°～160°,垂直视野为135°～140°,视线上方约60°,下方约70°,两眼视野范围约120°的重叠,双眼水平视野为160°～180°。动视野比静视野略大,水平视野约宽15°,上方视野约宽10°,而下方视野则无明显变化。赵炳强的研究指出,随着车速的提高,驾驶员的视野逐渐变窄。驾驶员水平视野范围与车速的关系见表6-2。

驾驶员水平视野范围与车速的关系　　　　　表6-2

速度(km/h)	40	60	70	80	100
视野范围(°)	100	75	65	60	40

随着车速的提高,驾驶员行车视野变窄,对道路两侧的信息观察能力下降,他们很难分辨车辆周围距离较近的物体,因为距行驶车辆越近的物体,其相对运动角速度就越大,在驾驶员眼睛中的映像就越模糊,因此,高速行驶时,驾驶员无法识别近距离或远距离的物体。

车辆在行驶中,其运动速度是每秒几米、十几米、二十几米或更快。而高速行驶的车辆制动距离也随着速度的增加而加长,从几米到几十米。例如,60km时速制动距离在15m以上,80km时速制动距离在25m以上,100km时速制动距离在45m以上。路况往往瞬息万变,因此驾驶分心行为是非常危险的,危险有时就发生在一瞬间。

正常人的视野左右观察能力是180°,但能看清并记忆的仅是中心视觉的3°,固定看一个地方5min,就会导致眼睛疲劳而打瞌睡。因此,驾驶车辆时,驾驶员一定要谨慎小心,一心一意,保持眼睛移动,扩大视野,绝不可麻痹大意,否则就有可能酿成大祸,给驾驶员和他人带来无法挽回的损失。

案例

2019年5月15日中午,镇江市市区长江路平政桥发生一起交通事故,交警正在处理时,只听到"嘭"一声,原来,正在行驶的两辆小轿车因为"看热闹"导致追尾。

大部分驾驶员开车时间久了,都无法保证自己能一直保持一个清醒的状态。类似交通事故的规避需要驾驶员在驾驶时保持视线灵活,不断变换视野,避免眼睛盯着一个方向,每5～8s扫视一次仪表盘和左、中、右后视镜(图6-12)。使用扫视而非凝视,按远近→左中右→远近→左中右顺序扫视,保持警觉,通过目光移动做到洞悉四周,确保了解、更新周围状况,千万不要假设其他驾驶员已经看到自己,驾驶过程中要能辨别相关与不相关的物体。

人的中心视觉角度大约为3°,边缘视觉角度大约为180°。在驾驶的时候应该以边缘视觉发现物体,然后中心视觉移过去辨认物体,避免发呆凝视和专注凝视,避免紧盯同一目标超过

图6-12 扫视技巧

2s。车辆通过各种各样的路口时,按照防御性驾驶技术要求,要环回视野,避免凝视和专注凝视,要求眼睛不断扫视周边情况,避免注视一个物体超过2s,防止视若无睹和凝视情况的发生,否则事故不可避免。

视线灵活,要求驾驶员要视线移动尽量看,观察技巧如下:

(1)每隔5~8s扫视一次后视镜。

(2)经常变换视野,搜索道路上的所有信息和危险。

(3)避免发呆凝视和专注凝视(避免紧盯同一目标超过2s)。

(4)视野变换周期:主动反应区→反应区→被动反应区→左后视镜→仪表盘→倒车后视镜→右后视镜。

> **温馨提示**
>
> 认真观察是安全行车的首要因素,如没有及时、全面、仔细地观察,或无法观察清楚时,就不要轻易采取行动。

四、留有余地

出于安全考虑,驾驶过程中要有足够安全的空间和时间。无论是跟车太近引发的交通事故,还是把自己置于车阵中引发的交通事故,都存在一个共性问题,即没有给自己留有足够的空间。如看到一辆原来开得挺快的车被慢车夹在车道上,我们就要多加注意,他随时可能突然切出车道超车。从周围的蛛丝马迹中察觉出潜在的危险,并提前做好准备,留足空间。

留有余地就是保持四周有合适空间,为车辆留出足够的安全距离和安全空间。安全距离是指后方车辆为了避免与前方车辆发生意外碰撞而在行驶中与前车所保持的必要间隔距离。保持安全距离是防止追尾事故最直接、最有效的方法。

> **案例**
>
> 2018年2月25日凌晨,312国道江苏镇江丹徒区发生一起追尾事故。一辆白色小汽车因未与前车保持安全距离,追尾一辆停在路边的大型货车。事故造成3人死亡、2人受伤。

行驶中,要做到留有足够的安全距离,要求驾驶员要做到留有余地,留有余地的具体做法是扩大视野仔细看,这意味着要了解和看得到车辆周围所有的物体,且时刻要根据环境变化适当调整,错开视线,看得更清楚。预留空间应全面看,保持好自己的安全驾驶空间,当有任何事物进入这个空间时,应改变车辆速度或位置重新建立安全空间。无论周围的环境如何变化,总是给自己预设好"脱险路线",增大前方空间,避免被车流包围。不要在大型车辆之间行驶,不要把自己关在"笼子"中。要给自己周围留有安全空间,拥有逃生通道,不要与其他车辆并排行驶。与前车保持安全的距离,即用1001的方式数到8s的跟车距离。图6-13为错误的跟车,图6-14为正确的跟车。

图6-13　错误的跟车　　　　　　　　图6-14　正确的跟车

小知识

《道路交通安全法》第四十三条规定:同车道行驶的机动车,后车应当与前车保持足以采取紧急制动措施的安全距离。《道路交通安全法实施条例》第八十条规定:机动车在高速公路上行驶,车速超过每小时100公里时,应当与同车道前车保持100米以上的距离,车速低于每小时100公里时,与同车道前车距离可以适当缩短,但最小距离不得少于50米。

留有余地驾驶技巧:

(1)要保持好自己的安全驾驶空间,当有任何事物进入这个空间时,应改变车辆位置,重新建立安全空间。

(2)无论周围的环境如何变化,总是给自己预设好"脱险路线"。

(3)增大前方空间。

(4)避免被车流包围。

(5)随时准备应对可能出现的危险,并能立即采取行动,如紧急减速、打方向避让等驾驶行为。

(6)驾驶员应具备急停、制动的技术和能力。

温馨提示

(1)同样的路况,当车速快时,会觉得周围的安全空间小、不安全;当车速放慢时,就觉得安全空间大了、很安全。所以说,安全不安全,完全是由驾驶员来选择的。放慢车速,也就是人为地创造了安全空间。

(2)当行驶前方出现红灯时,应引起高度重视,减缓车速,弄清情况,并采取必要措施。因为在夜间观察到的红光位置,要比实际位置远些,所以在驶近信号灯位置时,一定要提前操作,以留有余地。

五、引人注意

在驾驶过程中,驾驶员应通过灯光、喇叭、目光交流,引起其他道路交通参与者的注意,不要想当然地认为别人知道我们的存在。在驾驶过程中如果别人不知道你的意图,就从其他道路使用者的反馈或应答确认自己的行为,具体做法是:寻求眼神接触,不要对他人想当然。要让他们知道你的存在,可以使用通信工具——灯光和喇叭引起他们的注意,从各个角度识别他们的意图,如白天使用日间行车灯或适当开启灯光,让别的道路使用者看到我们;使用警告装置与其他道路使用者进行沟通,要他们知道我们的存在及了解我们的意图。如果不确定,不要想当然。如果必要,停止前进。

引人注意就是要让他人向你看,驾驶员可以利用车的设施设备与其他交通参与者进行交流,或建立眼神交流;使用喇叭、灯光、转向灯、手势;转弯、变道、掉头等操作前,与其他道路使用者做信息沟通:看镜→打灯→看镜→扫视盲区→操作。

小知识

车辆灯光喇叭车语解析

在多车的城市中,远光灯最常用到的情况并不是照亮远方的路,而是代表驾驶员想表达的意思。灯语使用虽没有法律明文规定,但代表的意思已经约定俗成了,下面就是一些常用灯语代表的含义。

(1)远光灯闪一下——谢谢。
(2)远光灯闪两下——提示对方。
(3)远光灯闪三下——提示其他车辆有问题。
(4)连续闪远光灯——表示不满,慎用!
(5)双闪两下——谢谢。
(6)阶段性轻点制动踏板——提示后车跟车太近。

在城市里,汽车喇叭也是在必要时刻的一种提醒工具,但不能滥用。以下几种情况下,是有必要使用喇叭的。

(1)山路弯道处长按一声。
(2)可能造成危险时必须提示,配合挥手、竖大拇指。

如何避免与行人发生交通事故呢?对于驾驶人员来说,注意分析不同行人的不同心理反应特性,对于避免与行人发生交通事故保证行车安全是十分重要的。大多数行人看到汽车驶来或听到汽车的鸣笛声、行驶声,能够及时避让,这是行人的正常反应。但也有的行人明知车辆驶来却不避让。这种行人认为汽车是人操纵的,不会撞人也不敢撞人。这种太平无事的心理反应很容易造成行车事故。驾驶人员遇到这种情况千万不要急躁或赌气,应当降低车速、鸣笛、耐心地等候其通过,以避免行车事故的发生。还有的行人在行走时,思想高度集中在某一件事情上,其他刺激信号对他不起作用,汽车的行驶声、鸣笛声都不能引起他的注意,驾驶人员遇到这种注意力失去控制的行人应小心绕行,切勿驶近突然鸣笛惊吓,以免其突然受惊乱窜躲而造成事故。有的行人在公路边上(特别是泥土公路)行走或在路边休息,当车辆将至时,为了躲避尘土(刮风天)、泥水(雨后),会突然从路的一侧跑到另一侧。驾驶人员遇到这种情况应及时减速慢行,随时做好停车的准备,以避免行车事故的发生。老人、病弱的行人,一般反应较慢,力不从心,行动迟缓,缺乏避车能力;小孩不懂交通规则,喜欢在马路上追逐玩耍,遇车则四处乱跑容易肇事。驾驶人员应十分注意这些行人的动向,随时采取应急措施。遇有聋、哑、盲等行人,应当根据他们对音响刺激的反应来判断。鸣笛后毫无反应的人可能是听觉失灵者,盲人听到鸣笛声一般急忙躲闪,但不知躲闪的程度,往往不敢向前迈步,遇到这些情况应减速绕行。

> **小知识**
>
> **如何读懂车灯信号**
>
> 有经验的驾驶员能够从车灯信号中获取有用的信息,掌握这些知识就能规避很多危险。
>
> (1)当车灯投射距离由远变近时,表示汽车驶入上坡道,也可能是将要到达起伏道路的低谷路段。
>
> (2)当车灯投射距离由近变远时,表示汽车已在下坡道或由陡坡进入缓坡。
>
> (3)当车灯光离开路面时,表示前面出现急弯或车辆已驶至坡顶,甚至有可能是前面出现大坑。
>
> (4)当车灯由路中移向路侧时,表示前方出现一般性弯道。
>
> (5)当车灯从道路的一侧移至另一侧,表示前方为连续弯道。
>
> (6)当车灯横穿道路,说明前面是交叉路口,车辆可能交会,应做好必要准备工作。
>
> (7)当前车尾灯或亮或暗,表明前车在远处。
>
> (8)当前车尾灯较为明亮,表示前车在近处。
>
> (9)在前车尾灯左右间距较短时,表明前车为大型车,反之则为小型车。
>
> (10)当相向车射出的光线与路基脱离时,表示来车已接近坡顶。

六、众醉独醒

众醉独醒,比喻众人沉迷糊涂,独我保持清醒。成语出自战国楚·屈原《渔父》:"屈原曰:'举世皆浊而我独清,众人皆醉而我独醒,是以见放。'"

驾驶过程中,驾驶员首先必须做到专心驾驶不能分神,摒弃不良驾驶习惯,遵守交通规则,在驾驶过程中要注意观察路上其他车辆和驾驶员的状态,识别其他驾驶员疲劳症状和驾驶陋习等不良和不安全驾驶行为。只有把其他驾驶员当成喝醉了一样,随时预防被动卷入交通事故,利用防御性驾驶技术,才能真正做到安全驾驶。

驾驶员要专心致志驾驶车辆,注意时刻提醒自己要保持冷静,有效避免因为坏情绪而导致的危险。

1. 观察清楚,不要贸然行动

驾驶员在开车时,有时疏忽大意,没有观察清楚路面情况,由此引发交通事故。许多事故都是因为夜晚开快车,结果突然发现前面有车、有人或是有东西,这时大都是直接撞上去,或是避让翻车,发生严重的交通事故。观察清楚是第一重要的驾驶方法,如没有及时、全面地观察清楚,或无法观察清楚,就不要轻易地向前开。

2. 识别危险,正确迅速判断

要能识别判断出路面潜在的危险点,并马上做出正确的决定——自己不强超恶会,意识到行驶状态异常的其他车辆(驾驶员可能处在酒驾、疲劳驾驶甚至毒驾等状态),一定要与其保持足够的安全距离,从容应对。

3. 不被情绪干扰

上车前,如果情绪不好,就要学会为自己减压。因为如果驾车时脾气火爆或者沮丧,都会在一定程度上影响驾驶员的驾驶效果。

有些驾驶员遇到强超抢会、抢道、追尾、碰撞等事故,就会火冒三丈,产生所谓"路怒症"。其实在路上和别人争吵,不仅不能有效解决问题,还会加重双方的不良情绪。这时冷静处理反而更有利于事情的解决。例如驾驶过程中多做几次深呼吸;试着与前车保持一定车距;开窗让新鲜空气进入车厢;听收音机或听比较轻松的音乐;将车停在路边服务区;有心事的时候可以先打个电话跟好朋友倾诉一下,心情舒畅后再上路等。

4. 警惕前车的异常状态

驾驶员在驾驶时,当发现前方车辆不时会在车道内出现左右摇摆的情况时,应意识到前方是一辆行驶状态异常的车辆,其驾驶员可能处于酒驾、疲劳驾驶甚至毒驾等状态,对危险情况可能不会做出有效的避险操作,甚至意识不到危险状态。此时,驾驶员应密切注意前车动态,如果依然按照平时的方式跟车行驶,很有可能会一起陷入交通事故中。

面对行驶状态异常的前车,防御性驾驶要求驾驶员做到众醉独醒,一定要与前车保持足够的安全空间,不要进入前车的危险范围内。即使前车毫无征兆地发生事故,驾驶员也能在自己提前留下的安全空间内从容应对。

七、轻车熟路

轻车熟路就是赶着装载很轻的车子走熟悉的路,比喻事情又熟悉又容易,出自唐·韩愈《送石处士序》:"若驷马驾轻车就熟路,而王良、造父为之先后也。"

驾驶员在驾驶过程中应做到心中有规划,遵守交通规则,能感知驾驶过程中的危险,使自己驾驶得心应手、驾轻就熟。

1. 合理选择行驶路线

最佳行车路线与道路情况好坏有关系,因此必须根据不同路况予以选择。

(1)在标准的等级公路上:原则上按照公路的各种标志所规定的行驶区域、线路行驶。需要特别提醒的是,画有中心黄实线的,禁止各种车辆在任何时间压线行驶或压线超车。

(2)在普通公路平直的道路上:应靠右侧行驶,如前方无来车,可在道路中间行驶。

(3)在路面不宽、拱形较大的碎石路上:应在路中间行驶,以保证车辆左右两边有回旋余地。要避免长时间偏侧行驶,以免加重一边轮胎、钢板弹簧、车架等机件的负荷,而造成不均衡磨损。应尽量避开道路的尖石棱角物及凹凸坑等。

(4)在有车辙的道路上:汽车应沿车辙行驶,通常车辙之处是平坦的路面。

2. 安全跟车

驾车过程中,如何安全跟车是每个驾驶员都会遇到的问题。正确掌握跟车技巧,就能在驾车时轻松自如,心情愉悦,而且也能有效降低交通事故率。

(1)正确判断、掌握行进中车辆的间距。跟进的过程中,因受前车阻碍,视线被局限,驾驶员接收来自前方的信息较慢,在驾驶操作上显得被动。所以,必须控制与前车的纵向距离,尽可能扩大视野,减少操作上的被动。

(2)按照车速确定车距。行驶中,车速越快,车辆的间距应越大。一般情况下,车辆间距可参照行车的时速确定,如车速为60km/h,其纵向间距不得小于60m。高速公路设有车辆纵向距离测量标牌,能够帮助驾驶员估算与前车的距离。

(3)在城镇繁华地区跟车时,要耐心跟进,需要超车时,要在较远距离时就观察情况,确保超越过程中不因前面突然出现行人、骑车人而惊慌失措。

(4)跟随出租车或其他随时停车的车辆时,要拉大间距,以便前车停车时能及时停车或绕行通过。

(5)在遇风、雨、雪、雾等恶劣天气时,要严格按照交通法规的规定时速行驶,增大间距。

(6)在郊区或农村,跟随无转向指示装置的农用车,超越时,一定要提前鸣喇叭或用远、近光灯示意,以防其突然转弯。

(7)在跟进行驶中,若遇行人或非机动车插入,要保持足够的耐心,不要产生急躁情绪。尤其是遇人行横道,更要主动避让行人,表现出良好的职业道德。

(8)在行驶到高速公路终点后,不能意犹未尽,盲目开快车,而要及时调整心理状态。

(9)不要跟随正在执行特殊任务的警车、消防车、救护车、工程救险车或车队,以免造成事故或不必要的麻烦。

(10)在坡道行驶时,跟车间距要加大,以防前车因操作失误或动力不足熄火后溜发生撞车。

八、有备无患

小知识

成语故事

春秋时,晋悼公当了国君以后,想重振晋国的威名,像他的先祖晋文公一样,

> 称霸诸侯。这时的郑国是一个小国,一会儿和晋结盟,一会儿又归顺楚国。晋悼公很生气,公元562年,他集合了宋、鲁、卫、刘等11国的部队出兵伐郑。邻简公兵败投降,给晋国送去大批礼物,计有兵车一百辆,乐师数名,一批名贵乐器和十六个能歌善舞的女子。晋悼公很高兴,把这些礼物的一半赏赐给魏绛,说:"魏绛,是你劝我跟戎、狄和好,又安定了中原各国;八年来,我们九次召集各国诸侯会盟。现在我们和各国的关系,就像动听的乐曲一样和谐。郑国送来这么多礼物,让我和你同享吧!"魏绛说:"能和狄、戎友好相处,这是我们国家的福气,大王做了中原诸侯的盟主,这是凭您的才能,我出的力是微不足道的。不过,我希望大王在安享快乐的时候,能够多考虑国家的未来。《尚书》里说,在安定的时候,要想到未来可能会发生的危险;您想到了,就会有所准备,有所准备,就不会发生祸患。我愿意用这些话来提醒大王!"

《尚书·说命中》:"惟事事,乃其有备,有备无患。"《左传·襄公十一年》:"居安思危,思则有备,有备无患。"有备无患就是考虑到危险就会有所准备,事先有了准备就可以避免祸患。

在日常行车中,无论是在交通密集的路段跟车行驶,还是在山区道路、高速公路、乡村道路上行驶,驾驶员都会因缺乏足够的心理准备,对潜在的危险认识不足,引起精神过度紧张和情绪上的不稳定,形成错觉,造成对外界环境的误判,从而影响驾驶员的正常行车安全,增大了交通事故发生的可能性。因此驾驶员在驾驶过程中,要持续观察全方位情况,兼顾车辆行车状态和其他交通参与者的行驶状态,做到有备无患,这对提高行车安全、预防交通事故非常有必要。

(一)行车前检查

"工欲善其事,必先利其器;器欲尽其能,必先得其法。"为了使车辆处于良好的技术状态,顺利到达目的地,保证行车安全,在每次出车前对车辆进行必要的检查是很重要的。而且,应该养成习惯,自觉遵守。

1. 开车前的行车安全检查

(1)检查车灯和转向信号灯工作是否可靠。

(2)检查制动装置工作是否良好,包括对制动器、制动液面及制动尾灯的检查。

(3)检查后视镜位置是否合适。

(4)检查前照灯、后尾灯、制动灯及车窗玻璃是否清洁。

(5)检查轮胎状况是否正常。

(6)检查车辆外露部位螺栓螺母是否安全。

(7)启动发动机,检查发动机运转是否正常,有无异响,各仪表、警告指示灯工作是否正常。

2. 行车前的"五油"安全检查

(1)机油。

机油量标准量法:将车停在平坦路面上,拉起驻车制动器,关闭发动机,并等待数分钟,让机油流回油底壳。取出油尺,并用清洁的布擦拭干净。插回油尺,且要完全放到底,再次取出油尺,正常的油位高度必须在油尺上的 Max 与 Min 两个记号之间。

(2)变速箱油。

变速箱油量标准量法:起动发动机,让车行驶,使水温表指针达到正常工作温度;将车停在平坦路面上,拉起驻车制动器(不可关闭发动机)。发动机继续怠速运转,脚踩制动踏板,将排挡杆从 P 挡位逐一换至 L 挡位,并在各挡位停留数秒钟。最后将排挡杆排在 P 挡位。取出油尺,并用清洁的布擦拭干净。插回油尺,且要完全放到底。再次取出油尺,正常的油位高度必须在油尺上的 HOT 范围内。

(3)动力方向机油。

动力方向机油量标准量法:将车停在平坦路面上,拉起驻车制动器,取出油尺,并用清洁的布擦拭干净。插回油尺,且要完全放到底。再次取出油尺,正常的油位高度必须在油尺上的 HOT 范围内。

(4)制动油。

制动油是车辆最重要的一种油,依照规定通常每年或每行驶 3 万 km 更换一次(以两者先到者为准)。若还未到更换时机,也要检视制动油存量,可先由制动油壶外的刻度判别,制动油必须介于 Max 与 Min 之间,若需要添加一定要添加到 Max 位置。对于标号数不同的制动油,需严格控制,避免混用。

(5)燃油。

行车上路前一定要检查燃油量是否充足。

3.行车前的"四压"安全检查

(1)油压。机油压力指示灯应在钥匙打开时变红(未亮,需做进一步的检修),发动机启动后 10s 内熄灭,如未在 10s 内熄灭要马上熄火,检查机油量。如油量充足,则进厂做进一步的检修。若在行驶途中,机油压力指示灯亮起,应马上找地方停下来,利用油尺检查机油量是否足够,不够时一定要加足。

(2)电压。电瓶指示灯应在钥匙打开时变红(未亮,需做进一步的检修),发动机启动后 10s 内熄灭,如未在 10s 内熄灭,需进厂做进一步的检修。

(3)胎压。每日行车前,应检查全部轮胎胎压是否正常(一般车辆,在车门柱上或手套箱内有胎压指示表)。

(4)气压(真空助力制动式)。将制动踏板踏死后启动发动机,看制动踏板是否会下沉。若踏板下沉,则表示真空辅助制动作用正常;若踏板没有下沉,应做如下检查:找到从进气歧管接至制动总泵辅助器的黑色软管,检查其有无真空作用,是否出现老旧破裂或阻塞现象。若没有以上症状,则进厂做进一步的检修。

(二)跟随大型货车、公交车、出租车、高档车、外地车、贴有实习标识车行驶需谨慎

大型货车又宽又大,遮挡行车视线,既要避免随着它闯红灯(大货车过去后红灯亮了,后车难以停车,而出现违章),又得防止货物掉落而伤及自己及车辆。

大型公交车和大型货车一样,容易遮挡行车视线,而且一些公交车驾驶员进出站时强进强出,还不开转向灯,如果跟得过近或在其两侧,就容易发生事故。

空驶的出租车经常要在路上找活儿,一旦发现有人打车,驾驶员就会紧急制动,而载着客的出租车也会因乘客就近下车而随意停车,经常不打转向灯就猛地停在路边。如果跟车过近,就没有了制动距离,很容易追尾。

如果自己开的是一辆比较普通的车,最好不要跟在高档车的后面,因高档车的车速一般比较快,一旦出现紧急情况,它能及时制动,而普通车的制动距离长,发生追尾的可能性很大。

外地驾驶员一般对所在城市道路不熟,行车速度慢且犹豫,有时为了寻找目的地,会临时停车问路;有时会在发现临近高速公路或城市快速匝道入口时,突然减速、变更车道驶入匝道,或在城市快速出口时突然减速、变更车道驶出匝道。其次外地车辆驾驶员因为长时间驾驶车辆容易因疲劳而忽视路边的各种提示信息,车开得忽快忽慢,忽左忽右,跟在后面很危险,稍有疏忽就有可能发生追尾,加大了交通事故的风险。

贴有实习标识的车辆一般为新手,由于新手可能既不熟悉车况和操作,也不熟悉路况,很容易发生危险。遇新手驾驶最好的处置方法是不要鸣笛催促,跟在其后方并与其保持足够的距离,在条件允许时并线到其他车道,超车完毕后返回原车道时也要保证前方留有足够的空间。

(三) 驾驶过程中避免视觉盲区

视觉盲区是车前、车后靠人眼或借助外后视镜看不到的位置,一旦有小孩蹲入这些区域,往往会酿成惨祸。实际上,除此之外,还有因车身构造而导致的A柱盲区、内轮差盲区,因驾驶技巧而导致的超车盲区、泊车盲区,等等,无论是小孩还是大人,如果不小心进入这些区域,都很容易被行驶中的车辆伤到而诱发交通事故。

1. 特殊盲区:不连续变车道,多看

右转或左转时,遇上转弯角度大或连续变道2次以上,根本看不清转弯过去后车道上的来车,这时也就形成了一个"盲区",这种情况更容易发生在路面较宽的高速路上。所以,驾驶员在保持正常行驶的同时,要经常观察,随时掌握车后的情况。如果后面的车辆忽然消失,就很可能已进入盲区,要多加小心。

2. A柱盲区:多看慢速可避免

一般轿车两侧有3个立柱,其中前风窗玻璃两侧的斜柱称作A柱。在车辆转弯或者进入弯道前,驾驶员的视野都会被部分遮挡,造成视觉盲区。现在不少车辆都安装了智能安全系统,只要有车辆或人进入前方的盲区,就会出现警示;而对于一些没有安装智能安全系统的车辆,驾驶员则应多留意前方路况,减慢车速。

3. 内轮差盲区:注意街角行人,扩大转弯半径

所谓内轮差,是指车辆在转弯时,前内轮与后内轮之差。这个区域是驾驶员视线的盲区,货车、公交车等比较长的大型车,车头转过去了,往往车身还没有完全转过去,"内外轮差"的盲区就成为"死亡地带"。一般小车会产生接近1m的内轮差,大车会产生多达2m的内轮差。所以,转弯时要注意站在街角的行人,特别是靠车辆较近的行人,如发现行人靠近自己,可鸣喇叭提醒行人注意,确认安全后小心完成转弯。

4. 超车盲区:超车看车头,会车看车尾

无论是超越前车还是与对向的车辆会车,驾驶员往往看不清前车或来车的前后情况,特

别是超载公交车等大型车时,超车盲区更大。同向行驶的车辆,一定要注意它的前部,因为看似慢吞吞行驶的车辆,其实有可能正在避让行人;而与对面来车会车时,则需注意它的尾部,因为这个区域也可能会突然蹿出横穿马路的行人,此时如果贸然加速超车,很可能撞到行人。

5. 泊车盲区:慎选停车区,请人来指挥

泊车时,因为两边紧挨着其他车辆,后视盲区较大,座位越低,盲区越大。所以,尽量不要选择在狭窄的地方停车,如果必须这样做,可请别人指挥协助停车。

6. 山路盲区:山道多弯,过弯先减速鸣笛

山路崎岖、狭窄且盲区多,许多看似普通的转弯其实是连续的S形弯路,很可能会有一辆莽撞的车辆从弯道里冲出来。另外,在遇到抬头坡(前方坡度很陡)时,前方也有很大的盲区。所以,山路行驶时一定要多留意路边的提示牌,通过弯道时最好鸣笛示意;而且,弯道行驶更应注意控制车速,尽量靠车道右侧行驶。

7. 光线盲区:出隧道或夜间行车不要跟车太近

开车出隧道时,驾驶员的眼睛会因一时不适应光线的突然变亮而眼前发黑,这时就会出现短暂的视觉盲区。同样,夜间开车时,驾驶员的眼睛容易受到各种灯光的刺激,视力所及范围受限,也容易产生盲区。所以,出隧道或开夜车时,不要跟车太近。

(四)遵守交通法规

如果开车上路的驾驶员都能完全遵守交通法规和规则,至少能规避99%的事故。驾驶车辆时,应做到不准随意变更车道,转弯时让行。

很多人都有随意散漫的个性和习惯,容易在开车、转弯和变更车道时发生危险。转向前应提前打转向灯,多观察一会儿,多看看后视镜,前后左右都要观察清楚,然后鸣笛,随后平缓地转向,并注意让行。此外疲劳驾驶、醉酒驾驶、超速超载等不遵守交通法规的行为,都是极其危险的。应改掉这些不良驾驶习惯,遵守交通法规。

> **小知识**
>
> **驾驶员遵守交通法规顺口溜**
> 交通法规记心中
> 努力学习不放松
> 出门行车多检查
> 一路顺利始和终
> 礼让三先要牢记
> 违章违纪要注意
> 遇有行人多让路
> 平安驾驶是福气
> 红灯千万不要闯
> 超速其实挺容易

> 高速路上别倒车
> 行车不是玩杂技
> 规章是为全民定
> 安全驾驶靠自己
> 警察不在心中有
> 一生幸福羡慕你

(五)识别潜在危险,预防事故发生

在驾驶中,如没有及时、全面、仔细地观察,或无法观察清楚,就不能正确识别潜在危险。如变更车道前,除了要观察待驶入车道内的车流状况,还要考虑到其他车道内是否也有车辆计划变更车道,能准确识别和判断出前方道路潜在危险,及时做出正确、安全的决定,做到有备无患就能有效规避交通事故的发生。

1. 预防乘客危险行为

(1)在驾驶过程中,关注乘客状态,当乘客发生将头或手伸出车外等危险行为时,减慢车速,及时礼貌劝阻,并视情况开启危险报警灯,提醒来往车辆,特别是后方行驶的车辆,以免发生追尾。若劝阻无效应停车。

(2)中途有乘客下车时,要提醒乘客从右侧车门下车,注意前后左右行人、车辆的来往情况,确认安全后再开门下车。车辆停稳前不得开车门和上下乘客。驾驶员要关注乘客下车情况,确认乘客已经安全下车后,观察周围情况,确认无异常情况后,再缓慢起步。

(3)在停车、倒车等车辆未安全停稳时,注意预防乘客突然开门。

2. 预防行人危险行为

(1)行经人行横道时,减速慢行,注意避让行人。

(2)行经没有交通信号灯的道路时,减速慢行,注意避让行人。

(3)在有信号灯的交叉路口,红灯变绿灯时不要着急起步,观察两侧车辆前方是否还有正在通行的行人,确认安全后再起步通过;绿灯通行时,也要减速慢行,预防行人可能违法横穿马路。

(4)转弯时,注意礼让直行的行人,并预防可能突然出现的行人。

(5)驾驶时,一定要集中注意力,多观察路况,随时准备制动,以防行人突然横穿马路或隔离带。

(6)经过小区道路时,注意可能会突然出现的行人。

(7)停车、倒车时,注意视线盲区,尤其是地下车库,若视野不够开阔,一定要下车到车后方确认盲区内是否有人。

3. 远离非机动车,预防危险

(1)在与车辆会车时,注意车辆周围,以防遇到突然横穿的非机动车。

(2)超车或变道时,注意观察后侧车辆,预防后面非机动车追尾。

(3)在机动车与非机动车混合的道路上,不要太靠右行驶,注意观察右侧非机动车辆,尽量远离非机动车。在超越非机动车时要谨慎;当非机动车占用行车道时,注意避让。

(4)通过交叉路口,一定要减速,注意观察,礼让行人和非机动车;遇到不礼让或抢行时,保持平和心态,不赌气,不斗气,为了安全,宁可有理让无理;红灯变绿灯时不要着急起步,观察两侧车辆前方是否还有正在通行的非机动车,确认安全后再起步通过;绿灯通行时,也要减速慢行,预防非机动车可能违法横穿马路。

(5)转弯时,注意礼让直行的非机动车,提前减速,仔细观察,全面预防可能突然横闯的非机动车。

(6)在小区出入口,一定要减速慢行,注意避让来往的非机动车。

(7)起步、停车、倒车时,注意视线盲区,必要时下车确认盲区内是否有非机动车;倒车驶出停车位时,脚一定要备在制动踏板上,以便突发紧急情况及时制动,注意所打方向、相反方向的车前角是否会剐蹭到非机动车。

(8)开关车门时,注意看后视镜,先观察周围情况再行动。采用荷式开门法,即先打开一条缝,不要突然全部打开车门,以防撞到来往的非机动车。

九、逃离险境

在驾驶过程中,很可能遇到一些道路通行不畅的突发事件,驾驶员要通过自己的观察和预判,沉着冷静、迅速准确地判断出最佳的安全撤离路线。例如道路前方发生严重的道路交通事故、道路设施事故(道路、桥梁、隧道塌方)、严重的危险货物运输事故,以及影响道路交通的各种恶劣天气(包括风、雾、雨、雪等)可能降低道路通行能力。

(1)如果还未入险境,千万不要轻易涉险,草率通过,一定要选择安全地点停车查明情况,确保百分之百安全后,方可通过。如不幸已驶入险境,如道路前方发生严重的道路交通事故、道路设施事故(道路、桥梁、隧道塌方)、严重的危险货物运输事故,应当及时组织乘客疏散到道路以外的安全地带躲避,预防第二次事故发生。

(2)如遇到塌方、泥石流、道路水毁、滑坡等地段,一定要沉着冷静,迅速准确判断出最佳的安全撤离路线,以最快的速度逃离险境。如车辆已无法逃离,驾驶人员一定要迅速下车及时组织乘客疏散到道路以外的安全地带躲避。切记千万不要在车上滞留,以免丧失稍纵即逝的逃生机会。

(3)不要依赖自己对他人行为的判断。调整跟车距离,在任何时候都要使车的前后、左右距离保持正常。避免并排行驶和视线盲区,留有逃生通道。随着外界环境的改变来调整驾驶行为,减速或保持安全驾驶空间。

(一)避免并排行驶

在城市道路行车,应当遵循各行其道的原则,并与并排行驶的车辆保持足够的横向安全距离;在一般道路和高速公路上行驶,除了具备超车条件时与被超车辆并排行驶外,一定要避免与同向行驶的车辆长时间并排行驶,否则极易引发交通事故。

(1)如遇前方有载重货车,想超车时,要先观察前方路况,在确保前方路况良好、视线良好的情况下,打开超车转向灯、鸣笛、频闪前照灯,同时观察大货车的走向。如果货车并没有占道行驶,且无左摇右晃的倾向,立即踩加速踏板快速将其超越。超越时应当与被超越的大货车保持足够的安全距离后再驶回原车道。

(2)应该特别注意,转弯时不要和大型货车并排行驶。因为大型货车在转弯时前轮与后轮之间存在较大的"轮迹差",也就是说当大货车前轮拐过去之后,其后轮与前轮的行驶轮迹不在一条弧线上。如果此时并排行驶的车辆处于大型货车车身前半部位置时,那么大型货车在转弯时就极易将并排行驶的车辆撞倒。

(3)通过路口时应做到以下几点:

①要看信号灯行驶,绝不能闯红灯,人为制造安全隐患。

②在路口等灯时,切勿与左侧的右转弯大型货车并排行驶,当察觉有大型货车右转时,应高度警觉,以防遭到大型货车的碰撞;左转弯也一样,不要在大型货车左侧徘徊,要主动让道,避免相互碰撞。

③在信号灯未变换时,不能为了赶时间盲目向前移动,否则将置并排行驶的车辆于危险境地。

④行驶过程中,应当观察同向行驶的大型货车装载货物情况,特别是城市或远郊,很多大型货车拉土、拉石头、拉建筑垃圾,很容易掉下装载货物,砸坏并排行驶的车辆。

(二)调整驾驶空间的技巧

驾驶空间实际上是指行驶车辆之间的距离,俗称车距。行车间距如果过小,容易发生撞车事故。常见的一些追尾事故多半是由车距过小造成的;而行车间距过大,会使该段道路上的汽车通过量下降。

灵活运用"三要素"

在正常情况下,行车间距的米数和车速的千米数相同(如车速为50km/h时,与前车要保持约50m距离)。但是安全车距受速度、天气和路面"三要素"的影响较大,因此在实际运用中必须灵活机动,根据实际情况对安全车距进行合理的调整。

(1)车速对行车间距的影响是最直接、最大的。常言道:"十次肇事九次快"。车速增大,出现情况后驾驶员的反应距离随之增加,车辆的制动距离也因车辆动能的增大而增大,因此,安全车距要随车速的变化而及时调整。

(2)天气的好坏也直接影响安全车距。遇风、雨、雪、雾、阴暗天气,驾驶员的视线受到影响,中枢神经疲劳,感觉迟钝,知觉降低;遇高温天气,驾驶员肌肉松弛,心率加快,体力减弱,无精打采,心情烦躁,大脑皮层抑制性增强,应变力下降,操作灵活性减弱;遇低温天气,驾驶员肌肉收缩,精神紧张,行动笨拙。因此,遇到以上几种恶劣的天气条件时,应降低车速,适当加大行车间距。

(3)路面对行车的安全间距影响也较大。主要是道路附着性能的变化,附着系数下降一半,制动距离将增加一倍。遇雨路、泥泞路、雪路,特别是结冰的路面时,其附着性能大大下降,使制动距离较正常路面更长。

小知识

(一)制动失灵如何逃离险境

制动对安全驾驶起着非常重要的作用。车辆不仅需要动力,也需要有安全保障，如果在日常行车中遇到制动失灵的情况，不及时采取措施，很有可能造成严重事故。

1. 保持冷静

先让自己冷静下来，保持平静的情绪，不慌张，手不能离开转向盘，在保持清醒头脑的同时采取自救措施。

2. 利用驻车制动器制动

如果行车制动器失灵，可利用驻车制动器制动，但是，拉驻车制动器的时候不能太快，如果太快很容易导致制动盘抱死，车辆失控，还有可能损坏传动机件而丧失制动力；也不能拉得太慢，太慢会导致制动盘磨损过度而失灵。正确做法为：匀速拉驻车制动器，且一拉一松不停重复，直到车辆停止。

3. 降挡减速

利用加速踏板进行降挡减速，如果车辆速度过快，则可能很难进入低挡位，可以先松开加速踏板，使车辆慢慢降速，再进行降挡操作。如果这时候车辆速度还是过快，就要用力踩加速踏板，将同步器打开，再进行降挡。如果车辆是自动挡，挂到 N 挡即可。

4. 利用周边的摩擦障碍物进行减速

这是在其他办法都无法正常发挥作用时采取的措施，因为利用这种方法会导致车辆受损，后期维修保养费用较高，但在危险面前，保全性命最重要。

(二) 驾车遭遇山洪涉水熄火，如何逃离险境

(1) 路遇山洪要迎着洪水猛冲过去。路遇山洪等险情，应沉着冷静。首先，应迅速紧闭车窗，迎着洪水快速开过去。如果速度缓慢，洪水冲到车的侧面，可能将车掀翻卷走。如果在洪水中出现熄火现象，且水位不断上涨，驾驶员应立即弃车，生命才是最重要的。

(2) 车轮侧滑，牢记转向"后同前不同"。雷雨天行车容易侧滑，公路单边积水，车辆阻力突然增大，易失去控制。如果汽车打滑，要牢记"后同前不同"原则，即如果是前轮侧滑，应将转向盘往侧滑的相反方向进行适量纠正；如果是后轮侧滑，则要将转向盘朝侧滑的相同方向纠正。

(3) 车辆坠河，身体后仰关闭窗门。如果车辆发生坠河等险情，驾乘人员应双手抓紧扶手或椅背，让身体后仰，随着汽车翻滚，避免在落水之前在车内被撞昏迷，失去自救机会。同时，在汽车落水前要关闭所有门窗，阻止水涌进。当水到达下巴时，车内外压力差不多，可做一个深呼吸，打开或敲碎车窗玻璃逃生。如果落水时车内就已进水，则要尽快逃生。

(4) 涉水熄火，立即关闭点火开关。车子涉水熄火，应立即关闭点火开关，不要试图再次启动发动机，否则会使发动机损坏加重。如果水面已经超过排气管，则严禁启动发动机。

特别提醒：高速公路发生车辆故障或交通事故紧急处理 9 字箴言：车靠边，人

撤离，即报警。

（三）远离大货车

在高速上行驶应远离大货车，原因有两个：其一，大货车盲区比轿车大；其二，驾驶员大多疲劳驾驶。如果与大货车在高速上相遇可采用以下方法：

（1）不要在大货车后部跟车行驶，高速连环追尾事故中靠近货车的后果最严重。如果是满载货物的货车，还有被车上掉落货物砸中的可能。

（2）不要与货车并行，如果超车加速行驶，要紧握转向盘，因为货车的两边会形成气流漩涡，使小车的方向发生漂移。遇大客车时也不要与其并行，大客车时速一般在110km/h，车身两边的涡流更明显。如果再碰到下雨天会明显感觉到车辆方向失控。

（3）下雨天不要跟在货车的后侧方，因为货车轮胎巨大的扭矩会把地面的泥水卷起击打风窗玻璃，让你瞬间失去视线。

（4）下高速时不要与货车抢道，因为如果货车在变道或弯道时发生侧翻，会直接压向小车。

（5）在国道或省道想要超越货车时要反复用灯光与喇叭提示对方，多数情况下对方会礼让小车。

（6）不要在货车前面长时间行驶。货车的制动距离长，即惯性大，制动时不能及时停住。如果货车用灯光与喇叭提醒我们，我们应立刻为其让路。

（7）如果发现货车偏离道路行驶，则其驾驶员很有可能疲劳驾驶，这时我们应远离它，以免发生意外。

第七章
道路运输紧急情况应急处置

学习目标

掌握紧急情况应急处置原则;掌握长下坡制动失灵失效、车辆爆胎、转向失灵、车辆侧滑、紧急避让、侵扰驾驶员、乘客突发疾病、危化品泄漏、车辆起火、车辆侧翻和坠毁、车辆起火、车辆落水、客车反恐、货车防盗相关应急处置知识;掌握交通事故现场应急处置与伤员救护知识。

第一节　紧急情况的应急处置原则

紧急情况通常指发生的事情是不可预见的或突发的,并带来危险,需要立即采取应对措施,尽力控制。

驾驶过程中出现紧急情况时,能否有效地规避风险和逃生,取决于驾驶员应急措施是否及时、恰当和有效。驾驶员只有具备良好的心理素质,掌握应急处置的知识,在遇到险情时才能临危不乱,冷静分析并采取有效的应对措施。

一、紧急情况应急处置的重要意义

在驾驶过程中,往往由于道路客观条件的突然变化,发生意想不到的紧急情况。如果驾驶员能临危不乱,处理得当,就能有效地规避危险或成功逃生,可以最大限度地减轻经济损失或避免事故的发生。所以作为一名合格的驾驶员必须掌握各种突发紧急情况下的应急处理措施,在遇到危险时具有沉着、冷静的心态和行之有效的超强处置能力,才能降低交通事故发生率,从而减少人员伤亡和财产损失。

在紧急情况下采取科学、合理、有效的处置方法,可以避免事故或者降低事故损害程度。

在行车中由于驾驶员经验不足或注意力分散、车辆技术性能突变以及其他交通参与者的影响,极易诱发紧急情况或者交通事故。

有数据显示,交通事故中造成人员伤亡和财产损失的主要原因有两个:一是超速行驶;二是应对措施不当。紧急情况应急处置是驾驶员规避险情和减少损失的关键技术。面对道路客观条件的不断变化,险情有可能随时发生,这就要求驾驶员必须具备处理突发紧急情况的知识和及时、有效的应变处置能力,在遇到各种危险和紧急情况时采取有效的应急处置措施,从而减轻甚至避免事故的危害。

二、紧急情况的应急处置原则

在驾驶过程中,驾驶环境是瞬息万变的,在遇紧急情况时,如驾驶员不能谨慎处理或处理措施不当,就会加大事故损失和伤害。为此,驾驶员在驾驶过程中应遵循下列原则:

1. 冷静判断,审时度势

在行车过程中,遇到紧急情况时,要保持清醒的头脑,迅速做出判断,采取正确的处置措施,千万不能犹豫不决,错失良机。

2. 及时减速,规避风险

紧急情况发生时,规避和减轻交通事故危害和损失的有效措施是制动减速,同时向其他交通参与者及时传递危险信号。

3. 避重就轻,减少损失

事故不可避免时,驾驶员应避重就轻,向损失较轻、危害较小的一方进行避让,尽量减轻事故的损失和后果。

4. 以人为本,生命至上

遇到紧急情况采取措施时,应遵循"以人为本,生命至上"原则,"宁让车受损,不让人伤亡",尽可能地消除威胁人身安全的因素。

小知识

《中华人民共和国民法通则》第一百二十九条规定:

(1)因紧急避险造成损害的,由引起险情发生的人承担民事责任。

(2)如果危险是由自然原因引起的,紧急避险的人不承担民事责任或只承担适当民事责任。

(3)因紧急避险采取措施不当或者超过必要的限度,造成不应有的损害的,紧急避险人应当承担适当的民事责任。

第二节 紧急情况应急处置方法

掌握紧急情况应急处置方法,能够使我们在享受汽车带来的便利和舒适的同时,有效预防行车事故,对保证行车安全具有重要意义。

一、制动失灵、失效

案例

2018年11月3日19时许,在兰海高速公路兰州南收费站附近,李某驾驶辽AK4×××号重型半挂载重牵引车,沿兰海高速公路由南向北行驶,经17km长下坡路段行驶至距兰州南收费站50m处,与31辆车连续相撞,所载货物甩出车外,导致周围18辆小型客车相互碰撞,造成15人死亡、45人受伤的特大道路交通事故(图7-1)。

图7-1 事故现场

事故分析:经鉴定,事故发生前肇事机动车制动系统不符合《机动车运行安全技术条件》(GB 7258—2017)要求,事发时在长下坡路段频繁使用制动,致牵引车和挂车制动器发热,制动效能减弱。又因挂车制动储气筒接头处肇事前有漏气现象,使制动效能进一步减弱。以上因素导致整车制动距离加大,制动失灵,造成车辆失控。调查还发现,该车制动失灵后,在长约10km、行驶近8min的路程中,途经4处避险车道,肇事人未采取紧急避险措施。

(一)制动失灵、失效的概念

制动失灵是指汽车制动系统在某个条件下失去作用,或是制动系统给车辆的制动力有所减弱。

制动失效就是丧失制动效能,包括完全失效和部分失效两种情形。完全失效是指一点制动作用都没有,一般是由制动系统的故障引起的;部分失效就是在一定程度上丧失制动效能,即制动不灵或制动距离比较长,不能在短距离内把车停下来。

(二)制动失灵、失效应急处置措施

在行驶过程中出现行车制动器失灵、失效时,驾驶员可采取以下应急处置措施:

(1)握稳转向盘,控制车辆的行驶方向,松抬加速踏板。

(2)抢挂低速挡控制车速,拉紧驻车制动器操纵杆(切忌过猛拉驻车制动器操纵杆,应逐步控制车速。若有条件,可利用发动机排气制动、缓速器等辅助制动装置减速,避免过多使用行车制动器)。

(3) 观察车辆周围交通情况,开启危险报警闪光灯,交替变换远近光灯或鸣喇叭发出警示信号。

(4) 观察行车道路条件和地形地貌,利用障碍物或选择岩壁、道路边沟迫使车辆降速停止,以求减小损失。若有避险车道,应选择驶入避险车道停车。

> **小知识**
>
> ### 避险车道
>
> 避险车道是一条"救命道",连接主车道,是主车道的一个分叉。
>
> 避险车道的主要作用:车辆驶入下坡路段后持续使用制动踏板容易造成制动毂过热,致使车辆制动性能降低或制动失灵,甚至发生追尾、对撞及冲下悬崖车毁人亡的恶性交通事故。为尽快消除安全隐患,设立引道过渡段(与主车道交叉),使驾驶员把车转向引道过渡段(如长50～100m的斜坡,车道上铺着厚厚的一层可增大轮胎与地面摩擦力的碎石,入口处及尽头堆着可减震的轮胎),使车停下来。引道过渡段就是所谓的避险车道。

(三) 预防措施

(1) 按照规定对车辆制动系统进行日常检查和定期维护,禁止"带病"上路行驶。

(2) 当出现制动毂过热、制动效能衰减等异常情况时,应及时停车排除故障。

(3) 连续下长陡坡路段时,严禁弯道超车、空挡滑行或熄火滑行。

(4) 安装符合相关标准规定的缓速器等辅助制动装置。

> **小知识**
>
> ### 什么是缓速器
>
> 汽车缓速器能够在长下坡、交通拥堵等情况下,减轻制动负荷,保持制动效能的长期稳定,保障行车安全。在发达国家,汽车缓速器早已被广泛使用。近几年国内几乎所有的高档大中型客车都标配或选装缓速器,部分重型货车也在试装汽车缓速器。客车和货车配置汽车缓速器后,车辆的安全性、经济性和舒适性均有大幅提高。
>
> ### 制动失灵、失效应急处置口诀
>
> 制动失效莫慌张,沉着控制车方向;
> 松油低挡控车速,逐渐轻拉操纵杆;
> 行车环境勤观察,鸣笛示警开车灯;
> 摩擦降速迫停车,避险车道应驶入。

二、车辆爆胎

案例

2012年贵州道真县"2·18"重大道路交通事故

2012年2月18日12时左右,贵州省遵义集顺达交通运输集团道真华通运输有限公司所属的一辆号牌为贵C86256的中型普通客车(核载19人,实载35人),从遵义市道真自治县大磏镇运载赶集归来的群众往石仁村方向行驶,当行至省道S207线8km+400m处时,失控驶离道路左侧,翻坠于路侧边沟里,造成13人死亡、22人受伤(图7-2)。

事故原因:肇事客车在行驶过程中左前轮爆胎,导致车辆方向失控。

图7-2 事故现场

1. 爆胎的概念

爆胎是指轮胎在极短的时间(一般少于0.1s)内因破裂突然失去空气而瘪掉的现象。爆胎是汽车在夏季频发的事故之一,多数是由车主对轮胎的保养不当导致的。有关统计数据显示,在高速公路交通事故中,10%是由轮胎故障引起的,而其中爆胎一项就占轮胎故障引发事故总量的70%以上。据美国汽车工程师学会调查,美国每年有26万起交通事故是由轮胎气压低或气体渗漏造成的,另外每年75%的轮胎故障是由轮胎气体渗漏或充气不足引起的。

2. 爆胎应急处置措施

道路运输车辆在行驶过程中发生前轮爆胎,车辆会跑偏,危及全车人员、货物的安全,驾驶员可采取以下应急处置措施:

(1)立即握稳转向盘,尽量控制车辆直线滑行。

(2)缓抬加速踏板,切勿紧急制动。

(3)缓慢减速的同时,要双手紧握转向盘,向爆胎的反方向转。若已发生方向偏离,控制好行驶方向,不可过度矫正,以保证车辆的直线行驶。

(4)待车速明显降低后,就近选择安全区域停车。

3. 预防措施

(1)公路客车、旅游客车的所有车轮和其他道路运输车辆的转向轮不得安装或使用翻新的轮胎。

(2)驾驶员要保持良好的驾驶习惯,守法驾驶,严禁超载、超员、超速行驶。

(3)安装符合相关标准规定的轮胎压力监测系统(TPMS),对胎压和胎温进行实时监控。

(4)安装符合相关标准规定的爆胎应急安全装置。

> **小知识**
>
> 轮胎压力监测系统的作用是在汽车行驶过程中对轮胎气压进行实时自动监测，并针对轮胎漏气和低气压报警，提醒驾驶员检查并采取相应措施，以避免事故发生。
>
>
>
> **车辆爆胎应急处置口诀**
>
> 轮胎爆裂莫慌张，断续制动稳转向；
>
> 转速缓慢观视镜，开启车灯靠右停。
>
>

三、车辆碰撞

案例

2016年湖南郴州宜凤高速公路"6·26"特大道路交通事故

2016年6月26日10时30分许，湖南省郴州市宜凤高速公路宜章段发生一起客车碰撞燃烧起火的特大道路交通事故。湖南省衡阳骏达旅游集团一辆车牌号为湘D943××的旅游大巴（核载55人，实载57人，其中小孩4人），行驶至湖南郴州宜凤高速公路33km+900m处时，撞向中间隔离护栏，发生1次剐蹭和3次碰撞，导致车辆油箱漏油。车辆停止后，路面上的柴油遇到因摩擦产生高温的右前轮后起火，造成35人死亡、13人受伤，直接经济损失2290余万元，给人民群众生命财产带来重大损失，教训十分惨痛（图7-3）。

图7-3 事故现场

事故分析：车辆与道路中央隔离护栏发生多次碰撞，导致车辆油箱破损、柴油泄漏，右前轮向外侧倾倒，轮毂上的螺栓螺母与地面持续摩擦产生高温，引起车辆起火；车辆碰撞后无法控制方向，停止时其右前角紧挨路侧混凝土护栏，车门被阻挡，车内乘客不能及时疏散。总之，碰撞后车辆起火和车门被阻挡直接加剧了事故的严重性。

（一）车辆碰撞的概念

车辆碰撞是指汽车与其他车辆或固定物体及行人等相接触，并在接触中进行动量交换的过程。交通事故中绝大部分都是碰撞事故，如车辆与车辆互相碰撞、车辆与其他物品相互碰撞等。

（二）车辆碰撞应急处置措施

车辆碰撞的种类主要有迎面碰撞、侧面碰撞和追尾碰撞等。当车辆将发生碰撞时应采取以下应急措施。

1. 迎面碰撞

车辆在行驶的过程中与其他车辆有迎面碰撞可能时，应先向右侧打转向盘，随即适量回转，并迅速踩踏制动踏板。如迎面相撞已无法避免时，应迅速进行紧急制动。为减轻损害程度，在两车即将发生相撞的一刹那，驾驶员应迅速判断可能撞击的方位和力量。若撞击的方位不在驾驶员一侧或撞击力量较小时，驾驶员应用手臂用力支撑转向盘，两腿向前蹬直，身体后倾，头向后仰，以此形成与撞击时产生的较大惯性力方向相反的力，保持身体平衡，防止撞击时身体向前撞击转向盘，头部撞到风窗玻璃上受伤，扩大事故的危害程度。若判断撞击的部位临近驾驶座位或撞击力较大时，驾驶员要迅速躲开转向盘，往副驾驶座位移动，同时将两腿抬起，以免车体相撞时，发动机部位和转向盘产生大后移，驾驶员躲避不及，胸部、腹部可能被转向盘挤压，遭受伤亡。

2. 侧面碰撞

车辆在交叉路口等处行驶时，突然发现侧面有车向自己的车冲来，将要发生侧面相撞时，驾驶员应立即顺车转向，努力争取使侧面相撞变成碰擦，以减少损伤程度。若自己驾驶的是载货汽车，应向来车行进方向猛打几下转向盘，及时掉转车头，让车身部位与来车相撞。若侧面来车正向驾驶员座位方向冲来，在无法避开时，驾驶员应迅速往驾驶室另一侧移动，同时用手拉着转向盘，以便控制方向，并借助转向盘稳住自己的身体。车辆发生撞击的位置不在驾驶员一侧或撞击力量较小时，驾驶员不可从一侧跳车。

3. 追尾碰撞

追尾碰撞一般发生在前车遇有情况突然制动减速停车，或者因前车突然改变行驶方向而致使后方车辆的驾驶员躲闪不及时。追尾碰撞对前车后排乘坐的人员带来很大的威胁，应设法尽量减轻撞击力。预计到要发生追尾事故时，应在未撞前的一刹那稳定好身体，在安全带拉紧的情况下，曲体双臂抱着大腿，以防止车辆前部因撞击变形而挤压导致伤亡。被后方驶来的车辆碰撞时，驾驶员应紧靠椅背，双手迅速置于脑后合并护住头后部，双脚勾住脚踏板，以减轻撞击时脊椎和颈部的创伤。

（三）预防措施

（1）客运驾驶员应积极参与企业应急处置的培训，在客车上设置醒目的逃生通道指示标志，若发生紧急情况可及时引导乘客逃生。

（2）安装符合相关标准规定的车道偏离预警系统（LDWS）。

小知识

车道偏离预警系统

车道偏离预警系统提供智能的车道偏离预警，在驾驶员无意识（驾驶员未打转向灯）偏离原车道时，能在偏离车道 0.5s 之前发出警报，或转向盘开始震动以提醒驾驶员目前车辆偏离的状况,为驾驶员提供更多的反应时间,大大减少了因车道偏离引发的碰撞事故。

车辆碰撞应急处置口诀
调整驾驶方向,避免正面碰撞。
缩小剐蹭角度,降低人员损伤。

四、车辆侧滑

案例

2012年8月31日8时48分,河南省灵宝市宝通汽车客运有限责任公司驾驶员郭某驾驶号牌为豫M152××的金龙牌大型普通客车(核载29人,实载27人),沿连霍高速公路(G30)自西向东行驶至784km+420m处河南三门峡境内,因遇大雨,发生侧滑,翻至道路右侧沟中,造成车上8人当场死亡、2人经抢救无效死亡、15人受伤。

事故分析:由于下大雨,路面排水相对缓慢,路面积水后摩擦力小,紧急制动时发生侧滑是事故的主要原因。在路面积水的情况下行车,车辆轮胎会因为路面存有水膜而与路面之间的摩擦力减小,一旦出现紧急情况需要制动时制动性能变差,同时会产生侧滑、掉头,极易引发事故。

(一)车辆侧滑的概念

侧滑是指行驶的汽车因制动、转向惯性和其他原因,引发某一轴的车轮或两轴的车轮出现横向移动的现象。汽车侧滑分为四轮侧滑、前轮侧滑、后轮侧滑三种情况。尤其是汽车后轮侧滑,对安全行车威胁较大,常常会发生翻车、掉沟、撞车或与行人相撞等事故。车辆产生侧滑的主要原因有:一是高速转弯;二是紧急制动;三是路面附着力小。

(二)侧滑的应急处置措施

当车辆发生侧滑时应采取以下应急措施:

(1)车辆侧滑时,应缓慢抬起加速踏板,按侧滑时车身摆动的方向轻打转向盘,以调正车身,避免继续侧滑,待车身调正后继续行驶。

(2)因转向引起的侧滑,切勿使用行车制动、乱打方向。发生大的侧滑,在确保安全的条件下,应及时停车,检查车辆,查明原因。当车辆转弯时,速度越快,离心力越大,车辆越容易冲出弯道或侧滑。车辆速度超过60km/h时,紧急制动易导致侧滑或甩尾等危险。

(3)因制动引发的侧滑,应立即停止制动,同时把转向盘向侧滑的一侧转动(后轮侧滑时)。转动转向盘时不能过急或持续时间过长,以避免车辆向相反方向滑动。停止制动后,车轮就会解除抱死状态,横向附着情况会改善。把转向盘向侧滑方向转动,增大汽车的转弯半径,在离心力减小的同时,侧滑现象也随之减轻。汽车回正以后,应平稳地把转向盘转到原来的位置。

(4)当汽车在附着力小的路面上行驶,尤其是下雨开始时路面的尘土易与雨水形成泥浆,最容易使车辆发生侧滑。车辆在泥泞、溜滑路面上紧急制动或猛转方向时,易导致行驶方向失控,产生侧滑,甚至造成翻车、坠车或与其他车辆、行人相撞。在泥泞路上行驶时,上坡应酌情低速行驶,转向少打少回,及时修正;下坡不可紧急制动,应缓踩制动踏板,并视情况选用发动机牵阻控制车速,切不可空挡滑行。具体应急类型措施见表7-1。

具体应急类型措施　　　　　　　　　　　表7-1

侧滑部位	应急措施
整车侧滑	向侧滑的方向小幅转动转向盘,并及时回转转向盘进行调整,踩踏制动踏板
前轮侧滑	向侧滑的反方向小幅转动转向盘,并及时回转转向盘进行调整
后轮侧滑	向侧滑的方向小幅转动转向盘,并及时回转转向盘进行调整

(三)预防措施

(1)加强对驾驶员的应急处置培训,提高驾驶员的风险防范意识和恶劣天气下的安全驾驶技能。

(2)安装符合相关标准规定的车身电子稳定性控制系统(ESP/ESC)。

(3)为减少汽车在行驶中发生侧滑,在驾车时,尽量走车辙,避免突然加速、突然减速、急打方向,以降低车辆侧滑的可能性。同时应谨慎驾驶,不可盲目高速行车。

小知识

车辆侧滑应急处置口诀

发生侧滑不可怕,措施得当莫抓瞎;

解除制动是关键,制动踏板松到家;

稳打转向正车身,哪边侧滑哪边打;

见到效果就回轮,有惊无险人人夸。

五、车辆侧翻和坠车

案例

2016年9月24日6时40分左右,在黑龙江省宁安市境内的火山口公路12km处,一驾驶员驾驶车辆过弯道时速度过快,操作不当,导致大客车发生侧翻。该事故共造成5人死亡、5人重伤。事故发生后,当地公安、交警、医疗急救等部门赶到事故现场进行救援。

事故分析：驾驶员通过弯道前未将车速控制到安全车速以内,而客车本身又具有体积大、重量大、重心高、惯性大等特点,快速通过弯道时,向心力小于离心力,造成客车出现侧翻。

(一) 车辆侧翻

车辆行驶在松软路面或弯道时,容易发生侧翻。翻车事故通常是由于侧滑或转向过度等因素造成的。

(二) 车辆侧翻和坠车应急处置措施

1. 车辆侧翻时的自救

(1) 车辆向深沟连续翻滚时,应迅速躲向座椅前下方,抓住转向盘将身体稳住,避免受伤(图 7-4)。

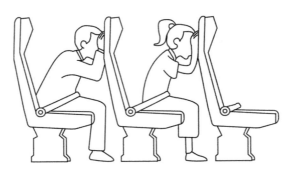

图 7-4　正确的动作

(2) 发生缓慢翻车有可能跳车逃生时,应向翻车相反方向跳车。若不可避免地被抛出车外时,应在被抛出的瞬间,猛蹬双腿,借势跳出车外。跳出车外落地以后,应力争双手抱头顺势向惯性力的方向多滚动一段距离,以躲开车体,增大离开危险区的距离。

(3) 车辆突然发生侧翻时的正确做法是：双手紧握转向盘,双脚钩住踏板,背部紧靠着座椅靠背。

2. 车辆侧翻后的脱困

(1) 在保证自身安全的条件下,驾驶员应积极组织乘客进行自救,指挥乘客按次序迅速离开车辆。若发生车门变形、物品堵塞(水压或物品堵压)造成车门无法开启时,可敲碎应急窗玻璃脱身或打开应急门逃生。

(2) 根据车辆翻车地点的地形地貌和车辆重心,迅速判断车辆是否有可能继续翻滚,尽可能就地取材稳定车辆重心,防止险情扩大。

(三) 预防措施

(1) 车辆行驶过程中,驾驶员应系好安全带,并督促全车人员使用安全带。

(2) 客运驾驶员应积极参与企业应急处置培训,在客车上设置醒目的逃生通道指示标志,发生紧急情况及时引导乘客逃生。

(3)客车配发相应的安全告知光盘或安全须知卡,告知乘客车上安全设施的使用方法和应急逃生知识。

(4)严禁客货车辆超载、超员、超速行驶,确保货运车辆装载均匀。

六、紧急避让

案例

湖北二广高速公路荆州长江公路大桥"3·12"重大道路交通事故

2013年3月12日19时许,湖北二广高速公路荆州长江公路大桥发生一起双层卧铺客车坠桥重大道路交通事故。恩施州鹤峰县益通汽运有限公司驾驶员陈某驾驶鄂Q69××大型卧铺客车(核载36人,实载22人,含副驾驶员易某)在湖北荆州长江大桥行驶时,发现突然闯来逆行的摩托车。为避免与摩托车相撞,陈某猛转转向盘。因操作不当,大型客车瞬间失控坠桥,造成肇事驾驶员陈某及卧铺客车上共14人当场死亡,肇事摩托车驾驶员张某及卧铺客车乘坐人共9人受伤,大桥设施受损,鄂Q69××卧铺客车报废的重大道路交通事故(图7-5)。

事故分析:客车具有体积大、重量大、重心高、惯性大等特点,事发时以81.6km/h高速行驶,突遇两轮摩托车在快速车道内逆向行驶,驾驶员精神高度紧张,采取快速打转向盘的紧急措施避让摩托车,引起客车失控。

图7-5 事故现场

(一)紧急避让的概念

紧急避让是指车辆在正常行驶过程中遇上行人突然横穿公路或路中间突然出现障碍物等突发情况而做出的避让。

(二)紧急避让应急处置措施

车辆在高速行驶过程中突然遇到行人、动物、障碍物及逆行车辆等突发状况时,驾驶员不要轻易急打转向盘避让,而应握稳转向盘,采取有效措施降低车速,尽可能降低碰撞瞬间的能量,在低速状态下再采取转向避让的措施。

(三)预防措施

(1)驾驶员在经过交叉路口、人行横道、施工道路时,应注意观察、小心驾驶、减速慢行,确保安全行车。

(2)坚决杜绝私自改装车辆,严禁超载、超速、超员及酒后驾驶、疲劳驾驶等各类非法违法驾驶行为,确保出行安全。

(3)安装符合相关标准规定的自动紧急制动系统(AEBS)。

七、侵扰驾驶员

案例

2018年重庆万州"10·28"公交车坠江事件

2018年10月28日10时许,重庆市万州区长江二桥发生一起公交车坠江事件。乘客刘某因错过下车站点与公交车驾驶员冉某发生激烈争执,两人发生肢体冲突,最终因两人的互殴行为致使车辆失控坠江,造成13人死亡、2人失踪。

事故分析:乘客因错过下车站点与公交车驾驶员发生争执,两次持手机攻击正在驾驶公交车的驾驶员,实施危害车辆行驶安全的行为,严重危害车辆行驶安全。公交车驾驶员在驾驶公交车行进中,与乘客发生争吵,遭遇攻击后,右手放开转向盘还击,后又用右手阻挡乘客的攻击,并与其抓扯,未采取有效措施确保行车安全,严重违反公交车驾驶员职业规定。乘客和驾驶员之间的互殴行为,是造成车辆失控,坠入江中的根本原因。

(一)侵扰驾驶员的概念

侵扰驾驶员是指在驾驶过程中,驾驶员遇乘客辱骂、威胁、袭击或抢夺转向盘、制动设备等影响驾驶员安全驾驶的行为。近年来,全国各地发生多起乘客侵扰驾驶员行为造成的不安全事件,引起社会高度关注。尤其是重庆万州"10·28"城市公交车坠江事件,造成重大人员伤亡和财产损失,产生了恶劣的社会影响。

(二)侵扰驾驶员应急处置措施

发生驾乘矛盾时,乘客往往情绪容易冲动,会出现以下突发情况,相应的应急处置措施如下:

1. 乘客抢夺转向盘

(1)乘客抢夺转向盘时,驾驶员必须握稳转向盘,尽量保持行车路线,保证乘客及车辆安全。

(2)立即选择安全地点靠边停车。如已受到人身伤害,应立即停车并开启危险报警闪光灯。

(3)如矛盾激化,在车载监控视频范围内快速拨打110报警电话,并同时向所属企业管理人员报告现场情况。如有可能,留下至少两名目击证人及其联系方式。

2. 乘客出言不逊或辱骂、殴打驾驶员

(1)已影响到正常行车或驾驶员的自身安全时,应立即靠边选择安全地点停车,不能随意打开车门。

(2)在保护好自身安全的情况下,保持冷静,尽量安抚乘客情绪。

(3)如矛盾激化,在车载监控视频范围内尽快拨打110电话报警,并同时向所属企业管理人员报告现场情况。如有可能,留下至少两名目击证人及其联系方式。

(三)预防措施

(1)驾驶员应当在车厢内明显位置张贴乘客文明乘车标志及安全告知,并在车内播放警示宣传片。

(2)在城市公共汽电车驾驶区域安装符合相关标准规定的防护隔离设施,以有效避免乘客侵扰或攻击驾驶员等行为。

> **小知识**
>
> **自动紧急制动系统(AEBS)**
>
> 自动紧急制动系统能有效减少或避免由于驾驶员精神不集中、疲劳驾驶导致车辆偏离车道事故或追尾事故。 AEBS为自主自动的道路车辆安全系统,依靠传感器监测前面车辆,检测和目标车辆之间的相对速度和距离,计算即将发生的情况。在危险情况下,紧急制动时可以自动避免碰撞或减轻其影响。

八、车辆起火

案例

2011年河南京港澳高速公路信阳段"7·22"特大交通事故

2011年7月22日凌晨4时许,京港澳高速公路从北向南948km处(河南信阳明港附近)一辆35座大客车发生燃烧。由于车上遇难者遗体已经无法辨别,只有通过DNA验证才能确定遗体的身份和准确人数。经调查表明,事故系事故车上非法携带、运输的易燃化工产品引发大火所致(图7-6)。

事故分析:客运车辆违规运输的15箱共300kg危险化学品偶氮二异庚腈(堆放在客车舱后部),在挤压、摩擦、发动机放热等综合因素作用下受热分解并发生爆燃,造成重大交通事故。

图7-6 被烧毁的车辆

(一)车辆起火介绍

车辆因发生撞车、翻车事故,或由于自身电线短路、油管溢油等问题都可能会诱发火灾。车辆发生火灾,不但会造成重大财产损失,而且严重危及车辆上人员的生命安全。

(二)车辆起火应急处置

(1)发动机着火:应迅速靠边停车,关闭点火开关,用灭火器或覆盖法灭火。不得完全开启发动机罩后灭火,因为开启发动机罩可能导致大量空气进入而加大火势。

（2）车辆燃油着火：应当使用灭火器或覆盖法灭火，不能使用水灭火。

（3）车辆火灾：应设法将车辆停在远离城镇、建筑物、树木、车辆及易燃物的空旷地带，及时把情况和地点通报给救援机构，等待救援。

（4）货车起火后驾驶员脱困。

道路货物运输车辆起火后，若驾驶室车门能够正常开启，驾驶员应尽快靠边停车，逃离车辆，并采取紧急救火措施。措施无效时，驾驶员应迅速逃离火灾现场并报警。如果车门不能正常开启，驾驶员应使用安全锤等尖锐物敲碎车窗玻璃，迅速逃生并报警。

（5）客车起火后脱困。

①打开车门应急开关，从车门逃生：驾驶员应迅速开启应急开关或指导乘客打开车门逃出。

②使用安全锤等尖锐物击碎玻璃，从车窗逃生：安全锤一般悬挂于乘客座位旁边的车框处。被困人员应迅速取下安全锤，敲碎车窗玻璃，从车窗逃脱。

③从车顶"通风口"逃生：长度大于7m的客车车顶都有安全顶窗，即我们平常所说的通风口。紧急时刻，可按照安全出口扳手处粘贴的推拉方向标志和开启方法标牌的操作方法打开安全顶窗逃生。如果无法够及逃生窗，车内人员应给予帮助，先将一人托举出去，再通过上下接力，将被困人员救出车厢。

④利用车厢后部安全门逃生：大部分空调客车都设置有安全门，驾驶员可引导坐在车厢后部的乘客迅速从安全门逃生。

(三) 预防措施

（1）严禁驾驶非法改装车辆上路，按照规定对车辆进行日常检查和定期维护。

（2）加强站场检查，遵守"三不进站，六不出站"制度，避免车辆或乘客携带违禁易燃、易爆危险品。

（3）客车应按规定配备符合相关标准的外推式车窗、自动破窗器及应急锤等。

（4）车辆必须配备灭火器等消防器材。出车前检查灭火器指示针是否指示在正常的压力区域，发现有问题的要立即更换或维修，确保灭火器正常使用。

温馨提示

使用灭火器救火时，人要站在上风处，灭火器要瞄准火源。救火时，不要张嘴呼吸或高声呐喊，以免烟火灼伤上呼吸道。注意脱去所穿的化纤服装，保护暴露在外面的皮肤。

小知识

车辆起火应急处置口诀

汽车起火巧停车，打开车门断开关。

组织疏散速逃离，报警谨记要灭火。

九、车辆落水

案例

2010年5月23日,黑龙江庆安县一辆载有22人的客车,在呼兰河边李贵渡口经摆渡船摆渡过河时,坠入呼兰河。受水深、流急、水下环境复杂等不利因素影响,事故打捞工作进展异常艰难,事故搜救小组数次调整打捞方案,经过连续7天6夜沿河推进打捞和搜寻失踪人员,共打捞出11具遗体,仍有8名失踪人员尚未找到。

事故分析: 客运车辆体积大、自重大,坠入水中之后会迅速下沉。客车都使用空调调节温度,采用全封闭式车窗,密封性强,完全坠入水中后,强大的水压导致车门和车窗根本无法打开,逃生难度很大。

(一)车辆落水的概念

车辆落水是指车辆因发生碰撞或者因操作不当而导致车辆坠入水中。若车里的人不会游泳,对水有天生的畏惧,在车辆落水后,即使知道要赶快逃生,也只会在车里等待救援,错失逃跑的最佳时机。车辆体积大、自重大,坠入水中以后会迅速下沉。受水深、流急、水下环境复杂等不利因素影响,车辆落水后的救援难度大。

(二)车辆落水应急处置措施

车辆坠入河塘或误入较深的积水路段时,车上乘客的处境将会非常危险,驾驶员应采取以下应急处置措施:

(1)在落水的瞬间,不要急于解开安全带,防止落水时的冲击力造成人员受伤。

(2)刚落水后,车辆还不会完全下沉,驾驶员应尽快解开安全带,在第一时间开启车门或使用应急锤等尖锐器械砸开车辆侧窗,组织乘客逃生。

(3)逃生时,应注意抓稳门框或窗框,防止被涌入的水流冲回车内。

(三)预防措施

(1)客运驾驶员应积极参加企业应急处置培训,加强对乘客的逃生教育,在客车上设置明显的逃生通道指示标志,发生紧急情况及时引导乘客逃生。

(2)雨季或大暴雨后,城市地下疏水系统不良,容易导致桥涵路面积水。此时,不要盲目涉水行驶,应先探明积水深度再通行,必要时选择其他路线改道而行。

(3)严禁车辆超载、超员。

小知识

车辆落水应急处置口诀

雨季洼地别去蹚,万一落水莫惊慌。

推不开门砸车窗,水压平衡快逃亡。

> 摇下车窗最重要,碎窗开门也可行。
> 身边工具巧利用,互助合作脱险境。

十、危化品泄漏

案例

2016年7月28日,雷某与郑某驾驶一辆重型半挂牵引车在山东省某公司卸货时,发现该车总阀门漏油。后雷某将情况电话告知车辆实际所有人之一的陈某,但陈某并未阻止车辆继续行驶,亦未监督该车进行修理。雷某与郑某在未消除安全隐患的情况下,驾车至山东省某化工公司装载危险货物精制石脑油(易燃物品),准备运至浙江省长兴县。次日,该车行驶至广德县境内新中医院路段处,郑某再次发现泄漏问题,遂电话联系已下车回家的雷某,二人商量后欲连夜开至长兴县。23时许,郑某驾车接到雷某后,行驶至广德县桃州镇某村委会附近,在雷某下车检查时,该车发生爆炸,致车辆毁损,雷某当场死亡。随后,郑某拨打电话报警,并向公安机关如实供述了自己的犯罪事实。

事故分析: 驾驶员雷某和郑某违反易燃性物品的管理规定,明知道自己驾车运输的危化品正在泄漏,仍不紧急处置,依然驾车继续赶路,最终导致事故的发生。

(一)危化品泄漏的概念

危化品泄漏是指有毒物质或化学危险品在生产、储存、运输和使用过程中,由于人为或其他原因引起泄漏、污染或爆炸,造成生命财产损失和伤害的事故。

(二)危化品泄漏应急处置措施

运输过程中一旦发生交通事故或突发事件,驾驶员、押运员在安全可行的情况下,通常可以采取以下力所能及的应急处置措施:

(1)立即选择安全的区域停车,关闭点火开关、电源总开关,切断整车电路。

(2)避免使用火源。不要吸烟或打开电子设备等,以免产生火花。

(3)根据应急预案的要求,向事故发生地公安机关交通管理部门、应急管理部门和本企业等相关主管部门报告,并提供所需要的信息。

(4)穿上反光背心,并按相关要求规范设置危险警告标志。

(5)备好运输单据(托运清单、运单、安全卡等),以便救援人员获取有关信息。

(6)不要走近或碰触泄漏的危险货物,不要站在下风口,以免吸入废气、烟雾、粉剂和蒸汽。

(7)在安全可行的情况下,使用灭火器扑灭轮胎、制动系统、发动机的小火或初始火源。

(8)在安全可行的情况下,使用随车工具阻止危险货物渗漏到水生环境(如池塘、沼泽、沟渠等)或下水道系统中,并收集泄漏的危险货物。

(9)撤离事故现场,听从救援人员的指挥,组织其他人员撤离事故现场。

(10)脱掉被污染的衣物,以及替换掉已使用且被污染的防护设备,并做安全处理。

(三)预防措施

(1)进行相适应的危险货物运输专业知识培训。

(2)危险货物道路运输企业应完善应急预案,切实开展应急演练,提升驾驶员突发情况下的应急处置能力和水平。

(3)在运输开始前,危险货物道路运输企业应告知驾驶员所装载的危险货物信息,并提供安全卡,确保其掌握安全卡内容,并正确操作。

(4)随身携带与危险货物相适应的安全应急设备。

(5)在准备将危险货物交付运输时,装货人应确保罐式车辆罐体所有的关闭装置处于关闭状态。

十一、突遇自然灾害

案例

受降雨影响,2016年5月22日13时40分,在云南水富县境内,一辆从县城到邵女坪社区的农村客运车辆在行驶途中,遇到路边山体发生滑坡,致车辆被巨石砸中,造成1人死亡、6人受伤,其中车内载有两名女童,1人现场死亡,1人伤情较重。

事故分析:受降雨影响的山体滑坡具有滞后性和突发性,难以预测发生时间,滑坡发生时速度很快,驾驶员来不及做出应对措施。

(一)突遇自然灾害介绍

突遇自然灾害是指在行车过程中,遇到的给行车人生命财产带来危害的自然现象,包括山洪、台风、冰雹、暴雨、暴雪、大雾、大风、落石、地震、滑坡、泥石流等。

(二)突遇自然灾害应急处置措施

在突遇自然灾害时,若驾驶员与乘客能够沉着冷静,并采取正确措施,积极开展自救、互救,可有效降低危险,减少人身伤亡及财产损失。

1. 突遇团雾、暴雨、暴雪、冰雹

突遇团雾、暴雨、暴雪、冰雹时,驾驶员应采取以下措施:

(1)控制好车速,保持安全的跟车距离,开启灯光。

(2)平稳驾驶,缓打转向盘。

(3)跟车行驶,提醒后车。

2. 突遇横风

突遇横风时,驾驶员应采取以下措施:

(1)握稳转向盘,安全停车。
(2)减速慢行,间隙制动。

3. 突遇泥石流、山体滑坡

突遇泥石流、山体滑坡时,驾驶员应采取以下措施:
(1)停车退让,有序撤离。
(2)弃车逃生,躲避低地。
(3)更改路线,等待救援。

4. 突遇地震

突遇地震时,驾驶员应采取以下措施:
(1)寻找空地,停车避险。
(2)躲避桥隧,快速驶离。
(3)稳固身体,保护头部。
(4)震后慢行,注意观察。

(三)预防措施

1. 突遇团雾、暴雨、暴雪、冰雹

突遇团雾、暴雨、暴雪、冰雹时,驾驶员应采取以下预防措施:
(1)合理计划,加强培训。
(2)加强维护,逐点检查。
(3)充分准备,合理应对。

2. 行经山体滑坡、泥石流、地震多发区域前

行经山体滑坡、泥石流、地震多发区域前,驾驶员可采取以下预防措施:
(1)收集资料,观察征兆。
(2)携带食品、药物、电源通信设备。

十二、驾乘人员突发疾病

案例

2016年广西广昆高速公路南宁段"8·28"重大交通事故

2016年8月28日10时42分左右,广昆高速公路广西南宁市那莫大桥段发生一起重大道路交通事故。大型客车驾驶员玉某突发疾病,短时间内丧失意识而失去自主驾驶车辆的能力,导致车辆失控与同向行驶的小型客车发生刮擦,之后大型客车撞到高速公路右侧防护栏后翻下路边边坡,造成11人死亡、31人受伤(图7-7)。

事故分析:驾驶员在车辆行驶过程中突发疾病,丧失意识,车辆失去控制,是事故发生的主要原因。

图7-7 事故车辆

(一)驾乘人员突发疾病的概念

驾乘人员突发疾病主要是指驾驶员或乘客本身在行车途中突发疾病、在驾乘途中遭遇其他人身安全、乘客在乘车途中意外分娩等情况。对于突发疾病的情况无论是驾驶员还是乘客都无法预测,但这种隐形危险正在威胁社会公共安全。

(二)驾乘人员突发疾病应急处置措施

1. 驾驶员突发疾病时

驾驶员突发疾病时应采取以下应急处置措施:
(1)立即开启危险报警闪光灯,尽快选择安全区域停车。
(2)车辆停稳后,拉紧驻车制动器操纵杆,打开车门,并告知现场人员临时停车原因,请他人协助设置危险警告标志和组织现场人员安全疏散。
(3)及时采取自救措施。若病情不明或病情较严重,立即拨打120急救电话,同时向所属企业管理人员报告现场情况及车辆停靠位置,请求救援。

2. 乘客突发疾病时

乘客突发疾病时,驾驶员应采取以下应急处置措施:
(1)立即选择安全区域停车,开启危险报警闪光灯,设置危险警告标志。
(2)探查乘客病情,及时采取救助措施。
(3)若病情不明或病情较严重,立即向车内专业医务人员寻求帮助,并拨打120急救电话或就近送往医院救治,同时向其他乘客做好解释工作。

(三)预防措施

(1)驾驶员应定期体检,及时了解自身健康状况,做好疾病预防工作。同时,企业可为驾驶员提供健康咨询服务。
(2)驾驶员应了解突发疾病救助知识和技能。同时,有条件的企业可在车上准备急救药箱。

十三、驾驶过程反恐

(一)驾驶过程反恐的概念

近年来,车辆的恐怖袭击事件时有发生,为此驾驶员应掌握一定的反恐和防盗知识,以便保护乘客和物品的安全。

(二)驾驶过程反恐的应急处置措施

(1)保持冷静,安全第一。
(2)小心谨慎,仔细观察。当犯罪分子作案完毕逃离现场后,要记录下犯罪分子的逃离方向和方式,记下犯罪分子的详细外部特征,不要试图靠一己之力阻止犯罪分子,尤其是那些握有凶器的犯罪分子。
(3)忍辱负重,见机行事。
(4)快速通报,及时求援。迅速向警方报案,并告知遭受袭击的详细情况、犯罪分子的逃离方向以及任何有助于警方追查犯罪分子的线索;保护现场,不要破坏任何留有犯罪分子指纹和印记的物体。

(三) 预防措施

1. 提高反恐意识

(1) 参与反恐应急演练,提高反恐意识。

(2) 驾驶员应将车辆视为自己生命的一部分,并对乘客的生命安全严格负责。

(3) 驾驶员除按规定遵守公司的安保制度外,还应主动就实际运输过程中的涉恐问题与公司管理层进行沟通。要知道驾驶员永远是直接经历者,最有话语权。

(4) 发现可疑犯罪行为,及时向警方报案。

(5) 及时向单位报告各种不测事件。

(6) 向单位报告任何与安保相关的问题,并积极提出改进建议。

2. 行车前反恐准备

(1) 提前制订与行驶路线相关的详细计划。

(2) 只在熟悉的加油站加油,并尽可能做到不下车加油。

(3) 确保所有安保装置有效。

(4) 保持严密和谨慎。

(5) 严密看管车辆。

(6) 时刻检查车辆。

(7) 沿途停车多注意。

(8) 保持通信畅通。

3. 正确识别恐怖嫌疑人

实施恐怖袭击的嫌疑人脸上不会贴有标记,但驾乘人员对一些不同寻常的举止行为应引起高度警惕,如:

(1) 神情恐慌、言行异常者。

(2) 着装、携带物品与其身份明显不符,或与季节不协调者。

(3) 冒称熟人、假献殷勤者。

(4) 在检查过程中催促检查或态度蛮横的不愿接受检查者。

(5) 反复在客运站、服务区、警戒区附近出现的人。

(6) 疑似公安部门通报的嫌疑人员。

4. 正确识别可疑车辆

(1) 状态异常。注意车辆结合部位及边角外部的车漆颜色与车辆颜色是否一致,确定车辆是否改色;注意车的门锁、行李箱锁、车窗玻璃是否有撬压破损痕迹;注意车灯是否破损或被异物填塞,车体表面是否附有异常导线或细绳。

(2) 车辆停留异常。这是指车辆违反规定停留在水、电、气等重要设施附近或人员密集场所。

(3) 车内人员异常,如在检查进程中,神色惊慌、催促检查或态度蛮横、不愿接受检查,发现警察后启动车辆躲避。

5. 正确识别可疑爆炸物

(1) 看。由表及里、由近及远、由上到下无遗漏地观察,识别、判断可疑物品或可疑部位有无暗藏的爆炸装置。

(2) 听。在寂静的环境中用耳倾听是否有异常声响。

(3) 嗅。像黑火药含有硫黄,会放出臭鸡蛋(硫化氢)味;自制硝铵炸药的硝酸铵会分解产生明显的氨水味等。

> **小知识**
>
> **在客车上遇到枪击的应急措施**
>
> (1) 快速掩蔽。在客车上遇到枪击时,迅速低头隐蔽于前排座椅后或蹲下、趴下,不要站立。
>
> (2) 及时报警。拨打110报警,说明下列情况:车辆行驶至什么位置,受到哪个方向的枪击,来自车外还是来自车内,是否有人受伤等。
>
> (3) 择机下车。在情况不明时,不要下车;确定枪击方向后,下车沿着枪击相反方向,利用车体做掩护快速撤离。
>
> (4) 自救互救。到达安全区后,及时检查是否受伤,发现受伤,及时实施自救互救。
>
> (5) 事后协助。积极向警方提供现场信息,协助警方控制局面。

第三节　交通事故现场应急处置与伤员救护知识

一、事故现场处理流程

(1) 发生交通事故时,驾驶员应安全将车辆停至公路或高速公路的安全停车地带,避开人群集中区域。车停稳后,迅速关闭电源总开关,开启危险报警闪光灯、示廓灯。

(2) 在车辆后方同车道50~100m处设置警告标志,高速公路应在150m外设置警告标志,人员在车后50~100m路边或高速公路护栏外的安全地带等待救援。

(3) 疏散现场人员,避免二次事故的发生。运输危险货物的车辆,根据危险货物的爆炸、易燃、毒害、感染、腐蚀、放射等不同危险特性设置初始隔离区。

(4) 保护现场,及时亲自或委托他人拨打交通事故报警电话122,说明事故发生的时间和地点、报告人姓名、事故造成的人员伤亡和损失等情况。交警到达现场后,驾驶员应积极配合交警进行现场勘查分析。

(5) 如事故现场出现伤员,在确认事故现场周围环境安全的前提下,根据现场救护条件,以先救命后治伤为救护原则,尽量采取减轻伤员痛苦和减少死亡的措施。

二、交通事故的报告程序

1. 未造成人员伤亡,仅造成较小财产损失

(1)应立即报告本企业安全生产管理部门或安全生产负责人。

(2)安全生产管理人员无法立即赶往现场时,驾驶员可与对方协商解决。

(3)若协商不成,应拨打122,由公安机关交通管理部门处理。

2. 未造成人员伤亡,造成较大财产损失

(1)驾驶员应立即报告本企业负责人,请求负责人赶赴现场协商解决。

(2)若协商不成,应拨打122,由公安机关交通管理部门处理。

3. 造成人员伤亡

(1)立即拨打122,报告公安机关交通管理部门。

(2)拨打120,通知医疗救护单位进行人员急救。

(3)按企业安全事故报告程序和有关规定,报告企业负责人。

三、紧急情况的逃生方法

车辆发生事故后,准确判断所遇突发状况,采取正确的逃生方法,积极自救并组织车上人员逃生。

(1)保持冷静,不要慌张,如遇落水、火灾、侧翻等复杂情况,观察周围环境,寻找最佳脱险方式。

(2)如车辆受损轻微,确保车辆停至安全地带,熄火、拉紧驻车制动器操纵杆,开启危险报警闪光灯,打开车门逃生。

(3)如客运车辆受损无法正常打开乘客门,可使用应急门、应急窗或安全顶窗等应急出口逃生。通过应急窗逃生时,可使用应急锤或尖锐坚硬物体击碎两侧应急窗玻璃。

(4)逃生过程中,切勿贪恋财物,浪费宝贵的逃生时间。

(5)逃离事故车辆后应及时转移至安全地带,不要驻足观望,以免因燃油泄漏、火灾等引发爆炸,造成二次事故。

四、安全逃生方法

1. 乘客门逃生

发生紧急事故时,乘客逃生的首要通道是乘客门。通常驾驶员操纵仪表板附近的乘客门应急开关,即可开启与关闭乘客门。当驾驶员无法紧急开启车门时,可通过乘客门上方设置的车门应急控制器(俗称"车门应急阀",标有旋转方向)手动从车内开启乘客门。

2. 应急窗逃生

目前应急窗主要有封闭式、推拉式、外推式等几种结构。应急窗上标有"应急出口"或者"EXIT"字样,通常可采用破窗器、应急锤等工具破窗,迅速打开逃生通道,使乘客安全快速撤离。

> **温馨提示**
>
> 安装破窗器的：当遭遇险情时，打开破窗器开关盖，按压开关按钮，应急窗玻璃会瞬间爆破，只需一推，整扇玻璃即可破碎掉落。
>
> 未安装破窗器的：在应急窗玻璃上方中部或有圆心击破点标志，借助应急锤（通常固定在应急窗附近）按其指示部位敲击即可。如没有圆心击破点标志，则需先用力敲击玻璃的边缘和四角，再猛力敲击其中部，即可破窗而出。

3. 安全顶窗逃生

当车辆发生事故，尤其是侧翻事故时，安全顶窗可作为乘客的撤离通道。将扳手旋转90°，用力向外推出安全顶窗，即可打开逃生通道。

4. 应急门逃生

应急门通常设置在车身左侧或后部。乘客门受损严重无法正常打开时，首先找到供紧急情况下使用的车内应急阀，按照阀门指示方向旋转，然后向外顺势推动应急门即可开启。

五、伤员救助方法

驾驶员不是专业的救护人员，在无法根据伤情科学施救的情况下，耐心等待救护是最为明智的选择。但是，无论是否掌握救助知识，都应做好以下几点：

（1）切忌随意移动、拉拽、摇晃伤员，尤其是被车辆、物品等压住身体的伤员，避免对伤员造成二次伤害。

（2）伤员伤情较重、急需救治时，应向过往车辆求助，送至最近的医院抢救，或立即拨打120，等待医疗救护。

（3）无过往车辆或在医务人员到来之前，根据伤员的伤情科学施救，对伤员进行伤口包扎、止血等处理。

（4）现场情况较危急，有可能发生火灾、爆炸等事故时，应采取正确的搬运方法，及时将伤员转移到安全地带。

第八章
道路运输节能减排

 学习目标

了解影响运输车辆燃料消耗的因素,了解运输车辆节能的方法,掌握节能与环保驾驶操作规范。

测算:

如一台12m客车,平均每百千米油耗为25L,每天行驶里程为600km,每年运营按300d计算,则该车:

每天消耗燃油 25L/100km × 600km/d = 150L

每年消耗燃油 150L/d × 300d = 45000L(45000L × 0.86kg/L ÷ 1000 = 38.7t)

柴油燃烧后会产生大量二氧化碳,每千克柴油会产生3.1836kg二氧化碳

每天排放二氧化碳 150L × 0.86kg/L × 3.1863 = 411kg

每年排放二氧化碳 38.7t × 3.1863 = 123.3t

案例

2014年3月1日14时45分许,晋济高速公路山西晋城段岩后隧道内,两辆运输甲醇的铰接列车追尾相撞,前车甲醇泄漏起火燃烧,隧道内滞留的另外两辆危险化学品运输车、31辆煤炭运输车和其他7辆车被引燃引爆,造成40人死亡、12人受伤和42辆车烧毁,1500多吨煤炭燃烧(大火燃烧73h),直接经济损失8197万元(图8-1)。

图8-1 燃烧现场

第一节 道路运输节能减排概述

一、汽车节能减排定义

汽车节能减排是指汽车在完成相同运输任务下的燃料或储能的耗量下降,减少能源浪费和废气排放。

二、道路运输车辆的能耗污染指标分析

目前道路运输车辆的高速增长已经带来诸多的经济、社会和环境问题,其中能源短缺、交通拥堵和环境污染正成为制约我国乃至全球可持续发展的重要因素。

道路运输车辆对大气环境、水环境、土壤及地面状况,城市生态,城市景观造成直接的或间接的、表面的或隐性的污染。随着我国经济的发展和城市化、汽车化进程的加快,我国城市的环境和生态质量急剧下降。车型、燃料、维护保养不善,管理手段跟不上等方面的原因,使得单位车辆的尾气排放和噪声污染高于国外水平。加上我国车用汽油和柴油的质量较低,硫、不饱和芳香烃的含量较高,十六辛烷等有效燃烧成分较低等原因,我国道路运输污染在整个交通污染中分担率非常高。

汽车尾气排放被视作雾霾的成因之一,尤其是以柴油车为甚。近年来,我国通过实施一系列的油品升级和机动车尾气治理措施,汽车尾气排放已有了明显改善,但柴油车尾气排放依然严重。我国柴油车的总保有量占全国机动车总保有量的比例不足5%,但是排放的氮氧化物和颗粒物占比却分别达到了50%和60%以上。柴油车已经成为机动车氮氧化物和颗粒物排放的"罪魁祸首"。

汽车排放的二氧化碳(CO_2)、硫化物SO_x(SO和SO_2)、氮氧化物NO_x(NO和NO_2)、氟氯烃等使温室效应、臭氧层破坏和酸雨等大气环境问题变得更为严重,同时造成噪声污染、水污染、交通事故等问题。汽车排出的一氧化碳CO、NO_x、SO_x、未燃碳氢化合物HC、颗粒物PM和臭味气体等污染空气(图8-2),对人类和动、植物危害甚大。

图8-2 汽车排放的污染物

汽车排放的主要污染物是 NO_x 和 PM(颗粒物),其危害见表8-1。

表8-1 汽车排放的主要污染物

污染物	危害
NO_x	(1)刺激肺部,使人难以抵抗感冒等呼吸系统疾病,长期吸入可能导致肺部构造改变。 (2)经紫外线照射与碳氢化合物发生反应,形成有毒的光化学烟雾,刺激眼睛,伤害植物,降低大气能见度。 (3)与空气中的水反应生成硝酸和亚硝酸,是酸雨的主要成分
PM	(1)降低大气能见度。 (2)影响植物生长,腐蚀建筑物;干扰太阳和地面辐射,对地区性甚至全球性气候造成影响。 (3)PM2.5可进入细支气管和肺泡,引发呼吸道疾病、心血管疾病、肺癌

美国健康效应研究所发布的《2019年全球空气状况》显示:2017年全球因长期暴露于室外和室内空气污染而死于中风、心脏病、肺癌、糖尿病和慢性肺病的人数达到近500万。而在中国,该数字是120万,中国每年因空气污染死亡人数居世界第一。

三、我国道路运输行业能源消耗现状

我国虽然是世界上较大的产油国,但也是进口国。目前,交通运输部门已经成为最大的能源消耗部门,包括对一次能源(石油、天然气)的消耗。城市化和汽车化的进程使得道路运输行业对能源需求的增长非常快,但是我国资源人均占有量少,低于世界平均水平,且资源的空间分布不均衡,质量差别大,劣质资源比例高,能源结构不合理。能源的开发、使用技术落后,消耗速度快、强度高,利用效率低加重了耗费和污染。

燃油的消耗意味着不可再生资源的日渐枯竭,我国是石油进口大国,石油消费量为全球石油消费量的13%,低于美国消费量的20%,高于印度消费石油量的5%,世界排名第二位,这三个国家消耗石油量占世界消费总量的1/3以上。1980—2019年,交通运输业能源消费总量年均增长7.5%,其中石油消费年均增长10.1%。

第二节 道路运输节能减排主要影响因素

一、车辆技术状况

影响车辆燃油的十二大因素:发动机本身、燃油润滑油的品质、车辆驾驶与保养、本身阻力与重量、轮胎选择、空调使用、发动机附件消耗、传动系统匹配、进气系统、排气系统、燃油系统、冷却系统。

1. 发动机

发动机的油耗对汽车的油耗有决定性的影响,而发动机的油耗取决于发动机的结构与

性能。

（1）发动机的结构。发动机的压缩比高、有完善的供油系统及合理的燃烧室形状、采用电子点火系统等都能降低发动机的油耗。

（2）目前汽车在平坦道路上正常行驶时，发动机的负荷率在25%左右，发动机在比油耗较高的范围内工作。因此为了节约燃油，在行驶条件允许的情况下，不必追求汽车装备大功率的发动机以增加负荷率。

（3）柴油机采用高压共轨技术，使燃油喷射系统可对喷油定时、喷油持续期、喷油压力、喷油规律等进行柔性调节，可进一步提高柴油机的经济性。

> **小知识**
>
> **新老款柴油发动机对比**
>
> 旧式发动机：CO、CO_2、HC 及 PM 颗粒物排放量大。
>
> 新式发动机：通过技术改造后，CO_2 排量降低25%左右，NO_x 及 PM 颗粒物降低98%以上，新式发动机还有涡轮增压技术、均质混合气压燃技术、LTC 技术等一系列新型发动机技术，推广这种类型的发动机改造技术能有效地降低车辆的耗能。

2. 车辆传动系统

汽车传动系统效率越高，传递动力的过程中能量损失越小，汽车的油耗就越低。对于机械齿轮变速器，其挡位设置增多，能增加发动机处于经济工况下工作的机会，有利于提高汽车的燃油经济性。

3. 燃料、新车磨合情况

（1）燃料的质量影响车辆燃料消耗。使用劣质燃油，如汽油辛烷值不达标、杂质含量较高，不仅会恶化车辆技术状况，导致车辆燃料消耗增加，严重情况下还会损坏发动机。

（2）新车在磨合期的使用情况也会影响车辆燃料消耗。新车在磨合期使用不当，如负荷过重、超载、转速太高等，会导致机械系统不能达到最佳状态，增加燃料消耗。

（3）发动机燃料供给、冷却、润滑、进排气、点火、电控等系统出现故障，会导致发动机技术状况变差，热效率降低，燃料消耗增加。

4. 车辆维护情况

车辆维护情况的好坏决定着车辆的技术状况。维护不当，如前轮定位不准，空气滤清器太脏，机油变质或机滤不畅，燃烧室积炭增多、消声器损坏、变速器、万向节、传动轴和驱动器异响等，会导致燃料增加。轮胎气压过低，会产生较高的行驶阻力，增加燃料消耗；轮胎气压过高，胎面会臌胀，行驶中花纹中间在高压力下接触地面，造成这部分不正常磨损，燃料消耗上升。

5. 车型选择

车型对燃油消耗有重要影响，因此，必须考虑以下几点：

（1）车辆参数：如车辆总重、车辆体积、发动机参数、发动机功率和扭矩、变速器主减速比。一般装备柴油发动机载货汽车比汽油发动机载货汽车节油30%左右。

(2)车龄:不同品牌和型号的车辆,其车龄不同。新车的磨合期也各有长短。有些车辆需要经过更长的磨合期才能达到最佳性能。

(3)车况:如发动机、变速器、车桥和轮胎。

(4)操作细节:如牵引车和挂车的匹配。

(5)使用的产品和设备:如润滑油、无线数据通信系统和空气动力配件。

车辆的燃料消耗与运输车型的选择关系密切。

(1)同一车型承担运输类型不同,燃料经济性也不相同。选择经济车速高、底盘低、车身流线型好的车辆从事长途运输,燃料消耗要低;加装导流装置的货物运输车辆从事长途运输,燃料消耗也较低。

(2)同一车型不同的运行环境,车辆燃料消耗相差也很大。选择底盘稍高、经济车速较低的车辆进行农村客运、山区道路客运等,燃料的经济性较好。

(3)货物运输中牵引车与挂车的匹配也很重要,如果牵引车的动力性与挂车承载的质量不匹配,燃料经济性就会较差。

二、车辆运行环境

车辆燃料消耗受道路、气候等环境条件影响较大,同一车辆在不同地域、不同天气、不同道路环境行驶时的燃料消耗相差较大。

(1)北方冬季气温低,车辆需要较长时间预热,燃料消耗较高。

(2)经常在市区道路、低等级道路上行驶的车辆,道路拥堵,要消耗较多燃料。

(3)山区道路,坡多弯急,限速较低,车辆不能以经济车速行驶,频繁制动,车辆燃料消耗增加。

(4)车辆在行驶时开空调,比不使用空调燃料消耗增加5%~25%。

(5)客车严重超员、货车严重超载,车辆燃料经济性急剧恶化,燃料消耗显著增加。

三、驾驶员的因素

在实际行驶过程中,驾驶员不规范的驾驶操作和不良的驾驶习惯会导致车辆燃料消耗增加。影响燃料消耗的不规范驾驶操作具体如下。

1. 频繁加速或制动

部分驾驶员在行车过程中习惯于猛加油的方式,这是以成倍增加油耗为代价的!而增加的这部分油耗并没有实际意义,并没有多行驶,所以如果没有紧急情况尽量匀速行驶。在加速时要缓慢加油,跟车时避免使用制动踏板调整车速,要尽量使用加速踏板来调整。

制动踏板对于保证车辆安全固然很重要,但是制动踏板最大的弊端是增加油耗。车速是靠油提起来的,如果不制动会行驶得更远,制动了之后就浪费了之前烧掉的燃油,还得重新加油前进。部分驾驶员有这样一个不好的习惯——时不时要踩一下制动踏板,甚至是无意识的行为,这样做不但影响了整个车流的速度,而且增加了油耗和车辆的磨损,百害而无一利!

2. 频繁变换挡位或挡位使用不当

部分驾驶员经常把挡位放到1、2挡上。特别是新驾驶员,由于处理不好挡位和车速的关系,又不会观察发动机转速,因此经常会在低挡位的时候深踩加速踏板加速,有时候发动机转速甚至超过 3000 转,这样做其实浪费了更多的燃油。另外有的驾驶员为了加速超车时获得足够的扭矩,也会故意把挡位降低,在发动机的咆哮声中加速超车,这样做的结果是增加了无谓的油耗。

3. 频繁变线

实践证明,直线匀速行驶的状态下是最省油的,不同车型根据实际情况应保持经济车速。要实现这个目的,当然不能频繁变线,然而在日常开车时经常有部分驾驶员在车流中左右穿梭,这样做不但危险而且增加油耗。道理很简单,变线的时候必定要加速,加速情况下肯定会比匀速行驶油耗高。图 8-3 为频繁变线的情景。

图 8-3 频繁变线的情景

4. 长时间怠速运转

部分驾驶员认为怠速不费油,因为怠速时的转速很低,通常在 800~1000r/min,消耗的汽油肯定没有正常行驶时多。若按单位时间消耗的燃油来说,怠速燃烧的油量的确不多,但是怠速的时候车是静止的,燃烧的石油一点也没起到实际作用,实属浪费。因此如果长时间停驶,不要保持怠速状态,最好熄火。但也不是倡导大家怠速的时候就熄火,因为行进中的车停下来也是怠速状态,这时候怠速是为了更快速地再次行驶,如在等红灯时完全没有必要熄火。

5. 超速行驶

超速行驶主要是指在高速公路上超过了车辆经济的行驶速度。其实,车辆直线匀速行驶的状态下是最省油的,货车、客车经济时速有所不同。如果超过了经济时速那么油耗就会大幅度增加。因为在高速行驶时,发动机要额外增加喷油量来保持速度,同时高速行驶时风阻也会迅速增加,综合在一起会大幅度增加油耗。

第三节　道路运输车辆节能减排方法

一、合理选用车辆燃料

(一) 车用燃料

车用燃料的质量对车辆的节能减排效果及车辆的使用寿命有较大的影响,合理选用车辆燃料非常重要。

1. 汽油的选择

汽油挥发性很强,在 -30℃ 的低温下也能汽化。挥发性过强的汽油容易在汽油泵、输油管部位产生气阻。因此,要根据车辆使用说明书中发动机的压缩比,或车辆生产厂家推荐的汽油牌号选用汽油。

2. 柴油的选择

《车用柴油》(GB 19147—2016)规定:柴油的分类主要是根据其自身的凝点不同进行有效区分,主要区分为5号、0号、-10号、-20号、-35号和-50号共6个牌号。

(1)最常见的柴油需要根据柴油的最低气温,选择使用地区风险率10%的柴油牌号。

(2)温度对于柴油有直接影响,在使用中最好选择高牌号。低牌号柴油凝点低,其炼制工艺复杂。

(3)在使用中,为了更好地改变柴油的凝点,驾驶员往往可以选择将多种牌号的柴油混合使用。

(4)不能在柴油中掺入汽油,否则会导致发动机起动困难。

(5)要做好柴油的净化工作,否则会由于油中杂质造成系统堵塞、卡死等情况。

柴油的标号依据风险率为10%的最低气温来确定,一般选用柴油的凝点(标号)要低于当地最低气温4~6℃。

(二)发动机润滑油

发动机润滑油,俗称"机油"。润滑油的合理选择可降低发动机零件的磨损,延长使用寿命,减少燃料消耗。在实际使用中,需要根据汽车自身的使用性能等级要求对其进行选择。选择过程需要考量发动机的制造年代、使用条件、强化程度、结构特点以及经常行驶的环境温度等,选择相应黏度级别及性能、质量级别的润滑油,必须保证要求高于或者刚好满足实际说明书要求(南北方气温不同,在选择润滑油时应根据当地气温进行选择)。

注:w代表"winter"(冬季),其前面的数字越小,说明机油的低温流动性越好,代表可供使用的环境温度越低,在冷启动时对发动机的保护能力越好;"w"后面(一横后面)的数字则是机油耐高温性的指标,数值越大,说明机油在高温下的保护性能越好。

> **温馨提示**
>
> 盲目使用进口润滑油。进口油黏度低,不符合国产车对机油黏度的要求,导致发动机在高温工况下,机油过稀、油压偏低,加速磨损;变黑是变质,变黑是正常的,加入保护剂的润滑油容易变黑;黏度越高越好,增加发动机运动阻力,功率损耗,降低散热;旧车加劣质油,机件磨损大,间隙加大,应使用黏度偏大的润滑油。

(三)齿轮油

齿轮油主要用于润滑车辆的后桥齿轮和手动变速箱齿轮。齿轮油的选用要严格按照汽车使用说明书中规定的齿轮油使用级别、驱动桥类型、工况条件、负荷及速度等确定油品的质量等级;根据最低使用环境温度和传动装置最高操作温度来确定油品黏度等级。气温低、负荷小的条件下,可选用黏度较小的车辆齿轮油;气温较高,负荷较重的条件下,可选用黏度较大的油品。使用黏度、抗磨性及温度性能不符合要求的齿轮油,会使燃料消耗显著增加。

二、注重车辆维护和技术状况的保持

1. 做好发动机技术状况的维护和保养

定期进行车辆维护,确保火花塞、喷油嘴、"三滤"(空气滤清器、燃油滤清器、机油滤清器,其中空气滤清器的滤清能力是否正常,对燃料消耗的影响最大)等清洁无损坏。燃烧室积炭过多油耗会增加约8%,所以应定期清洗进气系统的气道、气门、油路等容易行车积炭的部位。

选择合适的机油,定期更换。一般来说,夏季选择相对较黏稠的机油,而冬季,特别是东北地区,则应选择相对较稀的机油。根据季节和气候选用不同黏度的变速器和差速器齿轮油。

此外驾驶员还应经常检查曲轴箱通风情况,保证曲轴箱内压力正常,并随时将曲轴箱内的废气排出,以免汽缸串气,稀释润滑油,增加燃料消耗。

2. 加强对汽车底盘的调整和保养(表8-2)

调整和保养　　　　　　　　　　　　　　　　　　　　　　表8-2

机件和部位	作业重点及效果
传动系统各部件	保证传动系统各部件(离合器、变速箱、传动轴、减速器等)的良好配合和润滑
制动器	在第二次维护保养时必须拆卸前轮,检查制动蹄的润滑情况,并打磨销孔、轴,加注润滑脂,使制动蹄位保持在快的程度,同时应确保制动器的间隙程度适当
轮毂轴承	前轮毂的轴承的松紧度调整过紧或过松,都会增加阻力,增加燃料消耗,所以应保证前轮毂轴承的松紧度适中
前轮	前束失调后,会使汽车行驶时前轮发生摇摆,滚动中带着滑移,增加了滚动阻力,加剧轮胎磨损,增加燃料消耗。应按照车辆使用手册的技术参数进行调整,确保前轮定位准确

3. 正确选购和使用轮胎

胎压是否合适,不仅关系到油耗多少,更关系到行车安全,驾驶员必须引起重视。胎压偏低时,轮胎的滚动阻力增大,轮胎转动需要更大的能量,更大的驱动力自然意味着更多的油耗。胎压偏低时,车辆的转向、加减速、润滑路面操控都会受到影响,爆胎风险增大,行车安全系数降低。此外,胎压偏低时,胎冠两外边侧接地,这样会加剧胎肩磨损,缩短轮胎寿命。

> **小知识**
>
> 不同车辆的胎压标准是不一样的。驾驶员需要通过车辆使用手册、油箱盖上的铭牌等获知车辆的标准胎压。胎压每月会自然下降0.07~0.14个标准大气压,所以至少应每月检查一次胎压,长途行车前也应检查胎压。应在冷胎状态下检查胎压,应检查所有的轮胎,包括备胎的胎压。

4. 采用车辆节能新技术（包括减轻车辆自重技术和减少空气阻力技术）

对于载重车辆来说，减轻自重不仅可以减少燃料消耗，还可以相应地提高有效装载质量，提高运输效率，降低运输成本。减轻车辆自重的技术包括采用新材料、选用轻质零部件等。

空气阻力受车辆形状、汽车迎风面积和速度影响。车辆的迎风面积越大，空气阻力越大。同样，车速越高，空气阻力也越大，其燃料消耗也会剧增。因此有效减少空气阻力是节省燃料的一个重要途径。

减少空气阻力可以通过全承载车架设计、改变车厢外形设计、半挂车降低承载面、加装导流装置等来实现。

三、规范的驾驶操作

案例

一辆客车，在路口遇到红灯停车，绿灯亮时起步加速行驶 500m 先用温柔方式驾驶，在 1500～2000 转换挡到终点时速度为 86km/h，用时 35.2s，平均油耗为 13～14L/100km（注意，这里不要忽略车辆起步和加速过程）；然后用激烈方式驾驶，大加速起步，5000 转换挡，500m 终点的时速达到 114km/h，用时 23.9s，平均油耗为 25.89L/100km，几乎是前一种驾驶方式的两倍。

（一）出车前准备，合理选择行驶路线

对于道路运输的车辆来说，正确选择行驶路线，对保证行车安全、节约燃料消耗和延长车辆使用寿命具有显著的作用。

在选择行驶路线时，应选择良好的路面行驶。如果路面不好，会增加行驶阻力，而且因行驶困难，平均车速也会降低。通过车辆行驶记录分析，在国道上行驶的平均燃料消耗要增加 50%～100%。在这样的情况下，选择路况较好的高速路线，即可多行驶 30%～50% 的路程，综合来看还是经济的。如果执行新的运输任务，应提前对行车路线进行了解，可查阅地图或向熟悉道路的驾驶员问询，出发时带好地图等，避免绕弯路造成不必要的燃料消耗。

随车携带车辆使用手册。车辆使用手册是汽车制造商介绍车辆基本性能和使用方法的重要文件。有的使用手册还针对本车特点介绍安全驾驶方法，驾驶员在出车时应随车携带，以便随时学习参考。

（二）规范的驾驶操作

讨论：哪辆车更节油？

观察到交叉路口的红色信号灯亮起时，两名不同驾驶风格的驾驶员的操作方法具体如下：驾驶员 A（图 5-4 中的实线）继续保持 30km/h 的速度行驶至路口，然后制动停车，待绿色信号灯亮起后，再从静止状态起步，并加速至 30km/h；驾驶员 B（图 8-4 中的虚线）抬起加速踏板，带挡滑行至路口，刚好遇到绿色信号灯亮起，于是加速至 30km/h 通过路口。

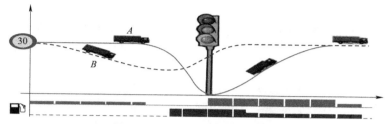

图 8-4　两个驾驶员不同的驾驶行为

1. 车辆启动前的准备

低温启动对整车燃料消耗影响较大,因此,启动前应对发动机进行预热,增大发动机功率。在寒冷地区,可以关闭暖风散热器并打开独立加热器使发动机温度提高。

启动发动机时不要空踩加速踏板,特别是对电控发动机,空踩加速踏板不会起到加快启动速度的作用,只会增加燃料消耗。同时,在启动时还应避免发动机长时间怠速运行。

2. 起步加速

起步时要使发动机既不熄火又能省油,关键是掌握抬离合器和踩加速踏板的要领。起步加速时,踩下加速踏板的大小以听发动机的声音增高较柔和为宜。当听到发动机发闷的吼声,说明加速过量,应稍抬加速踏板,防止发动机短期内增加高负荷,增加燃料消耗。

3. 换挡变速

行驶过程中,道路、地形、气候及交通情况经常变化,驾驶员需要根据时机进行换挡操作。挡位的合理选择和挡位的及时变换对节约燃料有重要影响。

一般中型以上的汽车变速器以 1、2 挡为低速挡,3、4 挡为中速挡,5、6 挡为高速挡。换挡操作的基本要求是动作要准确迅速。动作迅速,时间花费少,可避免发动机功率损失,提高行驶时的平均速度。这对于经常行驶在需频繁起步、加速、换挡的城市道路上的车辆尤为重要。动作准确,要求脚踩加速踏板的轻重要适度,踩离合踏板要与手的换挡动作相配合。起步时不要在离合器尚未完全结合的情况下猛踩加速踏板。

（1）起步换挡:操作中在松抬加速踏板的同时踏下离合器踏板,但不要踩到底,刚感到动力切断时立即脱挡,离合器踏板不需要完全松开,在离合器摩擦片处于联动状态时换入高一挡位,然后松开离合器踏板,同时踩下加速踏板。

（2）2 挡换 3 挡:预先踩下的加速踏板应少些,在以后各挡的升挡过程中加速时,踏板依次踏下多一些,但注意应适度。

（3）上坡行驶由高速挡换低速挡:上坡时行驶阻力增加,发动机负荷增加,车速逐渐下降,发动机转速也随着变慢。这时应配合发动机转速的下降逐渐稍抬加速踏板,在认定的时机迅速换挡。

4. 加速和减速

重复加速操作行驶,燃料消耗量将明显提高。此外急加速和平稳加速燃料消耗会相差 14% 左右,所以加速时应平稳,不要采取猛踩加速踏板急加速的方式。

减速分为制动减速和滑行减速。在行车过程中,尽量减少制动减速,因为任何不必要的踩踏制动踏板动作都是对燃料的浪费。驾驶员可以采取汽车发动机排气制动或带挡滑行实现有预见性的减速,但禁止熄火滑行和空挡滑行。

(1)加速操作。

踩下加速踏板时,应慢慢地、均匀地加深踩踏力度,不应猛踩加速踏板,让发动机发出"呜呜"的轰鸣声。

(2)制动减速操作。

制动减速时,应轻踩制动踏板进行缓慢减速,实现平稳驾驶。紧急制动减速时,应采用"先急后松"的方式进行制动,即第一次急速踩下制动踏板,然后根据发生情况点距车辆的距离慢慢松开制动踏板,在汽车点头刚开始回位时再一次踩踏制动踏板,使其不能迅速回位,而后再慢慢松开制动踏板。

5. 车速控制

(1)选择经济车速。

行车速度与燃料消耗有直接关系,过低或过高的车速都易使车辆燃料消耗过多。汽车在每个挡位都有一对应的燃料消耗量最低的车速,即通常所说的该挡位的经济车速,车辆在正常行驶时,要尽量以经济车速匀速行驶。

汽车的经济车速不是固定不变的,它随道路情况、汽车装载量等因素的变化而改变。一般而言,汽油发动机转速处于1800~2200r/min时最为经济;柴油发动机的转速处于1400~1800r/min时最为经济。

(2)匀速行驶。

在道路条件好、车流量小的道路上,尽量选择匀速行驶。有条件的车辆,还可以开启定速巡航功能。

(3)挡位选择。

在车速一定的情况下,选择不同的挡位,节约燃料的效果截然不同。一般情况下,在预定车速下,高挡位比低挡位节约燃料。因为高挡位对应的发动机转速更低,对应的发动机油耗下降。但是,不盲目选择高挡位,应注意车速和挡位的适应,否则适得其反。

6. 转向控制

在车辆行驶过程中,转向对燃料消耗也有一定影响。这是因为转向盘操作不稳或来回变换车道汽车曲线行驶,滚动阻力增大,行驶里程增加,燃料消耗也会增加。所以驾驶员要做到节能驾驶应注意以下几点:

(1)有目的地选择车道,并有意识地保持车道稳定。

(2)必须转向时,要先判断转向,准确控制方向,操作准确到位。

(3)转弯操作前要主动降低车速,并打开转向灯,必要时,鸣喇叭示意。

7. 行车温度控制

车辆的行车温度包括发动机温度(包括水温、油温等)、变速箱温度和驱动桥油温等。发动机最佳的工作温度应保持在80~95℃。温度过低会使燃料燃烧不充分,导致燃料消耗量增加;温度过高会使启动及动力性能下降,动能转化为热能散发。

8. 空调使用

在运输途中,应适当使用空调。为了减少燃料消耗,夏季使用空调前,首先应打开车窗通风,使车内的温度下降,开启空调,温度设定不要过低,并注意关闭车窗。学会内外循环的交替使用。当天气比较炎热时,在保证车内空气质量的前提下,应开启内循环一段时间,尽可能地保持住车内的冷空气不散出,降低空调压缩机负荷;但如果车内空气质量不佳或乘坐人员较多,则应及时开启空调的外循环模式,保证车内空气新鲜畅通。

9. 倒车

为了节约燃料消耗,倒车操作时要做到以下几点:

(1)能转弯掉头的避免几进几出掉头。

(2)货车在装载货物之前,利用空载机会提前掉头,摆正位置,规划好行驶路线。

(3)直线倒车时,应摆正车尾,控制好加速踏板,匀速直线后退,切不可猛打猛回左右摆动。

10. 滑行

车辆在道路、气候和交通等条件允许时,在确保安全和不妨碍其他车辆行驶的情况下,可以利用惯性行驶,这就是"滑行"。车辆滑行分为三种,即减速滑行、下坡滑行和加速滑行。滑行不但能够减少机件磨损,减少轮胎损耗,而且能够节约燃油。特别是在慢下坡的情况下进行滑行节油量更大。车辆在进行滑行时,本身技术状况要正常,怠速要稳定,转向和制动必须毫无故障。驾驶员要有良好的驾驶技术,滑行中要随时做好制动准备。

有经验的驾驶员,在长途行车中为了节约燃油,全天行驶的滑行历程要占到 1/4~1/3。根据试验结果,车辆滑行比不滑行要节约燃油 7%~8%。

小知识

节 油 技 巧

养护洗车勤测压,

轻抬缓踏精用挡,

多滑少挡勤观察,

保持中速匀速行,

心态平和路通达。

参考文献

[1] 彭聃龄.普通心理学[M].北京:北京师范大学出版社,2004.
[2] 林松.驾驶员与乘客心理学[M].北京:中国物资出版社,2011.
[3] 张国胜.道路安全运输应急处置[M].北京:人民交通出版社股份有限公司,2019.
[4] 邱兆文.汽车节能减排技术[M].北京:化学工业出版社,2015.
[5] 蔡凤田.《汽车驾驶节能操作规范》释义[M].北京:人民交通出版社,2011.
[6] 周铭.大客车驾驶员职业道德[M].北京:人民交通出版社股份有限公司,2017.
[7] 交通运输部职业资格中心.道路客货运输驾驶员从业资格培训教材[M].北京:人民交通出版社,2012.
[8] 交通运输部职业资格中心.道路客货运输驾驶员继续教育教材[M].北京:北京交通大学出版社,2014.
[9] 张天祥,王波.职业素养与实务[M].昆明:云南科技出版社,2008.